贾容韬和贾语凡
父子

2005年9月18日在北京人民
大会堂被授予“中华世纪英
才人物”称号

给东王村中小学
建立图书室

贾语凡老师在全国
名校北京十一学校
做专题讲座

和共青团中央书记处书记
卢雍政在全国会议上合影

贾容韬、贾语凡和中国
家庭教育委员会副理事
长王大龙在一起

与教育部原国家副总督学、
教育部关工委原常务副主
任、中国教育学会原常务副
会长郭振有合影

和中国家庭教育学会副会长、教育部国家督学、《人民教育》原总编辑傅国亮在“中国家庭教育公益人物”颁奖仪式上

和新东方教育科技集团董事长俞敏洪合影

贾容韬老师和哈佛大学心理学博士、香港城市大学教授岳晓东合影

中国家庭教育学会2012年8月授予贾容韬老师“中国家庭教育十佳公益人物”奖杯

2008年中央文明委授予贾容韬老师“第一届全国未成年人思想道德建设先进工作者”证书

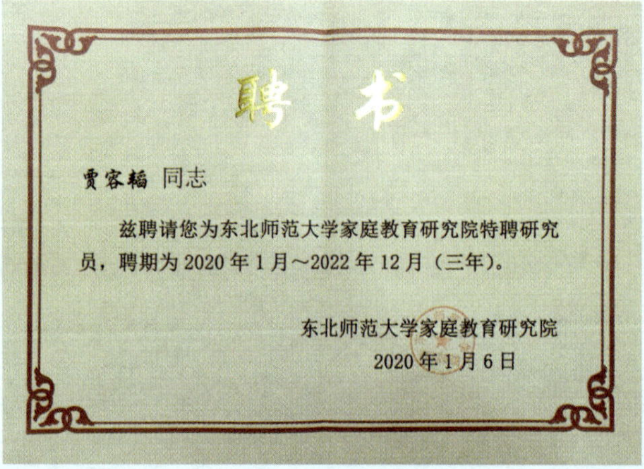

东北师范大学家庭教育研究院聘请贾容韬老师为该院兼职研究员

改变孩子先改变自己②

成就孩子的42个智慧

贾容韬　贾语凡／著

中国妇女出版社

图书在版编目（CIP）数据

改变孩子先改变自己．2，成就孩子的42个智慧 / 贾容韬，贾语凡著．-- 北京 ：中国妇女出版社，2021.6（2021.7重印）

ISBN 978-7-5127-1982-8

Ⅰ.①改… Ⅱ.①贾… ②贾… Ⅲ.①家庭教育 Ⅳ.①G78

中国版本图书馆CIP数据核字（2021）第082097号

改变孩子先改变自己2——成就孩子的42个智慧

作　　者：贾容韬　贾语凡　著
责任编辑：赵　曼
封面设计：尚世视觉
责任印制：王卫东
出版发行：中国妇女出版社
地　　址：北京市东城区史家胡同甲24号　　邮政编码：100010
电　　话：（010）65133160（发行部）　　65133161（邮购）
网　　址：www.womenbooks.cn
法律顾问：北京市道可特律师事务所
经　　销：各地新华书店
印　　刷：北京中科印刷有限公司
开　　本：165×235　1/16
印　　张：20.25
字　　数：280千字
版　　次：2021年6月第1版
印　　次：2021年7月第2次
书　　号：ISBN 978-7-5127-1982-8
定　　价：56.00元

推荐序

PREFACE

育儿必先育己

当贾容韬老师邀约我为他的新书写序时，开始我是一口回绝的，因为我实在太忙，怕耽误了贾老师的事。但打开贾老师的新书电子版刚看了几章，我就改变了主意，我不仅愿意在此分享我的阅读感受，等书出版后还准备买几本送朋友。在贾老师写的大量案例中，我看到了身边几位朋友的影子。

贾容韬老师和贾语凡老师都是《中国教育报·家庭教育周刊》的作者，他们一度是在网络游戏内外拔河的“对头”，现在是父子联袂的家庭教育专家。他们的经历生动地印证了家庭教育的规律，就像贾老师的几本书名——孩子成长出现偏差《真的不是孩子的错》，要《改变孩子先改变自己》，教育孩子没有捷径可走。

真实、质朴、专业、实用，是两位贾老师指导家庭教育的共同特点。为了帮助父母从“只会爱”的盲区进入“智慧爱”的大格局、大境界，贾老师不怕亮丑，敢于向读者呈现自己的失误和不足，他在书中也如实展示了诸多家长变化的过程。我清楚地看到，如果能把每一次危机都看作提升家庭教育素养的契机，把问题当作课题，不逃避，不畏难，苦难真的能变成恩典。

育儿必先育己，孩子就像一位雕刻家，是上天派来帮助父母成长的——这已经是许多父母的共识。贾老师书中一个个案例和故事都蕴含令人深思的哲理，他的书中有诸多富有含金量的金句，比如：“家业万贯，不如教子成才”“世界上最高层次的利己是帮助别人”“好品格是幸福人生的总开关”“生命的意义靠自己添加”“给妻子讲理是缺乏智慧的表现，求和谐比认死理更高明”“无聊的人等于早死”“与其有钱，不如值钱”“再富不能富孩子”“人最值得尊重之处就是自我奋斗”“喊破嗓子，不如做出样子”“好孩子是信任出来的”“教育孩子没有任何捷径，捷径往往是最大的弯路”等，全是来自实践的大实话，入耳入心。

从事家教工作近20年，贾老师有很多独到的绝招。面对焦头烂额的父母，他有“正能量六步训练法”；面对自暴自弃的孩子，他会分享“六问自己”。总之，他总有办法把问题赋予意义，再和他们一起找到问题背后的目标，引导他们坚定信念、更新观念、坚持练习。他们的“和润万青”平台，帮助无数父母从“功利、强势，从来不考虑孩子的感受，和孩子说话不是训斥就是教导，孩子稍有辩解父母就发脾气”，变得“儒雅、开明、民主、善解人意。这个平台帮助无数家庭从鸡飞狗跳的状态变得和睦美好，帮助无数孩子从消极颓废变得积极进取。其中，很多受益的父母说起家庭教育来也是一套一套的，“爱孩子最好的方法是爱他的妈妈”“给孩子最有效的支持和帮助是提高父母的修为”“文化水平低不要紧，关键是要不断学习。日日行，不怕万里远；天天读，何愁书万卷”，令人读来不禁莞尔又深受感动。

优秀孩子是父母坚定信念的产物，贾语凡就是贾老师三个坚定信念的收获：他坚定地相信儿子将来一定能成人、成才，变得优秀、杰出，坚定地相信儿子经历的弯路一定能转化为宝贵的人生财富，坚定地相信儿子在长期玩游戏中养成的执着、专注等品质能为他未来的工作、学习和生活助力！就是这样的信念和陪读两年的自我教育，彻底瓦解了横亘在父子中间的无形高墙，消除了孩子长期以来的逆反心理。受父亲潜移默化的影响，儿子继承了父亲身上“意志坚强、习惯承担责任、勇于接受挑战、乐于帮助别人、做事持之以恒”等诸多优秀品质，令他们后来成为配合默契、优势互补的“上阵父子兵”。

今天，家庭教育似乎越来越受重视，家庭教育问题却并未减少，各种令人痛心的悲剧事件频发。正如贾老师所言，无论是厌学、网瘾还是缺少内在驱动力，问题反映在孩子身上，病根却在家长身上。好在，觉察到危机就有可能走出惯性的舒适区，“守住父母的心，也就守住了孩子的未来”。“追求进步之人会不断被上天祝福”，是真的。

杨咏梅

《中国教育报·家庭教育周刊》主编

中国家庭教育学会宣传教育专业委员会副理事长

中国教育学会家庭教育专业委员会常务理事

第二届中国家庭教育十佳公益人物

自序
PREFACE

父子接力，倾情家庭教育

作为一个陪读父亲，儿子考上了大学，我的任务已经完成了。按理说，我应该从事我原来的行业，继续经商。令许多人不理解的是，我却选择了弃商从教，成为专业的家庭教育工作者。两年的陪读生活让我对家庭教育产生了浓厚的兴趣，我虽然是半路出家，但我坚定地相信，我一定能在家教领域有所作为。“没有没前途的行业，只有没前途的人。”一个人的价值，不是看他积累了多少物质财富，而是看他帮助了多少人，创造了多少社会效益。

改革开放几十年了，按理说中国父母的家教观念应该和时代同步了。而现实情况是，大多数父母家教观念陈旧、不懂教育却自以为是，简单粗暴地打压孩子、教导孩子。令人目不忍睹的是，亿万父母在错误家教的泥沼中痛苦挣扎；众多孩子被自己最亲近的人——父母伤害得体无完肤。每每想到这些，我心里特别不是滋味。为此，我决定彻底告别从事多年的商业，一心从事我所钟爱的家庭教育事业。

早在2001年，我在教育孩子的同时，就在帮助周围的人。孩子考入理想的大学，更坚定了我的信心，我成了一名家庭教育志愿者。由于我从心底热爱这份工作，故而心中总有一种强烈的愿望，那就是热切希望周围的人家庭和谐、孩子健康成长。心中的愿望越强烈，投入的真诚、热情和信心越多，影响力、感染力越强，帮教效果往往越好。

让我感到欣慰的是，儿子也加入到家庭教育事业的行列，接过了我的接力棒。有了自身的特殊经历和数年的耳闻目染，加上我潜移默化的引导，儿子对家庭教育产生了浓厚的兴趣。儿子从西北农林科技大学土木工程系本科毕业后，又跨专业考入北京师范大学，就读心理学研究生。经过系统的学习和沉淀，儿子对当代家庭教育有了比较深刻的认识，加上他自修了教育学、哲学等课程，故而看问题有一定的穿透力，他呈现给家长和孩子的往往是事物的本质和真相。

奥地利作家、思想家斯蒂芬·茨威格说过："世界上最宏伟、最辉煌的事业，是能使一个人站起来！"著名作家狄更斯也曾这样描述生命的意义："如果我能弥补一个破碎的心灵，我便不是徒然活着；如果我能减轻一个生命的痛苦，抚慰一处创伤，或是令一只离巢的小鸟回到巢里，我便不是徒然活着。"我内心时常有一种力量在涌动，我要呼吁更多的父母与时俱进，掌握科学的家教理念；我要点亮千万孩子心中希望的明灯，照亮他们前进的道路。尽管我的能力非常有限，但我有一颗赤诚的心。公交车上，候车室里，会议间隙，我利用一切机会向家长传播先进家教理念，在孩子们的心灵种下理想和信念的种子。

付出总有回报。我最高兴的是家长向我报喜的时候，比如，张三家庭和谐了，李四家孩子进步了，王五家孩子考入了理想的学校，赵六家孩子走出了网络虚拟世界。我自己践行的家教理念被人认可，人生价值也得到了充分体现，我心中的愉悦是无法形容的，这是局外人体会不到的。

我深深地体会到，帮助别人其实是在帮助自己。投身家庭教育事业，在帮助大家的同时，也令我受益匪浅。每一个求助者的故事，都能带给我一份感悟和思考。通过接触众多活生生的案例，我的人生阅历日渐丰富，我对人性的理解更加深刻，我的人生境界得以提升，生命的意义得到了升华。可以毫不夸张地说，通过助人，我收获了宝贵的、沉甸甸的人生财富。

受长辈影响，我从小就养成了踏实、执着的作风，凡是我想做的事情，我都会尽心尽力、想方设法把它做好。由于我做事认真、严谨，好多事情都能做得比较好。做好一件事，产生一些成就感，积累一份自信心。久而久之，我的自信心非常足。

陪读期间，儿子和我朝夕相处两年，我的价值观、为人处世的方式，都对儿子产生了潜移默化的影响。儿子在和别人交谈中以及在讲课中，常常透露出对我的敬仰。用儿子的话说，他从我身上汲取到了真诚、善良、敬业、勤勉、执着、担当、具有使命感等品质。

从2010年起，我和儿子一道致力于家庭教育事业，并于2012年在北京成立了“和润万青”家庭教育网络平台。在这个平台上，我和儿子成了“黄金搭档”。

在平台上学习的家长这样评价我：贾老师无愧为孩子的榜样，无愧为大家的榜样，总是那么热情、自信，举手投足之间充满正能量。不少受助者说，与贾老师深交，他的人生高度以及宽阔的知识面让人从内心折服。贾老师是在用生命做教育，故而影响力、感染力都比较强。

每每得到家长朋友的赞誉，我在受到鼓舞的同时，更感到肩上沉甸甸的责任，我心中只有一个念头，只有更加努力地学习，更加努力地工作，才能对得起大家对我的信任，才能不辜负大家对我的期望。

学员眼中的贾语凡个性沉稳，知识构架坚实，看问题能直指本质。他的讲课、咨询、培训都非常受欢迎。有一位在日本定居的妈妈刘玉洁，慕名专程从日本飞回来，参加儿子的培训课程。很多家长成为他的粉丝，不少青少年把“语凡哥哥”当作偶像，媒体把他誉为“青少年成长导师”。

《中国日报》等媒体这样评价我们父子：“父子联袂，倾情家庭教育事业。一个是实践经验丰富、有一定人生高度且接地气的长者；一个是对当代家庭教育感同身受，把自己的经历沉淀为人生财富，有一定理论基础的后起之秀。配合默契的两代人，是全国少有的父子家庭教育专家。”

通过在平台上学习，经过和我们父子深度交流，很多父母接受了家教新观念，无数家庭走向和睦，众多孩子找到了人生方向，树立了理想，确立了信念，发生了脱胎换骨的变化。

河南洛阳的党俊英受社会上浮躁风气影响，认为学习没有用。初中读完后，党俊英没有参加中招考试，连毕业证也没有领。在她的心目中，大学毕业生还找不到工作，初中毕业证更是一张废纸。当时的党俊英一心要去广州打工。由于父母的强烈反对，15岁的她只好待在家里，她对未来完全失去了信心。

和我们父子接触后，通过思维的碰撞，通过润物细无声的熏陶，党俊英对“知识无用”的观点逐渐产生了动摇。用她的话说：“贾老师孜孜不倦的追求精神感染了我，贾语凡的不平凡经历激励了我，我要重新定义我的人生。”

噩梦醒来是早晨。时隔一年半，党俊英又回到了学校，她又重读初三下学期。当一个人下定决心体现自己人生价值的时候，焕发出来的精神力量往往是惊人的。心中有了信念，有了人生目标，党俊英一路斩关夺隘，拼搏了100天左右，学习成绩由中等偏下进步到前三名，当年中考，她不但是学校的第一名，同时还是她所在乡的中招状元。考入重点高中，她的信心更足了，她以昂扬向上的姿态投入高中生活中。3年后，党俊英顺利考取中原工学院，就读电气工程及其自动化专业。大学期间，由于学习刻苦努力，她不仅年年获得奖学金，还被学校评为优秀大学生。现在的党俊英有一个志同道合的丈夫，有一个可爱的孩子，有一份理想的工作，有车、有房，活在满满的希望之中。

河北邯郸的申志云，由于父母关系不好，受家庭影响，她性格内向、极度不自信；由于缺乏安全感，她的学习成绩也不理想。她的理想仅仅是，初中毕业后，到北京的印刷厂去打工。

一个偶然的机会，申志云全家认识了我们父子。我和她的父母进行了深入沟通，贾语凡也先后和申志云数次交流，并送给她5本优秀图书。

接受了先进的家教理念，父母有了一定的改变，夫妻关系日渐改善。贾语凡在她心中种下的真、善、美的种子，悄悄地生根发芽了。加上她在书中汲取到了正能量，申志云原本无神的双眸开始放光了。接下来，申志云以饱满的热情融入学校生活中。

上天一定会厚待努力进取的人。一年后，申志云考入了重点高中。在找到了人生的航标，尝到了积极向上带来的成就感后，她的高中学习成绩持续提升，逐渐成为老师眼中的“潜力股”。申志云在一模、二模考试中均考出了理想的成绩。

在我的建议下，她当年报考了河南大学，并被顺利录取。4年后，申志云考取了中国科学院的研究生。据当地教育局有关领导说，申志云是当年全县考得最好的学生。现在，申志云的父母关系和谐，弟弟也考上了省级示范高中，全家人都对未来充满希望。

为了让更多的人受益，我们父子把自己的成长感悟和帮教实践集结成书。2013年《改变孩子先改变自己》出版发行，产生了相当不错的社会反响。央视12套把我们父子的成长经历，制作成家庭教育公益宣传片《慈爱》，向全社会广泛传播。全国各地的读者当中，有1800多人加入到志愿者队伍中来。他们通过家访、向亲朋送书、举办沙龙等形式，自发传播《改变孩子先改变自己》的家教理念。

我们父子心中有一个宏伟的愿景，那就是要把家庭教育作为毕生的事业来追求，作为崇高的使命来担当。我们要通过自己的努力，呼吁千千万万的家长与时俱进、跟上时代的步伐；让千千万万的孩子健康快乐地成长，将来成为社会的有用人才。

儿子在一篇日记中写道：

> 每天超负荷工作，确实比较累。但是，自己辛苦一点儿，可能就会改变一个孩子甚至一个家庭的命运。父母的素质决定国民素质，和谐家庭是和谐社会的基础。我们所做的事情能和提升民族素质结合起来，自己这点儿辛苦又算得了什么？

我深深地体会到，在人的一生中，没有比教育孩子更重要的事情，没有比做孩子榜样更能让父母受益的事情，没有比帮助别人更能让自己快速成长的事情。可以说，家庭教育是让我魂牵梦绕的事业。它曾让我心灵饱受煎熬，也曾让我内心倍感幸福。家庭教育利国利民、利人利己，这是一份值得托付终身的事业，我将为之奋斗终生，生命不息，追求不止。面对这份庄严、神圣、让人崇敬的事业，我不敢有丝毫懈怠。如果我不努力，或者努力不够，我将对不起这份事业，因为完全是这份事业成就了我。如果我哪天累倒在讲台上或者是咨询现场，我也无怨无悔，我会非常满足地闭上眼睛。

目 录

CONTENTS

第 3 章　帮助孩子读懂自己

第 4 章　做成长型父母，传递榜样力量

第 5 章　美满婚姻是孩子健康成长的基石

第 6 章　培养优秀孩子的智慧

第 7 章　优秀父母要有大格局

第 1 章

家庭是孩子成长的底色

在孩子的成长出现了偏差后，我意识到问题的症结出在我身上。我在内外兼修的同时，也在不遗余力地践行新时代家庭教育的理念。由于我在孩了心目中建立起了人生标杆，孩子在我身上看到了美好的希望，扬起了自信的风帆。从一个“问题孩子”到考入“985 工程”名校的孩子的成长经历，我深深体会到，优良的家教、家风和家训是真正的传家宝，它比任何物质的传家宝都要珍贵。

良好的家文化改变了我的命运

在中国人的文化中，家文化占有非常重要的地位。可以说，子孙后代基业长青、世代辉煌，是所有有识之士的毕生追求。怎样才能达到如此美好的人生愿景呢？我认为，严谨的家教和贤良的家风是达到这一美好愿景的必由之路。

我之所以重视家庭教育，把教育孩子当作人生最重要的事情，缘于少年时代外公对我的影响。1971年，我16岁。那年，外公已过古稀之年，妈妈把外公接到我家住了几天。一次，外公和我聊天时，郑重其事地告诉我："人生有两件事不能等，教子和孝老。"说到教子，外公着重强调一个观点："积业不如积子。"用现在的话就是："家业万贯，不如教子成才。"那时我对这个理念虽然似懂非懂，但我从外公凝重的眼神中，感受到教育孩子这件事是人生最重要的事情。后来，妈妈也多次给我讲过类似的观点，更强化了我在这方面的意识。随着阅历的加深，我才知道"积业不如积子”是外公家的家训，外公家数代人都在践行和传承这一家训。

我外公名叫程根升，年轻时跟随一位国民党将军做过贴身侍卫。将军非常重视文化，特别关注教育。和将军朝夕相处数年，将军的人生境界和人生格局深深地影响了我的外公。

那个时代，国家积贫积弱，时局变化无常，老百姓也常常遭受无妄之灾。外公的两个哥哥外出当兵，下落不明，外公成了家里唯一的顶梁柱。为此，外公放弃了自己的前途和梦想，回到家乡，一人挑起了养活全家老少13口人的生活重担。即使在生活的重压之下，外公仍然保持清醒的头脑，他毅然把儿子和侄儿送到了当时县城唯一的中学——洛浦中学去求学。这样一来，家里除他之外，其余的就全是女眷了。农活实在忙不过来，外公就请了一个“帮工”。帮工青年丧妻，带着一个3岁的幼女，外公把帮工当兄弟看，把女孩当自己家的孩子养。由于外公为人正派，办事公道，再加上他在外历练多年，眼界宽广，村里遇到大事，往往要请外公来主持料理。外公也经由村民推举，在当地学校担任了多年的“校董”，成为当地深孚众望的开明绅士。

在外公的支持下，我的两个舅舅中学毕业后，双双就读于第二野战军军政大学。其中，有一个舅舅由于学业优良，被陈赓将军亲自点名，调到哈尔滨军事工程学院政治部工作，成为陈赓将军身边的得力助手。舅舅原名程继祖，陈赓将军给他改了个响亮的名字——程远东。

从我记事起，舅舅就是个大人物，我为有一个军官舅舅而自豪。我虽然不善言谈，也没少向同学们炫耀。20世纪60年代，舅舅一个月工资140多元，在当时是很高的，比一个县委书记要高出不少。为了培养子孙后代，外公几乎是下命令一般，让舅舅每月按时寄回60元钱，供我的小姨和表兄上高中。舅舅虽然工资较高，但40%以上都寄回家了，他家生活并不宽裕。舅舅为了供妹妹和侄儿等人读书，往家里寄钱多年，为这个家作出了很大贡献。在外公家里，不光男孩子全部上过学，妈妈和大姨等女孩也都上过学。在那个年代，外公家是十里八村后代人接受教育人数最多的家庭，是远近闻名的书香门第。

我之所以重视家庭教育，把教育孩子当作人生最重要的事情，还缘于我奶奶对我们家族的影响。

我的奶奶是一个意志极其坚强的人。奶奶29岁时，爷爷因病去世。一个小脚女人，一个备受歧视的寡妇，用她那瘦弱的肩膀挑起了家庭的重担。奶奶领着8岁的姑姑和6岁的爸爸艰难地生活，为了养活两个孩子，她吃了很多别人难以想象的苦。奶奶常常给人打短工，帮人缝补浆洗……即使这样也填不饱肚子，有时还要外出讨饭。奶奶租种了二亩薄地，没有耕牛、犁耙，只能用锄头一下一下地刨；奶奶身单力薄，担不起担子，只能用背篓背。把院子里的农家肥运往地里，把成熟的庄稼运到麦场，都靠奶奶一篓一篓地背。天长日久，奶奶的背上磨出了老茧，形成一个10多厘米的大疙瘩，就像那些挑山工肩膀上的肉蘑菇一样，永远成了她身体的一部分。

后来，爸爸到了上学的年龄，奶奶坚决要让爸爸上学读书。那个年代，兵荒马乱、民不聊生，能上学的孩子可以说是凤毛麟角，像奶奶家这样穷得叮当响，经常揭不开锅，让孩子上学可以说比登天还难。但奶奶心中只有一个念头，再苦再累也要让孩子读书。为了给爸爸交学费、购买学习用品，奶奶养了几只鸡，她连一个鸡蛋都舍不得吃，攒够一定数量就去卖一次，一文一文地为爸爸积攒学费。奶奶起早贪黑纺花织布，做几双布鞋到集市上换一点儿钱，给爸爸买笔墨纸砚。

有一次，学校要求每个学生买一根“童子军”皮带，爸爸跟奶奶说了，家里拿不出钱，母子二人抱头痛哭。为了减轻家里的负担，爸爸提出不愿上学了，要回家帮奶奶干活，奶奶气得大哭一场。从没动过爸爸一根指头的她，含着眼泪打了爸爸两巴掌。奶奶对爸爸说：“我辛辛苦苦守这个家，到底为了啥？不就是盼着你有出息吗？再苦再累我都不怕，怕的是你不争气！”看到奶奶如此生气，爸爸再也不敢说不上学了，从此也格外地用功学习。爸爸知道，念书是能让奶奶安心的最好选择，也是让全家脱离贫困、改变命运的唯一途径。在极其困难的情况下，爸爸读完了高小。在20世纪40年代的旧中国，爸爸属于当地为数不多的“文化人”。

1949年，新中国成立了。爸爸妈妈赶上了新时代。他们满怀对新中国的热爱，投入到了建设新中国的时代大潮之中。爸爸于1955年加入中国共产党，妈妈也于1956年入了党，他们对新中国、共产党都有很深的感情。有一年征兵，妈妈坚决支持作为家里独子的爸爸去参军，给那些犹豫不决的适龄青年以及父母做出了表率。由于妈妈的大力支持，在爸爸的带头作用下，当年村里的征兵工作超额完成了任务，受到乡里表彰。当时，村里流行两句顺口溜：“程丰玉，真积极，动员丈夫服兵役！”（妈妈名叫程丰玉）

爸爸后来任乡党委宣传委员，妈妈在乡被服厂当厂长。在他们心目中，孩子是家庭的未来，所有事情都应该为孩子的教育让路。随着我进入学龄期，妈妈毅然辞掉了被服厂的领导工作，回到村里当了一名基层干部，妈妈做出这样的牺牲，为的是让我有一个稳定的求学环境。在20世纪60年代初，和周围的人比起来，爸爸妈妈的思想是比较超前的，这些都得益于上辈人的影响，得益于家教、家风的传承。

爸妈非常重视对我的教育。爸爸告诉我："知识学到手，贼人偷不去，刀客抢不走。"

妈妈给我讲过一个故事。

一位神仙光临一户人家。他对四个弟兄说："孩子们，我能满足你们任何一个要求，你们随便提要求吧。"

老大说："我要高楼大厦。"

老二说："我要绫罗绸缎。"

老三说："我要山珍海味。"

只有老四说："我要知识和智慧。"

神仙一一满足了他们的要求。若干年后，老大、老二、老三的物质财富败光了，只有老四凭知识和智慧过上了幸福的生活。

我的成长历程，既有幸运的一面，也有不幸的一面。幸运的是，我生在比较开明的家庭之中，长辈重视教育、重视文化、重视家风、重视传承；不幸的是，我赶上了"文化大革命"那个特殊的年代，当时学校里"停课闹革命"，无法继续上学了。还好父母有一定的远见，妈妈对我说："知识一定是有用的。这个年代，很多人不学习了，知识一定会越来越宝贵，肯学习的人将来一定会成为香饽饽。"爸妈鼓励我在家自学，并悄悄地给我找来各种书籍。爸爸数次把我带到村里一位老学究家里接受文化熏陶。爸妈的悉心栽培，让我在"文革"期间养成了良好的学习习惯，对我的自学成才以及确立终身学习的信念，奠定了良好的基础。可以这么说，没有父母当年对我的引领，我不可能取得今天的这些成绩，我的儿子也不会有后来的一些作为。可以说，优良的家教、家风是真正的传家宝，它比任何传家宝都要珍贵。美好家风的培养，需要一代又一代人的不懈努力，而这些先进的家文化一旦形成，就会世世代代传承下去。

受家风、家训的影响，我对孩子的教育十分重视。20世纪80年代末，两个孩子还在学龄前，我就尽全力把他们转为城镇户口，为的是让他们接受最好的教育，当时只有城镇户口才能上县直幼儿园、县实验小学。3年后，我又把一双儿女送到市里最好的私立学校，一上就是4年；再后来，我又把孩子转到全市排名最靠前的公立学校。可以说，我是倾尽全力在投资教育。

“家业万贯，不如教子成才”的先进理念深植在我心中。这对我的价值观和人生格局产生了巨大影响。可以说，是良好的家文化彻底改变了我的命运，不但让我收获了人生的全面丰收，也给家族的可持续发展注入了活力，还为我日后成为专业的家庭教育工作者奠定了基础。

不懂教育导致人生重大危机

我非常重视孩子的教育，但本质上却不懂教育，尤其对于互联网时代的家庭教育，可以说是彻头彻尾的门外汉。我的家庭教育之所以出现问题，主要是因为我的观念陈旧所致。

众所周知，历史上的中国是一个男权社会。千百年来，男女之间不平等，父子之间更不平等。虽然新中国成立这么多年，现在又实行改革开放，男权思想在很多人心中依然根深蒂固，对人们的影响难以彻底清除。受传统观念影响，大男子主义、家长作风在我身上留下了比较深刻的烙印，这些都给夫妻关系、亲子关系埋下了不和谐的隐患。

20世纪70年代，我在基层供销社工作多年。营业员、商店负责人、财务会计，我都干过，可以说，我对商业相当熟悉。改革开放对基层供销社造成了巨大冲击，很多人下岗了。对于没有思想准备的人来说，打破铁饭碗，自谋出路，是个痛苦的经历，但对于我来说却是个难得的机遇，我选择了下海经商。由于我在经商方面是内行，加上我做事用心且能吃苦，很快捞到了第一桶金。1986年前后，我就有了10万元左右的财富积累。那时，一个科级干部的工资才50元左右，“万元户”尤其吸引人的眼球，我理所当然地成为人们眼中风光无限的成功人士、企业家。1996年，我当选为当地工商联（总商会）副会长、县政协委员。在一片赞誉声中，我头脑难免有些发热。

那时，我满脑子是功利思想，自认为是家里的功臣，觉得自己在外面辛苦打拼，回家后就应该得到温暖、得到照顾。那时我不懂得换位思考，更体会不到家庭主妇的艰辛。我曾经这样要求妻子：“很多人还在为吃饭、穿衣而发愁，你已经衣食无忧了，无论如何你也应该知足了，你应该当好贤妻良母，尽到相夫教子之本分。”在这种错误观念的支配下，我处处苛求妻子，甚至无端指责妻子。妻子受到了不公平的对待，内心不平衡，免不了进行反抗。夫妻间常常为生活琐事发生争吵，随着争吵逐渐升级，积怨不断加深，夫妻之间离心离德，长期“背靠背”。

在不和谐的家庭氛围中，儿子的心理健康受到了很大的影响，我的家长作风更让儿子遭受到了莫大的伤害。那时，我总认为儿子不懂事，因此，我训斥儿子是家常便饭：“给你提供如此优越的教育环境，你却一点儿不知道珍惜！你周围那么多小伙伴，有几个人能上得起私立学校？”“你真是上不了墙的烂泥巴，扶不起来的阿斗！”

现在回想起来，这种丝毫不讲理的赤裸裸的指责，不但伤害了儿子的自尊心，也给他的心理投下了阴影。这样做，不但起不到教育的作用，反而激起了孩子的逆反心理。有两件事足以反映我那时的心态。

第一件事

有一次，学校政教主任通知我，说儿子头发太长，建议我带儿子去理发。我听风就是雨，风风火火赶到学校，逼着儿子马上去理发。儿子说，课间操时间太短，星期天再去理。我认为儿子在推托，拉着他就走。儿子挣脱我的手，撒腿往前跑。儿子边跑边哭，我还不依不饶。我一边追一边训斥孩子，众多同学目睹了我自导自演的闹剧。

第二件事

星期天，儿子回到家，我要求儿子做一件事。儿子在忙其他事，表现出不大情愿。我没有考虑儿子的心情，要求儿子马上去做。儿子顶撞了我一句，我内心失衡了。虽然当时没有发作，我的情绪却在发酵。两小时后，我越想越生气："这还了得，竟敢对父亲无理，再任其下去，还不翻了天！"盛怒之下，我抓住儿子的衣领，把他从床上揪了起来："你刚才说的话，我不接受！"儿子眼中含着泪水，任凭我怎么说，他只是默默流泪，委屈地把我的不良情绪吞了下去。

现在仔细想来，我这个父亲真是太差劲了。在孩子培养性格、塑造价值观、凝聚成长力量的关键阶段，我没有推心置腹与孩子谈过一次话，没有给过孩子精神支持，却时常居高临下、简单粗暴地对待孩子。如此糟糕的教育方式，孩子不出现偏差才不正常呢！

那个阶段，我对教育的认识相当浅薄，我过高估计了教育投资的作用，却忽视了父母对孩子的榜样引领作用；我自认为给孩子"农转非"，就奠定了孩子进入名校的基础；把孩子送进私立学校，孩子将来就能进入上流社会；满足孩子的物质需求，就能激发孩子的成长动力，孩子就能成为优秀的人、卓越的人。现在看来，当时的想法太幼稚了，我把问题想得太简单了。

有一件事回想起来，让我惊出了一身冷汗。

2001年的“五一”劳动节，儿子放假回家。我和爱人正为一件事争执，后来发展为争吵，而且越吵越厉害。儿子制止未果，不善言谈的儿子情绪爆发了。儿子冲着我们发了脾气：“你们吵吧，我看你们能吵到什么时候？我的性格已经受到了影响，你们还不知觉！我性格内向、不够豁达、容易嫉妒人，都是你们造成的。我为什么要玩游戏？我就是不愿意回家！有你们这样做父母的吗？不行的话，你们就离婚吧！”我惊愕得目瞪口呆，半天没有回过神来。

我在家庭教育上欠下的债，逐渐让我品尝到了苦果。

儿子在家里得不到温暖，得不到精神支持，就到虚拟世界中寻找精神寄托。此时的我，并不了解儿子的思想动态，没有给儿子及时帮助，以致儿子越来越沉迷于网络游戏，越来越不愿意回家。儿子关闭了和父母交流的通道，整天跟一帮气味相投的小伙伴混在一起。这类孩子聚集在一起，就很容易出现问题，正确的东西难以接受，不良的东西一拍即合。儿子从小学过数年武术，加上在游戏中频频接触暴力，不免把暴力带到现实生活中。儿子因为数次参与同学间打群架，两次被学校提出劝退。其中一次后果比较严重，邻校同学在冲突中受了轻伤，公安局都介入了，为首的两位同学被学校开除。由于我往学校去得较多，和政教处老师较熟，我给老师写了保证书，并承诺配合学校教育孩子，学校才同意再给儿子一次机会。

祸不单行，我的婚姻也走到了悬崖边上。家庭长期不和谐，夫妻二人痛苦不堪，双方都想到了离婚。爱人脾气不好，属于宁折不弯、不计后果那种性格；我也觉得婚姻这双鞋太夹脚了，实在穿不了。说实话，我当时要是冲动一点儿，可能真就离婚了。我们的婚姻为什么能得以维系？是我的责任心给离婚按了暂停键。我想，还没有离婚，孩子就已经出现了问题，如果家庭解体了的话，孩子的问题只会更加严重，甚至会发展成为少年犯。

婚姻问题、孩子问题以及工作的压力，压得我喘不过气来。我身体疲惫不堪，精神也几乎崩溃，伴随而来的是身体出现了诸多症状，比如，失眠、耳鸣、盗汗、幻听幻觉等。盛夏时节，我盖两床被子还感到冷，到医院检查并不发烧。更令我痛苦难耐的是，我浑身上下感到极不舒服，犹如万支钢针轻轻刺在我身上，说多难受就有多难受。医生诊断的结果是神经官能症，病因是精神崩溃造成内分泌失调、自主神经紊乱。

我感到了生命的脆弱，领略了人生的无奈。有时情绪低落到极点，我甚至想到了轻生，我觉得活着没意思。转念一想，难道我这一生就这样完了吗？我也是中规中矩做人，每天起早贪黑那么辛苦地到处奔波，不都是为了这个家吗？出现这样的结果，我不甘心啊！我到底做错了什么？上天为什么给我如此严厉的惩罚？我常常扪心自问。

错误和挫折教训了我，让我对自己的行为深入反思。无数个夜晚，当别人进入梦乡的时候，我却在辗转反侧。回想外公对我的谆谆教诲、祖母对我的深刻影响、父母对我的言传身教，回顾自己的家教实践，慢慢地，我认识到问题的根源在自己身上。我自认为多么重视教育，却对互联网时代的家庭教育一窍不通；我自认为多么爱孩子，却给孩子营造了如此糟糕的家庭成长环境；我把孩子带到世界上，不但没有对孩子尽到责任，还不断给孩子造成伤害，我愧为人父啊！我常常夜不能寐，多次在梦中惊醒。我痛心疾首，甚至感到无地自容。我算什么父亲，还有比我更糟糕的父亲吗？

怎样才能弥补自己的过失呢？怎样才能让自己走出困境呢？怎样才能抚平孩子心灵的创伤呢？怎样才能给孩子创造一个理想的家庭教育环境呢？思前想后，万千思绪凝炼成一句话：要想战胜不幸，化解危机，彻底扭转目前的不利局面，必须不断地改变自己、提升自我。

提升自我，是培养优秀孩子的“真经”

20世纪90年代至21世纪之初，我的事业小有成就，我在周围人眼中算得上成功人士。总商会副会长、政协委员这些光环不免让人对我高看一眼。但是，经过孩子的成长实践，经过孩子这块试金石的检验，我发现我的人生还有不少短板，我的人生链条还有不少薄弱环节。也就是说，我的内在品质亟待提高。

我清醒地认识到，名望是别人眼中的我，品格才是真实的自己。既然自己还有诸多不足之处，那就要抓紧改正。《了凡四训》这本书中有一个观点：“改过要及时。”人生非常短暂，人命在呼吸之间，一口气上不来就是隔世。一个人在有生之年，应该改掉的过失没有改掉，应该培养的美德没有培养起来，就到另一个世界去了，这是莫大的悲哀。所以，改正过失、培养美德要有危机感、紧迫感，要迅速行动，不能拖，不能等！

思路厘清后，我下定决心全面提升自身素质。但是，有一个矛盾不可调和，那就是教子和做生意之间的矛盾。如果继续做生意，每天早出晚归，面对一大堆事务，忙得不可开交，追求进步、提高素质可能就是一句空话。而让我完全放弃生意，一时间确实难以割舍。经过一段时间的权衡，我毅然决然关掉了厂子，当了一名专职陪读父亲。从本质上讲，“家业万贯，不如教子成才”的家训帮我做出了正确抉择。我知道，孩子的事情比生意的事情重要得多。继续做生意，可能会多赚些钱，但是孩子的前途会受损，何况孩子已经出现偏差了。曾国藩说家业要得兴旺，全靠出贤才子弟，若子弟不贤不才，即使多积银钱也是枉然。

林则徐说过：“子孙若如我，留钱做什么，贤而多财，则损其志；子孙不如我，留钱做什么，愚而多财，易增其过。”解决孩子的基本生活需求是父母应尽的义务，给孩子留下过多的物质财富，则是缺乏远见的表现。

马克思说：“你可以用各种方法教育你的孩子，但最好的方法还是你的行为。”在这个人心浮躁、充满诱惑的时代，父亲的榜样缺位了，以致孩子出现了问题。从现在起，我要把父亲这个榜样的标杆重新树立起来，给孩子指引人生的航向。

关于陪读，我是这样给自己定位的：全身心投入到家庭教育实践中，读懂孩子，读懂人性，读懂当代家庭教育；放下身段，扎扎实实提高自我，不折不扣地做好孩子的榜样。

陪读期间，我制订了一个“五个一工程”计划，每天要求自己做好5件事。

一、坚持每天阅读书籍

每天阅读书籍50页左右、3万字以上，不断丰富思想、增长智慧，奠定自己的家庭教育理论基础。

二、思考一个有关孩子成长方面的问题

比如有一天，我思考了这样一个问题：以前，孩子之所以和我强烈对抗，是我习惯凭主观臆断教育孩子，不懂得和孩子同感共情。通过学习，我认识到，共情是家庭教育的万能法宝，共情是搞好亲子关系的基本保障，接纳孩子的情绪、认同孩子的感受，是优秀父母必须具备的基本功。

学会了共情，我习惯这样和孩子说话：“这件事做起来确实有一定难度，但爸爸相信你一定能迈过这道坎！”“碰到这种事，换了谁也不好受，爸爸也有这样的感受，爸爸相信，你经历的痛苦是真正的成长啊！”

还有一天，我思考了一个和孩子沟通方式的问题。以前，我和孩子说话习惯质问、指责：“刚才我和你说的话，你听明白了没有？”这句话的潜台词是：“老爸和你说话，你总是心不在焉。”“你悟性那么低，这么简单的道理，你都听不明白！”现在我以询问的方式和孩子沟通，效果就完全不一样了。我会这样和孩子说话，“儿子，刚才老爸阐述的这个观点，不知道表达清楚了没有？”“假如儿子没听明白，是老爸没有说明白。”这样说话，儿子自然乐意听，也不会对抗。

三、写一篇家教随笔、读书感悟

有一天，我在家教随笔中深入剖析了孩子的学习问题。以前，我总是要求孩子“要好好学习”。经过深入剖析，我认识到这句话有很大的破坏力。孩子听到这句话，会自觉不自觉地增加三分厌学情绪。“要好好学习”，这句话背后的潜台词是这样的：“学习这件事这么重要，你总是不上心，要不爸爸也不会提醒你！”父母天天关注孩子的学习，加入了强制的成分，不免破坏孩子内心的和谐。和谐破坏了，学习兴趣就被扼杀了。

孩子往往会这样想："学习是一个不招人待见的东西，为了学习这件事，爸妈天天搞得我不快乐。反正是给爸妈学习的，要不他们怎么那么在意学习这件事呢？"没有人喜欢别人强加给自己的事情，父母天天叮嘱孩子好好学习，孩子在潜意识里就会和学习对立起来，甚至和父母对立起来。

悟出了这些道理，我不再关注孩子的学习，而是给了孩子更大的成长空间。我把选择权交给了孩子后，孩子的学习自觉性却在逐渐提高。不破坏就等于保护，不帮倒忙就是支持。我在相信孩子的基础上，练就了一项基本功：鼓励孩子，给孩子传递正能量，给孩子积极的心理暗示。我后来开始这样和孩子说话："以前，老爸的功利思想作祟，天天盯住你的学习，拖了你学习的后腿，老爸非常后悔。从今天起，老爸再不干涉你的学习了。没有了老爸帮倒忙，你可以大显身手了！""高中的知识虽然有一定难度，但对你来说都应该不在话下，我太了解你的学习能力了！""看起来你在玩游戏，其实你没有一天不在思考你的未来，也没有一天不在凝聚成长的力量！""只有不一样的经历，才有不一样的人生，我敢断言，你将来一定比同龄孩子更加成熟！"

四、对孩子说一句有含金量的话

要搞好家庭教育，父母首先要成为学习型家长，在孩子心目中逐渐树立起知识威望、智慧威望。只有这样，才能不断影响孩子，才能有效塑造孩子正确的人生观、价值观、世界观。由于我下海较早，家庭经济条件相对比较好。我认识到，培养孩子正确的金钱观十分必要。

有一次，我和儿子交流时谈了我的金钱观："老爸一把年纪了，很多年跟金钱打交道，也接触过不少有钱人，老爸跟你谈一谈我对金钱的看法。当今时代，所有人的温饱问题都解决了，能决定一个人生活质量、幸福指数以及可持续发展的都是精神追求。‘与其有钱，不如值钱’‘享乐主义只能让人内心更加空虚’，泰戈尔说：‘鸟儿的翅膀系上了黄金，它就再也飞不起来了！’”

五、每日对自己的言行进行考评

为了切实培养自己的操守，提高自己的德行，我要求自己要动真格、要念“真经”，甚至要有壮志断腕的决心。

我心里非常清楚，做好孩子的榜样要的是真功夫，玩不得半点虚假。我知道改变一个人比较难，尤其是世界观已经形成、各种习惯已经养成的成年人，改变起来就更难，古人说的“树小扶直易，树大扶直难”，讲的就是这个道理。但是难归难，为了孩子，也为了自己，我必须不断地追求进步，不断地提升自己，我相信经过坚持不懈的努力，我一定能成为孩子心目中优秀的父亲。

我知道，只有知行合一的人，才有人格魅力，才有说服力和感染力。孩子之所以对家长不尊重、不信服，主要原因是不少家长是“说话的巨人、行动的矮子”。孩子不是看你怎么说的，而是看你怎么做的，孩子不会尊重口是心非的人。孩子有自己的价值观和是非观念，如果家长经常做错事，不仅让孩子怀疑家长的人品，更重要的是让孩子的人生和前途变得迷茫，孩子在遇到问题时会不知所措。所以要想改变孩子，首先得改变父母。

我这个人缺点、错误比较多，但是为了孩子，我敢于接受人生的挑战。我知道要成为一个合格的父亲、让孩子真正信服自己，还有相当长的路要走。我非常认同纪伯伦的一句话：“再遥远的目标，也经不起执着的坚持！”我不和别人比，只和自己比，我要求今天的我，一定要比昨天的我有所进步，哪怕只进步了千分之一。我知道改变自己比较难，但我坚信，秉性难移，不是不可移。只要每天进步一点点，日积月累，我一定能够达到自己的目标。

为了逐渐强化自己的正面素质、清除自身的负面品性，培养良好习惯、改掉不良习惯，我设计了一个“一日考评功课表”，有针对性地对自己的言行进行考评。

心理学研究表明，21天基本能养成一个好习惯，或者基本改掉一个不良习惯；90天能完全养成一个好习惯或者完全改掉一个不良习惯。我把自己要改变的习惯和要培养的习惯列成了一个表，按照心理学的理念，拟订了一个“21天养成（改变）计划”。

我每天晚上临睡前要花数分钟时间，梳理自己的所作所为。哪一项做得比较好，我在后面的空格里填上A；哪一项做得不太满意，在空格里填上B；哪一项做得比较差，在空格里填上C。

填表的过程是总结的过程，更是反思的过程，发现今天某项做得不好，往往会引起重视，明天会刻意把它做好。刚开始我不太习惯，一些项目做得也不尽如人意，表格中的A是少数，B占大多数，C也不断出现；10多天后，就比较习惯了，表格中的A在增多，C在减少；等到3周后，表格中大多填了A和B，很少有C出现。

21天后，首战告捷，我的信心更足了。为了巩固已取得的成就，我在21天的基础上坚持了3个月。这样，表格上的内容在我脑海中不断得到强化，在我的潜意识里扎了根，想忘也忘不了了。

这个方法确实帮了我不少忙，比如，容易发怒、听不进不同意见、喜欢议论人、浪费小块儿时间等一些不良习惯就是这样改掉的；我的一些好习惯、好品质，比如，坚持锻炼身体，喜欢做家务，东西随手放回原来的地方，善于赏识家人，凡事要积极乐观，迅速化解负面情绪，找到原因，原谅别人，让感恩成为自觉行动等，也是这样养成的。

我近乎苛刻地严格要求自己，不但不感到委屈，甚至还有几分庆幸。我常常这样想，上天对我太偏爱了，上天为了不给我的人生留下太多的遗憾，有意在我孩子的成长道路上设置了一些障碍，让我接受人生的挑战，让我不断地战胜自己、超越自己、完善自己，不是吗？我在上“父母大学”，我在完成人生的必修课，我在不断为自己的人生加分，我在为孩子的成长助力，我在为全家祝福，我在为家族大厦建设添砖加瓦，我在为构建和谐社会贡献自己的绵薄之力。我做的事情打着灯笼也很难找到，既然有幸找到了，我为什么不孜孜不倦地追求呢？

种瓜得瓜，种豆得豆。我的努力收到了意想不到的回报。儿子感受到了我的进步，感受到了我对他的信任和支持，感受到了我的人格力量，浓浓的父爱化作了儿子成长的力量。儿子逐渐脱离了网络游戏，全身心投入到学习中。经过努力，他的学习成绩直线上升，由原来的倒数第一跨进了班级前十名。

有一次，我和儿子交流，儿子说了一番让我颇为感动的话。儿子说：“老爸，以前我不信服你，所以总和你对着干。你说要来陪读，我内心持反对态度。以前，我们不怎么见面，还闹出那么多不愉快，要是天天待在一起，还不一定会出什么洋相呢！你说你要改变自己、提高自己，我也不太相信，一个成年人能有多大改变呢？一个自以为是的人，改变、提高自己更不容易了。没想到你下了那么大决心，而且做得让人心悦诚服。尤其让人信服的是，连对你积怨甚深的人都看到了你的提高。我妈多次对我说：‘你爸变了，变得和以前不是一个人了！’你一把年纪了，还在不遗余力追求进步，我要再不努力，就说不过去了。”

我的眼睛湿润了。多么通情达理的孩子！父亲的一点点进步竟然给孩子带来如此丰厚的回报，自己还有什么不满足呢？没有不懂事的孩子，都是父母没有做好啊！提升自我，做孩子的榜样，是培养优秀孩子的真经，这是颠扑不破的真理啊！

我深深体会到，家庭教育这件事，与其说父母在帮助孩子，还不如说孩子在帮助父母获得善良和爱心，帮助父母获得高尚的品格，帮助父母获得健全的性格和高贵的人格。

孩子犯错是最佳教育机会

儿子贾语凡在高二下学期期中考试期间，抄袭同学的卷子，被监考老师发现，告到学校政教处。接到班主任的电话，当时我的头就要炸了。孩子为什么总给我添乱？学校会给他什么处分呢？儿子会不会被开除呢？我不敢往下想了。情绪稍加平静之后，我开始反思自己的家教过失。以前，我对待儿子犯错总是有错必纠、不留情面，甚至小题大做、上纲上线，结果儿子不但没有改掉错误，反而和我越来越对抗，犯错也越来越多。

《红楼梦》中有一句话："眼前无路想回头。"我在想，有没有一种既能让孩子乐于接受，又能产生良好教育效果的方法？有没有一种既能保护孩子自尊，又能让孩子深刻汲取教训的方法？答案是肯定的。坚定的信念让我浑身上下充满了力量，我一定能找到既能助力孩子成长，又能让孩子乐于接受的方法。我在脑海里飞速翻阅自己读过的书籍，检索自己积累的知识，猛然间，我想到了我读过的一本书，书中讲到了南非巴贝姆村的一项传统。

在南非，有一个古老的村庄叫巴贝姆村，这个村庄延续了一个古老而美好的传统。当有人犯了错误的时候，这个村子里的人对他不是批评指责或者唾弃，而是历数他的优点，使劲赞美他的长处。届时，全村人将犯错的人团团围住，每个人一定要说出这个人做过的好事，或者是他的优点。村子里的人都会争先恐后地述说，直到找不出他的任何优点为止。犯错的人一开始心里惴惴不安，心怀恐惧、内疚，最后都会被众人的赞美感动得涕泪交流。乡邻们真诚的赞美犹如一剂良药，不但洗刷掉了他的坏念头和坏行为，也让他对未来充满信心。从此，这个人往往会洗心革面，向善向好，再也不会犯类似的错误。

特蕾莎修女说："如果你习惯批评他人，你就没有时间付出爱。"巴贝姆村的这项传统给了我启示。

我心里非常明白，出了这么一件烦心事，儿子内心一定备受煎熬。儿子处在最困难、最无助的时候，如果我能以德报怨，给他支持，帮他渡过难关，这件事一定能转化成好事，转化成他成长的强大动力。

想到这里，我满怀信心地走进了学校。我先见了儿子，儿子吞吞吐吐要和我说什么，我递给他一个信任的眼神，并坚定地对儿子说："什么都不要说了，老爸理解你！"看到我的态度平和友善，儿子的紧张情绪消除了一大半。

接下来，我见了班主任。班主任认为这件事性质非常严重，表示要交到学校处理。我对班主任说："考试作弊确实是严重的违纪行为，这件事给老师添了不该添的麻烦，作为孩子的监护人，我向老师表示歉意。不过，对于这件事，我有一些不成熟的想法，仅供老师参考。第一，近来，我明显感觉到孩子的学习态度越来越端正，家庭作业也完成得很好，种种迹象表明，儿子是铆足了劲儿在学习。第二，考试作弊，确实应该受到谴责，但透过作弊这件事，看到孩子有取得良好成绩的强烈愿望，确实是难能可贵的。这比以前孩子不在乎成绩、不交卷子、不参加考试，不知要好多少倍。第三，孩子求胜心切，才做了错事。仅从这件事，还不能说明他是缺乏诚信、寡廉鲜耻的人。从他的表现看，这件事已经触及了他的心灵，他一定会深刻接受教训的。”

接着，我又对班主任表示了真诚的感谢，我说：“××老师，孩子的点滴进步，无不浸透着你的心血，遇到你这样的老师，真是孩子的福气，如果没有你的爱心浇灌，儿子一定会自暴自弃。救人一命，胜造七级浮屠。作为孩子的父亲，我真不知道怎么感谢你！”

说到这里，班主任凝重的表情出现了缓和，老师征求我的意见，我说：“我有一个不成熟的想法，如果能尽量淡化此事，加上给孩子正向引导，孩子一定能卸掉包袱，轻装上阵，这件事也一定能化作孩子前进的动力。为了尽快提高家庭教育水平，切实帮到孩子，我在学习家庭教育知识。我一定全力支持老师的工作，相信通过家校同心聚力，孩子一定能改过自新，给老师争气、给班里争光。”

班主任被我的诚意打动了，决定在小范围内把此事消化掉。

临走，我带儿子出去吃了饭，买了生活必需品，自始至终我的心情极为平静，我传递给儿子的都是关爱和信任。我不但没有提及此事，连“以后注意点”这样的告诫也没有说过，此处无声胜有声。这件事让儿子感到意外，看得出来，儿子从心灵深处受到了触动。

后来，班主任和儿子推心置腹地谈了一次话，并对儿子的进步给予了充分肯定。儿子认识到，考试作弊的行为不但是缺乏诚信的表现，同时也是在自欺欺人。鉴于儿子认识深刻，学校没有给他任何处分，儿子卸下了思想包袱，凝聚了成长力量，满怀信心地出发了。

回家后，儿子对妈妈说："我真服了，老爸和以前判若两人，这么大一件事，竟然没有批评我一句，我再不努力学习，真说不过去了。"从此，儿子的学习热情空前高涨，学习成绩节节攀升。高二下学期期末考试，和期中考试相比，他的学习成绩大幅度上升，名次前进了252位，从年级426名跃升至174名。

还有一件事，我认为非常有必要分享给家长朋友。

儿子自幼习武，同学们有事都喜欢找他"帮忙"。不用说，儿子时常招惹是非。上高一期间，儿子因参与打群架，两次被学校提出"劝退"。

儿子经常打架，令我非常头痛。如果再出现此类事情，定会被学校开除。再者，经常滋事，不但触犯了法律，自己也难免受到伤害。怎样才能提高孩子的认知水平呢？怎样才能杜绝此类事情发生呢？怎样才能把负能量转化为孩子成长的正能量呢？我在苦苦地寻找方法。

经过苦思冥想，我的脑海里浮现出一句话："爱是解决所有问题的答案。"不是吗？爱是一切心理力量的源泉，爱是永远不会失败的。我要用爱的光芒为孩子照亮前进的道路，我要用爱的力量为孩子撑起希望的蓝天。此时此刻，我的内心格外敞亮，心情也无比淡定。

见到儿子后，我和儿子掏心掏肺地谈了一番话，沟通效果出奇地好。

我对儿子说："老爸特别理解你现在的感受，你心里一定非常煎熬。出了这样的事，惊动了学校领导，公安局也介入了，折腾了这么几天，放到谁身上也受不了。老爸知道，你是好孩子，你并不愿给学校制造麻烦，更不愿给爸妈添乱。老爸锥心刺骨地认识到，接连出现这样的事，主要责任在老爸身上。以前，老爸对待你的方式总是简单粗暴。子不教，父之过。老爸没有教给你正确的是非观念，却要求你对经历的事情做出正确的判断。没有播种，却要求收获，老爸不讲道理啊！听说你参与打架了，老爸不问青红皂白，把你设想得一塌糊涂，批评、训斥、讽刺、挖苦一起上。这样做，不但激发了你的对抗情绪，同时也让你错失了深入反思的机会。老爸没有把事情的前因后果、利害关系帮你分析透彻，以致你对这件事的认识一直停留在感性层面。”儿子直视着我，脸上显现出惊愕的表情，我的话完全出乎他的意料。我能感受到，儿子的防范心理一点一点被瓦解，对立情绪也消失得无影无踪。我把问题的焦点指向了自己，反而激发了孩子的自我教育意识。

儿子说：“其实我也有错，我的脑子太简单，考虑问题不周全。当时听说同学需要帮忙，没想那么多，就和一帮哥们儿一起赶到出事地点。双方都是年轻人，冲突一起，局面马上就失控了。假如我冷静些，能预料到如此严重的后果，说什么我也不会去了。”

我说：“你人缘好，乐于助人的品质值得提倡，你的出发点是好的，但助人的手段欠妥当。由于你们的参与，你的同学既要赔偿受害者经济损失，又要接受治安处罚和纪律处分，甚至有两位同学还要被学校开除。可以说，你们的加入，有意无意帮了同学的倒忙。如果你们不掺和，同学可能采用建设性的方法解决问题，结果就完全不一样了。”

儿子说：“再遇到此类事情，我不会那么冲动了，我算明白了，出了事谁也负不起责任，讲义气的结果是不仁不义。”

我抓住儿子的手激动地说："太了不起了，小小年纪认识问题如此深刻，能说出这么有含金量的话，老爸高兴啊！老爸断言，这件所谓的坏事一定能变成你宝贵的人生经验，一定能化作你成长的强大动力！"

从此，儿子再也没有出现过类似的事情。

孩子犯错，往往是最佳教育机会。站在孩子的角度思考，我们就会发现，孩子做错了事，他已经吃了不少苦头，良心谴责比任何惩罚更刻骨铭心。孩子的自责、遭受的心灵煎熬、沮丧情绪已经让他受到了惩罚。孩子犯错的时候，往往是最无助的时候，也是最需要关爱、理解和支持的时候。家长朋友如果能够充分利用这些机会，孩子往往会进行自我反省、自我教育。这个过程不但是孩子宝贵的心理体验，也能让孩子真正地成长。所以，正确处理孩子的错误，往往会收到事半功倍的效果。此种情况下，如果父母不依不饶，只能增加孩子的逆反心理，让孩子和父母对着干。

没有爱战胜不了的困难，没有爱融不开的坚冰，没有爱打不开的心锁，没有爱逾越不了的鸿沟。太不可思议了！我仅仅是站在孩子的立场上，理解了孩子，尊重了孩子，竟然得到那么多意想不到的收获。试想，如果我们天天用心对待孩子，从内心深处善待孩子，我们的亲子关系将会多么融洽、和谐，我们将会收获多少幸福、快乐，孩子将会从父母那里汲取到多少成长的力量，我们的孩子将会变得多么优秀、杰出。

没有问题孩子，只有问题父母

初二至高一阶段，儿子迷恋网络游戏，这是我和爱人最闹心、最头疼的一件事。儿子在节假日大多“泡”在网上，着了魔一样玩游戏。老师把孩子的问题推给了父母，不断给我施加压力。那一段时间，我害怕接到老师的电话，儿子不在学校，一定是进了网吧。为儿子上网这件事，我彻夜难眠。我和爱人逐个网吧找儿子，找不着人，爱人半夜在街上放声大哭。那种场景让人揪心扯肠。

我儿子玩游戏比较早，他的QQ号是六位数，属于元老级玩家。由于他玩的时间长，技术娴熟，级别又高，不少网友倾慕他，他还带了好几个徒弟。

为了上网的事，我劝过孩子，训过孩子，惩罚过孩子；孩子的妈妈为了说服孩子也是费尽了唇舌，说到伤心处也曾声泪俱下，甚至不惜给孩子下跪，求孩子不要再玩了。孩子不但没有收敛，反而愈演愈烈。儿子频频玩游戏，不但荒废了学业，还把虚拟世界中的暴力行为带到了现实中，儿子数次参与打群架，两次被学校提出退学，就是在这种情况下发生的。

孩子为什么沉溺网络游戏？作为孩子的监护人，我到底做错了什么？经过深入反思，我认识到问题出在父母身上。我自认为多么重视教育，却一点儿也不懂教育。改革开放20多年了，我还用家长制的方式来对待孩子。我对当代家庭教育认识得非常浅薄，对网瘾的认识更是一知半解。

网瘾究竟是什么？经过深入学习、深度思考，我对网瘾做了下面的诠释：网瘾是孩子对待错误家教方式的抗争手段；网瘾是孩子丢掉理想和信念后精神寄托的另一种方式；网瘾是孩子渴望被认可、追求成就感的非理性选择；网瘾是孩子精神长期压抑后的一种心理宣泄。

实践证明，我的诠释是准确的，孩子曾在一篇日记中写道："父母、老师都是势利眼，在意的永远是学习成绩，没有人理解我，更没有人在乎我的感受。我为什么不愿回家？我讨厌家里凝固的气氛。你们说有多么爱我，有谁能理解我的感受，有谁为了我控制过自己的情绪，有谁为我改变过自己。为什么我要去玩网络游戏？因为我需要被认同。我明明知道网络是虚幻的，但那里面的人懂得我、理解我。

"你们说我学习不行，我还有能行的地方，比如，我的朋友比较多，号召力比较强。你们给我贴了'问题孩子'的标签，我只能破罐破摔了。既然我不能让你们正眼瞧我，就只好惹是生非让你们关注我。

学习成绩好能赢得大家认同，打架滋事同样能让朋友高看一眼。那时，我也是呼风唤雨的人物，一帮兄弟围着我转，不少女同学也羡慕我。虽然我在老师眼中是差生，但不少同学却拥戴我。我的慷慨仗义也是出了名的，在同学中间也有一定威望，在'江湖'中也有一定地位。"

当我设身处地站在儿子的角度换位思考的时候，我认识到孩子在高一出现问题是不可避免的。孩子升入高中，课业负担重了，知识难度大了，孩子面对的挑战更艰巨了。在孩子最需要精神支持的时候，我的家教却严重缺席了。在孩子积蓄成长力量的关键阶段，我整日忙于事业，疏忽了对孩子的情感关爱。因此，孩子内心的力量储备不够，面对学习上的挑战，孩子感到力不从心，就选择了逃避。孩子在家里被父母忽视，在学校被老师冷落，但他在虚拟世界就不一样了。由于他在游戏中投入了大量精力，角色上的成功让他频频享受成功的喜悦，他在网络上有一定的地位，那些玩家特别崇拜他。网络游戏让他极具成就感，因此，他喜欢上网就不足为奇了。

这样一分析，我认识到，问题反映在孩子身上，病根却在家长身上，都是父母的原因把孩子推向网络虚拟世界的。我心里清楚，这是现实和虚拟在争夺孩子，也可以说是父母和网络在进行拔河赛。哪边力量大，孩子就会朝哪边倾斜。我坚信，只要扎扎实实铸造自己的人格丰碑，只要我和孩子的心紧紧贴在一起，我就一定能影响到孩子，支持到孩子，孩子就一定能从虚幻世界中走出来。

帮助孩子戒除网瘾，我主要做了以下几方面的工作。

一、和网络和平相处

以前，我对网络特别是对网络游戏恨之入骨。我认为网络让我的儿子不思进取，网络让我的儿子荒废了学业，网络让我的儿子接触了暴力。总之，网络毁了我的儿子。现在，我明白了，网络是生活、学习和工作不可或缺的工具，互联网时代的孩子要不接触网络才不正常呢！是我的家教缺失，导致孩子染上网瘾，问题在我身上，网络哪有什么错。网络的诱惑确实很大，但没有网瘾的孩子多的是啊！想到这些，我不再憎恨网络了，而是选择了接纳网络，和网络和平相处。有时，我甚至感谢网络，我把孩子伤害得体无完肤，是网络收留了我的儿子。如果没有网络，儿子指不定会做出什么过激行为呢！

二、鼓励孩子上网

那两年，我千方百计地反对孩子上网，结果孩子越来越沉溺网络，亲子关系越来越糟糕。经过多次碰壁，经过学习，我变得聪明了。我知道，网络是一个大趋势，反对孩子上网不是明智之举，顺势而为才是聪明的选择。父母越反对什么，孩子越对什么贪恋。反对孩子上网，等于火上浇油，等于强化孩子上网的意识；接纳孩子上网，甚至鼓励孩子上网，犹如釜底抽薪，等于弱化孩子上网的意识。看一看我们周围的孩子，哪一个孩子是由于父母强烈反对，而停止玩网络游戏，一心一意投入到学习上的？父母的干涉、反对只能对孩子上网起到推波助澜的作用。现实情况是，父母千方百计反对孩子玩电脑，孩子并没有少玩，甚至越玩越厉害。可以说，很多孩子沉溺网络都是父母粗暴干涉的结果。

现实中，常常出现这样的现象，父母越是反对，孩子越是想尽各种办法玩。再者，即便孩子不玩游戏，他也不会思考自己的未来，也不会主动学习，也不会从事有益的事情。如果父母“放手”让孩子玩游戏，无形中削弱了孩子玩游戏的兴趣。这就好比一个人好不容易得到的东西，他会对这件东西非常在意；反之，一个人轻而易举就能得到的东西，他还有必要在意吗？

假如一个中学生早恋，如果父母比较开明，把青春期的男女互有好感当作极为正常的事情，不横加干涉，不围追堵截，孩子交往一段时间后，往往会自动弱化这段感情，甚至会中断交往。这就是俗话说的“顺其自然，自生自灭”。如果父母把早恋这件事看得特别严重，不择手段地粗暴干涉，孩子往往会把这段感情看作世界上最伟大、最神圣的“爱情”，孩子会竭尽全力，甚至不惜用生命来捍卫这段“爱情”。由于父母的激烈反对，孩子的感情经历被赋予了悲壮的色彩。可以说，孩子这段感情的“价值”是父母粗暴干涉给塑造起来的。

明白了这些，我的内心格外亮堂。一次，我和儿子交流时，谈了自己的观点：“儿子啊，现在老爸完全想明白了，你玩游戏有你自己的道理，存在即合理啊！其实，游戏就是让人玩的，从今天起，你可以尽情地玩，老爸再不干涉你了，老爸尊重你的选择！”

我说这番话，既不是一时冲动，也不是对孩子妥协，更不是有意讨好孩子，而是经过深思熟虑后的理智决定。放手让孩子玩，把选择权交给孩子，是对孩子的理解、信任和支持。由于我完全彻底说服了自己，心中有了比较强的定力，内心没有丝毫的焦虑和纠结。孩子感受到了我的真诚和开明，对抗情绪消失得无影无踪。父母不帮倒忙了，没有了反作用力，亲子和谐了，孩子内心也和谐了，他就能够积极思考自己的人生了，他就会考虑如何追求进步了。所有孩子都有追求进步的愿望，都有向上的心，而父母的粗暴干涉却破坏了孩子进步的愿望。不破坏就等于保护，不帮倒忙就是对孩子最大的支持啊！难怪有人说：“如果你不是解决方案的一部分，你一定是导致问题的一部分。”

三、培养孩子的阅读习惯

我儿子在高二上学期之前，是不喜欢课外阅读的。由于他读的书少，缺乏应有的人文滋养，故而对人生的意义没有太多的思考，没有理想、信念，没有人生目标。儿子在现实中没有追求，才到虚拟世界去追求一些所谓的价值。培养儿子的阅读习惯，我着实下了一番功夫。

1.我不止一次给儿子道歉："儿子啊！老爸这一生最大的遗憾，是没有从小培养起你的阅读习惯。在你阅读能力形成的关键阶段，老爸却缺位了。老爸工作忙也是事实，但这些都是借口，这是老爸不可原谅的错误，也是我最对不起你的地方！儿子啊，你以后有了孩子，一定要从小培养他的读书习惯，阅读是获得精神营养、凝结成长力量的最重要途径，这件事对于个人成长、家庭幸福太重要了！"以前，我总是喋喋不休地要求孩子读书，结果没有一次达到预期效果。现在，我没有给孩子提任何要求，而是谈我没有尽到责任，谈我的遗憾，所以儿子对阅读这件事不会产生对抗情绪。

2.通过身教影响孩子读书。我从少年时代就养成了阅读的习惯，加上肩负引导孩子读书这个使命，我自觉加大了读书力度。陪读期间，我把大量时间用在读书上，我粗略地计算了一下，我每天大约有五六个小时在读书。家里有了浓厚的读书氛围，对孩子无形中是个正向熏陶。每次上书店，我都拎回大包小包的书。家里到处都是书，饭桌旁、沙发上、厕所里、卧床边，到处都是书。可以说，儿子在家里随处都能接触到各种书籍。从随手翻翻，到自觉读几页，阅读渐渐成了他的自觉行动。

通过读书，儿子丰富了思想，积淀了智慧，获得了成长的力量。悄无声息地，儿子对网络游戏的兴趣一点点弱化了，学习成绩也一点点提高了。

四、对孩子的未来充满信心

当我弄懂了孩子沉溺网络游戏，主要责任在父母的时候，当我深切地领悟了“只有改变父母，才能改变孩子”的时候，我对孩子的信心非常充足。我把孩子带到了世界上，我一定要对他负起责任，对孩子负责任其实是对自己负责任啊！走出困境、化解危机的最佳途径就是不断提升自我。我一定要内外兼修，扎扎实实提高自己，我一定要成为孩子的人生导师。只要我切实改变了、提高了，就一定能帮助孩子，就一定能支持孩子，孩子就一定会有一个美好的未来。

经过思考，经过沉淀，我心中形成了三个坚定的信念：

第一个信念，我坚定地相信我的儿子将来一定能成人、成才，变得优秀、杰出。我的儿子内心是善良的，是向往美好的，我的改变和提高一定能激发孩子的自我教育意识，一定能激发孩子内心深处美好的潜质。

第二个信念，我坚定地相信我的儿子经历的这一段“弯路”，一定能转化为他宝贵的人生财富。因为成功和失败都是收获，苦辣酸甜都有营养。阅历就是财富。儿子这是另一种成长啊！他的这份经历是弥足珍贵的。

第三个信念，我坚定地相信，儿子在长期玩游戏的过程中养成的执着、专注、坚持的品质，一定能带到他未来的工作、学习和生活中，因为这些品质是成功人士不可或缺的，这些品格一定能给儿子的人生加分，给他的成功助力！

从某种意义上讲，优秀孩子是父母坚定信念的产物。父母有什么样的信念，就能塑造什么样的孩子。正是靠着这份信念，我的家庭教育跃上了一个又一个台阶，我的孩子也逐渐脱离了网络游戏，孩子的成长轨迹也朝着令人欣喜的方向一步步延伸。

随着我对家庭教育认识的一步步加深，我的家庭教育软实力也一步步得到了升华；随着我对孩子的无条件接纳和充分理解，我们父子间的关系也越来越融洽；随着我和老师的配合越来越默契，学校教育和家庭教育形成了良性互动；随着老师对孩子的关注和认可，老师和孩子的沟通也越来越顺畅；随着儿子阅读习惯的逐渐养成，优质精神营养不断地滋养着他的心灵；随着儿子对乒乓球、篮球、游泳等体育运动的热爱，儿子进网吧的次数在逐渐减少；随着现实生活对儿子吸引力的不断增强，虚拟世界对他的诱惑力在一点点减弱。

进入高二下半学期，我观察到儿子连续20多天没有进过网吧，我的内心翻滚着惊喜的波涛。一天晚饭后，我漫不经心地“提醒”儿子说：“语凡，这些天咋不见你玩游戏了呢？”正在读书的孩子头也没有回，淡淡地说：“我现在觉得网络游戏太幼稚，没啥意思！”

是啊，一个孩子如果在家庭中得到了温暖、有了归属感；如果能自如地融入校园生活，成为学校的一分子；如果有了健康的兴趣爱好和充实的课余生活，他还会迷恋网络吗？戒除网瘾，功夫在网外。一句话，如果孩子在现实中找到了生命的意义，他还会到虚拟世界去追求所谓的人生价值吗？

当一个孩子的成长进入良性循环的时候，进步的速度往往是惊人的。从此，儿子扬起了人生的风帆，乘风破浪，奋勇向前，2005年高考，儿子一举考入了全国重点大学。

事业的成功弥补不了教育的失败

我曾在“今日头条”上写过一篇文章《同是有钱人，命运大不同》，阅读量达到102万人次。我在文章里写了两个有钱人的家庭。

有一位父亲20世纪末和我认识后，接受了“家业万贯，不如教子成才”的理念，他下决心要道德传家、文化兴家。他以身作则地做孩子的榜样，为孩子树立起人格丰碑。家里有了书香氛围、文化气息，两个孩子受家庭的影响，双双考人重点大学，后又到国外读研究生，可以说这个家庭前途无量。

另一个有钱人，家里没有书卷气息，缺乏精神追求，这个人充其量是个暴发户。他的孩子是地地道道的败家子，光知道追求物质享受。孩子读书不用心，花钱却一掷千金，沾染上了吸毒、嫖娼。这样的家庭不但“富不过三代”，连两代也难以维持下去。从这篇文章的阅读量看，人们对教育孩子还是很重视的，教子成功、家庭幸福、家族兴旺是很多人的不懈追求。

下面给大家讲一个“中国唯一富过15代的家族”故事（此故事节选自2017年9月22日“财经头条”）。

俗话说：“富不过三代。”在中国，最常见的家族兴旺和衰落的过程是：上一辈白手起家，艰苦创业；下一辈老成守业，艰难维持；再下一辈坐吃山空，家道中落。

但是有一个家族，却摆脱了这个“魔咒”，并且可能是目前中国唯一富过15代的家族，这个家族发展史，再一次证明了教育和文化的重要性。

这个家族就是美籍华人建筑师，1983年普利兹克奖得主贝聿铭家族——苏州贝氏家族。

2017年4月26日，贝聿铭老先生过了自己的100岁生日，在他传奇的100年人生里，他获得了一个建筑师能拥有的全部荣誉。但很少有人知道，在贝聿铭身后，是一个传承了15代的百年名门望族。

明朝中叶，原籍浙江的贝兰堂定居苏州，以行医卖药为生，成为苏州贝氏的始祖。到了清朝乾隆年间，贝氏由于经营中药材成为苏州四富之一。

到了近代，贝氏家族以同为第十三世孙的贝哉安和贝润生两支最为兴旺。贝哉安及其子孙被称为“金融世家”，而贝润生则被称为“颜料大王”。这两支成就非凡，贝润生在苏州留下了一座修缮完整的狮子林。狮子林是汉族古典私家园林建筑的代表之一，又是苏州四大名园之一。

而贝哉安参与创办了上海银行，还协助创办了中国第一家新型旅行社——中国旅行社。

贝哉安的五个儿子、四个孙子也都从事金融工作，其中最负盛名的，当属贝哉安的第三子，也就是贝聿铭的父亲贝祖诒。

贝祖诒出任过中国银行副总经理以及中央银行总裁。1948年，贝祖诒赴美，担任驻华盛顿中国技术代表团团长。1962年，贝祖诒出任中国香港上海商业银行董事长，直到1973年退休。

贝氏家族之所以如此辉煌，主要得益于其“诗书传家，乐善好施”的家教与优良的家族文化。

富而不骄，乐善好施

富豪家族多的是，大多只能算是暴发户，难得的是富而不骄，乐善好施，这才算是真正的名门望族。

贝聿铭的叔祖父、“颜料大王”贝润生认为，“以产遗子孙，不如以德遗子孙，以独有之产遗子孙，不如以公有之产遗子孙”。他把自己花巨资修缮一新的狮子林，给全体族人享用。

此外，他在园子里设立了贝氏祠堂，并在旁边捐资建立了贝氏承训义庄，用来赡养、救济族人。

贝润生与贝聿铭的祖父贝哉安共同捐资在苏州城开办了中国第一个新式幼稚园，二人对苏州的公益事业和慈善事业作出了巨大贡献。

新中国成立前夕，孔祥熙一人就卷走了巨额资金，而贝聿铭的父亲、身为中央银行总裁的贝祖诒远走美国之时却没拿走一分公款。

这些优秀的品质，都是这个家族能够十几代传承不断的原因。

诗书传家，重视教育

贝哉安很早便得中秀才，20岁时已经成为苏州府学贡生。后来由于父亲去世，只得挑起了家庭的重担，打理父亲留下的产业。

贝哉安重视子女教育，儿子贝祖诒毕业于苏州东吴大学唐山工学院。贝祖诒后来把儿子贝聿铭送到美国求学。

贝聿铭先后在麻省理工学院和哈佛大学就读建筑学，而他的四个子女，其中三个儿子和父亲一样，毕业于哈佛大学，从事建筑工作，女儿在哥伦比亚大学攻读法律，四个子女都非常出色。

文化通婚，顺应时势

和当今人们结婚重视“有车有房”不同，贝氏家族选择文化世家通婚，这样有利于培育更优秀的下一代。

贝聿铭的母亲蒋士云是当年曾在北洋政府任外交官的蒋履福之女，她天生丽质，聪颖好学，10岁时被家人送往上海读书，12岁随父亲赴北京，在英国人办的学堂里学习英语。

16岁时，作为驻外使节的千金小姐，蒋士云又随父母远下欧洲，并在法国巴黎留学一年，在熟读英语的基础上又初通了法文。

贝聿铭娶的也是大家闺秀陆书华。陆书华的父亲是麻省理工学院毕业的工程师，她在上海中学毕业后，前往美国读本科，以此机缘与贝聿铭相识。

贝氏家族因为出了贝聿铭，整个家族的名望达到新的高度。从美国国家艺术馆、肯尼迪图书馆、香港中银大厦、法国罗浮宫金字塔，到家乡的苏州博物馆，建筑大师贝聿铭的作品每一件都是经典之作。

家业万贯，不如教子成才；事业成功，不如教子成功。我们身边的很多人，由于教子不成功，留下终生遗憾。历史上的阿斗，他不仅败光了刘备创造的大好河山，还留下了“乐不思蜀”与“扶不起来的阿斗”

的千古骂名。读者朋友要牢记这些沉痛的教训，尤其要牢记“耕读传家久，诗书继世长”的古训，沉下心来，内外兼修，切实为后人做好人生表率，为振兴家族作出应有的贡献。

第2章

好品格成就好未来

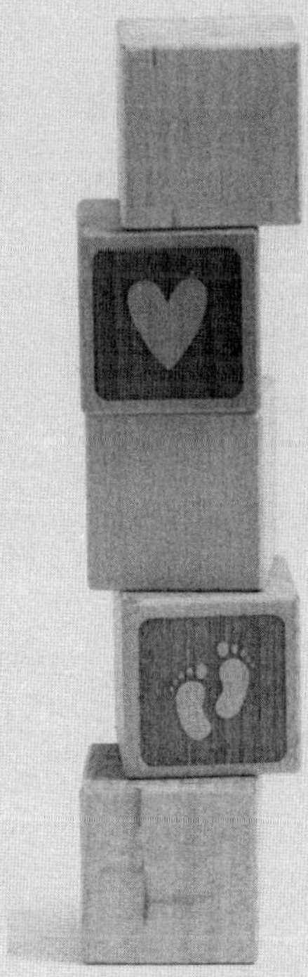

在这个充满诱惑的时代，父母对孩子的品格引领显得尤为重要。缺少了父母阳光雨露的滋养，孩子的成长很容易出现偏差。

好品格是孩子成长的根基

第二次世界大战前夕，有一批欧洲学者一直在研究，为什么四大文明古国，只有中华文明传承至今，绵延不衰？最后，他们得出了一个结论，那就是中国人特别重视家庭教育。追根溯源，中华文明是通过家庭教育，一代一代往下传承的。只要有家庭存在，中华文明就不会断裂。

仔细研究，就会发现，所有家风、家教、家训的主要内容都是道德教育、品格教育，也就是做人教育。这是中华文明的精神、中华民族的脊梁、中国人赖以立身的魂魄。

最近，我读了《习仲勋传》，让我感触颇深。习仲勋的高风亮节让我肃然起敬，习仲勋严于律己、宽以待人的高尚品格也让我心悦诚服。我在想，习家能培养出习近平这么卓越的党和国家的领导人，完全得益于良好的家风家教熏陶，得益于长辈人的优秀品格传承。

在《习仲勋传》里，有这样的记述：

习仲勋注重教育孩子从小养成节俭的生活习惯，他言传身教，从点滴做起。他经常用“谁知盘中餐，粒粒皆辛苦”的名言教育孩子，吃饭时掉在桌上的米粒，他都要捡起来吃掉，一丁点也不浪费，吃到最后，他还要掰一块馒头把碗碟上的菜汁擦干净。这种无声的教育，使孩子们从小养成了不浪费一粒粮食的好习惯。孩子们的衣服和鞋袜，大都是“接力”穿，大的穿旧了，再让小的穿。

习仲勋还非常注意保护环境、节约水电，他经常教育家属和身边的工作人员厉行节约。习家人的节俭出乎人的意料，习仲勋习惯用浴盆洗澡，每次洗完澡的水留着让孩子们再洗，然后还要用洗澡水洗衣服。习家厅堂的灯晚上很少打开，习仲勋要求房间里只要没人，一定要随手关灯。习仲勋在外面散步时，看见地上有烟头，都会俯身捡起，扔到垃圾桶里。在他的影响下，家人一直保持着随手关灯、节约用纸、拧紧水龙头、自觉维护公共卫生的良好习惯，不仅儿女们一直保持着，就连孙辈们也继承了爷爷的这些好传统。

有一个大学青年教师，“文革”期间打过习仲勋。“文革”后，这个教师所在的学校派人找到习仲勋调查取证。习仲勋对来人说：“当时都是年轻人，算了吧！”当外调人员要告诉他这个人的名字时，习仲勋摆摆手：“我不需要记住这个人。”在“文革”中审查他的专案人员，有时办案态度恶劣。后来，习仲勋不计前嫌，对这些人一律既往不咎。

习仲勋的家风家教折射出一条朴素的真理，传金传银不如传品格。大量家教实践表明，除了倾心塑造自己的品格，全面提升自身的素质，没有哪一件事能给自己的人生不断加分；没有哪一件事能让自己更加认同自己、悦纳自己；没有哪一件事能不断地促进夫妻和谐、亲子和谐；没有哪一件事能对孩子造成积极正向的影响。

要想传承品格，首先必须拥有品格。清朝嘉庆年间，进士姚文田写了一副对联："世上数百年旧家无非积德，天下第一件好事还是读书。"北宋政治家、文学家欧阳修也曾说："立身以立学为先，立学以读书为本。"姚文田的对联和欧阳修说的都是两件事——读书学习和积累德行。在我们的学习平台上，弘扬和践行的也是这两件事。在我们的倡导下，很多从不读书的父母拿起了书本，他们克服了文化水平低、工作繁忙等重重困难，进入到学习型父母的行列。从不习惯到习惯，读书、学习成了很多人日常生活不可或缺的一部分。实践证明，读书和修德是孪生姐妹，两者是相辅相成的。读书促进修德，修德带动读书。在我们的读者、学员中，有很多人这两件事都做得非常好，不少人做得比我们预期的还要好，实在令人感动。读书学习、提高素质、提升品格，让他们大获裨益，让他们收获人生的累累硕果。

有一位搞企业的爸爸，通过读书、修德，不但收获了夫妻恩爱、亲子和谐，收获了孩子的大幅度进步，同时也成就了事业的节节攀升。通过内外兼修，这位爸爸对人性的理解加深了，说话的艺术提高了，对孩子的影响也逐渐显现出来了。渐渐地，儿子也喜欢上了读书。儿子在书中吸取了正能量，有了理想，有了追求，自我教育意识大大加强。一个学期后，儿子被评为三好学生。

这位爸爸说："以前，我的内心非常浮躁，上班之余，大部分时间忙于应酬。由于忽视了自我成长，夫妻关系、亲子关系以及事业发展都遭受了坎坷。那时我的家里一团糟，我不回家，妻子也赌气去打麻将。家里关着门，儿子放学后直接到网吧去玩。夫妻一见面就闹别扭，我也无心做生意。自从接受贾老师的引导，下班后我即刻回家。做做家务，看看书，陪陪老婆孩子，我觉得这才是高质量的生活。守住了自己的心，我不但化解了危机，整个人生都更上一层楼了。跟着贾老师学习，是我一生最正确的选择，我感到我这一生值了！”

下面这位妈妈的进步，尤其值得大家点赞。

有一位刘姓公务员妈妈，由于个性强势，不但夫妻关系紧张，青春期的女儿也和她激烈对抗。痛苦和烦恼时常伴随着她，她感到痛不欲生。经人介绍，这位妈妈向我咨询。我告诉她：“要想走出困境、化解危机，摆在你面前的只有一条路，那就是读书、学习，不断地提升自我！”

接受了我的建议，刘妈妈把读书当成了一件重要的事。读了5本书，她内心不再焦虑了，性格趋向儒雅了，女儿与她不再那么对抗了，她和老公也能交流了。尝到了甜头，她又到书店买了几十本书。刘妈妈把大部分业余时间都用在了读书学习上，一年内她累计读了60多本书。一次，刘妈妈和我分享读书心得，她说：“读书的过程，是和名人交流的过程，是梳理人生的过程，是沉淀思想的过程，是积累智慧的过程，是凝聚成长力量的过程，是获得幸福体验的过程。在这个世界上，没有比书籍更好的东西了，没有比读书更有意义的活动了，没有比读书人更幸运的人了。”

世间自有公道，付出总有回报。一年以后，刘妈妈收到了一件价值不菲的礼物，命运之神送给她一个大大的祝福。夫妻之间越来越默契，两个人在一起总有说不完的话；女儿也把妈妈当成了闺密，有什么心里话都会告诉她。掌握了女儿的思想动态，她往往能在第一时间帮到女儿。女儿内心顺畅了，学习积极性也大为提高，学习成绩持续上升，经过八个月左右的时间，成绩排名前进了180多名。尤其令她高兴的是，她在单位的数次发言，赢得了大家的普遍好评，同事们都对她赞不绝口。由于她读了大量书籍，她的分享思想性强且言之有物，引起了领导的重视，领导还推荐她参加市里的演讲比赛。

以上两个案例，从得失的角度讲，他们失去的是浮躁、诱惑和平庸，而得到的是自信、充实和希望，可以说，凝神聚力，蓬勃向上，提高修为，不但是给自己生命唱赞歌，也是对家人、对孩子高度负责的具体体现。其实，打破“盛不过三代”的魔咒，实现家族可持续发展，并没有我们想象的那么难。只要我们从自身做起，从现在做起，从点点滴滴做起，我们就能不断地打造自己的优良品格，进而不断地提高生活质量、提高幸福指数。品格陶冶品格，生命影响生命。只要我们把美好品质一代代传承下去，我们的家庭就一定会有美好的未来，我们的家族也能够世世代代兴旺发达。

《易经》说：“天行健，君子以自强不息；地势坤，君子以厚德载物。”《道德经》说：“天之道，利而不害。”上天的意志是希望万事万物向上向好。作为高等动物、高级生命的人类，积极进取，自强不息，是我们应该具备的基本人生态度；心存善念、常怀利他思维，让家人受益、让周围人受益、让社会受益，是我们义不容辞的责任。为人父母者，对自己的起码要求应该是：做最好的自己，用道德风范来陶冶孩子，用人格力量来影响孩子，让孩子成为有益于社会的人，有益于人民的人。让孩子在给社会创造价值的同时，充分体现自己的人生价值。

“沉舟侧畔千帆过，病树前头万木春。”改革开放已经40年了，与时俱进、成为学习型父母、切实做好孩子的榜样，已经成为广大父母的共识，这是提高国民素质的基础，也是中华民族的福祉所在。遗憾的是，还有一少部分父母观念陈旧、不思进取，他们还用陈旧的、老掉牙的观念来教育新时代的孩子，孩子难免出现这样那样的问题。我对这类家长说几句话：进入社会转型期，时代发展给父母提出了非常高的要求。如果我们没有清醒的认识，找尽借口不愿学习进步，不愿意成长，这是不可原谅的错误。在这个充满诱惑的时代，父母对孩子的品格引领显得尤为重要。缺少了父母阳光雨露的滋养，孩子的成长很容易出现偏差。如果是这样，我们岂不是“叶公式”的父母吗？难道我们口口声声爱孩子是假的吗？难道我们希望孩子成人、成才是在喊口号吗？难道我们希望追求幸福是在作秀吗？如果我们对自己不负责任，对孩子的未来不负责任，我们将愧对造物主给我们这一次做人的机会，我们将愧对列祖列宗，我们将愧对“父母”这个神圣的称号！

利他思维是人生的大智慧

关于吃亏的哲学，我们的先人积累了很多人生智慧，比如，“吃亏是福”“能受苦方为志士，肯吃亏不是痴人”“吃亏决不亏，惜福才有福”“吃亏养德，忍耐养心”。

仔细观察周围的人，你会发现：善于吃亏的人多是心胸宽广的人，都是有度量的人，都是有人生高度的人，进一步讲，大都是有福相的人，大都是已经成功或者正在走向成功的人。我们再看一看，那些不肯吃亏、害怕吃亏的人则多是斤斤计较的人、小肚鸡肠的人、心胸狭窄的人、鼠目寸光的人、没有格局的人、缺乏高度的人。这样的人，人生道路往往布满荆棘。

吃亏是人生不可缺少的智慧；吃亏是营养生命的必要元素；吃亏为人际关系加分、添彩；吃亏能赢得更多合作机会、成长机遇。

讲一个真实的故事。

新中国成立前，有一个人种了几亩麦子，一家大小13口人就指望它填饱肚子。然而，就在准备收割的前三天，麦子被人偷了一片。第二天晚上，这人到麦田去查看，夜色中看到一个人正在割麦子。察觉到有人来，割麦人丢了镰刀、绳子、扁担，消失在夜幕中。恍惚间，这人看到了割麦人的背影。

看着割倒在地的麦子，这人又割了一些，结结实实捆了一担，一路上歇了数次，担了3公里左右，径直担到那户人家。

惊魂未定的割麦人看到有人来到自己家中，还挑着一担麦子，不知所措。这人喘着气说："麦子给你挑来了，你还不赶快来接！"割麦人急忙跪在地上："大叔，我一时糊涂，割了你家麦子，改日我一定加倍偿还！"

"什么都不要说了，咱们乡里乡亲，我还不知道你的为人？家里要不断粮，你绝不会这样做。赶明儿让孩子吃两顿饱饭，青黄不接的日子最难熬。"

割麦人激动得说不出话来。这人擦擦汗扬长而去，走时丢下一句话："有啥困难你尽管找我！"

这个故事发生在1944年，故事的主人公、给人送麦子的人是我的外公程根升。以德报怨已是极高的境界，雪中送炭更是难能可贵的品质。

从小爸爸教育我："不占别人的便宜，便宜中往往有亏。"爸爸给我讲过一个故事，时隔40多年我还记忆犹新。

古时候，父子两个在地里干活。儿子渴了，到地头的河沟去喝水。儿子低头喝水时，发现河沟里有一坛灿灿发光的黄金。儿子喜出望外，告诉了爸爸，爸爸说那是毒蛇，会咬人的。儿子不听爸爸劝告，把一坛黄金抱回了家。

没几天，官府把父子二人抓到了县衙。原来，儿子抱回的是官府被盗黄金，歹人盗取国库的黄金后藏匿在河沟中，雨后被山洪冲了出来。由于邻居举报，官府在他们家搜出了黄金。那位爸爸说“黄金是毒蛇”不无道理，由于儿子贪恋钱财，他们父子被“毒蛇”重重地“咬”了。

受家庭影响，我从小养成了乐于吃亏的习惯。和别人打交道，吃点亏，我不觉得吃亏了。我内心不但不感到憋屈、纠结，甚至还会有几分庆幸。因为我得到了别人的信赖，赢得了朋友，积累了人脉，我感到内心坦然。

我不但自己乐于吃亏，善于吃亏，还鼓励孩子吃亏。有一次，我郑重其事地跟儿子说：“老爸告诉你一条人生经验。人际交往中，要学会吃亏，要习惯吃亏，吃亏是福、占便宜是祸。肯吃亏的人，路越走越宽，怕吃亏的人，路越来越窄。具体地讲，假如你和几个朋友一起吃饭，如果很明确是某人请客，我们不要和人家争着买单，这样做是对人不尊重。如果同学、朋友偶尔聚到一起，没有人召集，也不明确是哪个人买单，那么买单的人应该是你。如果说某位朋友家里有红白事情，我们听说了，只要是和我们有过交往的朋友，我们就要毫不犹豫去帮忙，实在去不了，也要想方设法随一份礼。不要说我们家逢什么事，他都没有来照看，我们要尽最大可能去理解别人。我们家的事，他没有来，可能是他不知道，或者是当时有什么要紧的事情。老爸告诉你，小气难成大器，大方才能吃四方。请客请不穷人，行礼行不穷人。”

种瓜得瓜，种豆得豆。有一次，儿子回来较晚，当我得知儿子和朋友在一起吃饭时，我问儿子：“今天吃饭谁买单？”儿子说：“你不是说让我买单吗？”我非常高兴地说：“这就对了！”我心里像吃了蜂蜜一样甜，我播撒在儿子心中善良的种子生根发芽了。

吃亏是人生的重要组成部分。肯吃亏、乐于吃亏应该是一个人的自觉行动。害怕吃亏，抗拒吃亏，说穿了就是自私，而自私等于自毁。下面讲一个不肯吃亏给兄弟俩带来杀身之祸的故事，希望能给读者朋友一些人生启迪。

这件事发生在山西某县。

兄弟两个合伙做生意，年终分利时哥哥多分了一些，弟弟觉得吃了亏，心里极其不平衡。弟弟找哥哥理论，哥哥认为自己付出得多，不肯让步，兄弟二人大吵了一架。弟弟感到受了奇耻大辱，买来猎枪把胞兄残忍地杀死，弟弟也因故意杀人罪被判处死刑。

假如兄弟二人有一人肯吃点亏，这个悲剧完全可以避免。如果弟弟有一些度量，能想得开，就不会找哥哥理论。再说弟弟也不一定是真吃亏，哥哥这样分配利润，自有他的道理。假如哥哥宽宏大量，尽管自己多出了些力，也会和弟弟平分。何况弟弟已经提出来了，哥哥应该有所让步，弟弟生那么大的气，也不是没有一点道理。可悲的是，兄弟二人都不懂得吃亏是福的道理，因而上演了一幕极其荒诞的悲剧。兄弟两个如果地下有知的话，也许会寻求和解，但他们在家人和孩子心中种下的仇恨的种子，已经结出果实，定会祖祖辈辈往下延续。

其实，吃亏是上天送给人类最宝贵的礼物。肯接受这份礼物的人，往往幸福坦然，往往一生平安。我在《真的不是孩子的错》这本书中写道：“你看那个人多傻，傻得连一点亏都不知道吃！”平心而论，不肯吃亏的人才是真傻呢！可以说是地地道道的傻、彻头彻尾的傻。

有一位合作伙伴给我讲了一个故事，读者朋友一定能从其中吸取一些有益的东西。

在鲁西农村，有这样一个人。此人从小被父母溺爱、娇惯，极端地以自我为中心，自私自利得令人发指。他想方设法占尽别人的便宜，占不到便宜他就认为吃了亏。他把当公务员的哥哥当成了摇钱树，变着法子向哥嫂要钱、要东西。有一次，他打着盖房子的幌子，理直气壮地去跟哥哥要钱。哥哥刚说这段时间不太方便，他的脖子就暴出了青筋。他冲着哥哥骂道："你不方便，就是借钱也得给我！不向你要钱向谁要？全家人巴着你出人头地，就是要沾你的光！如果沾不了光，巴着你有出息干啥！你是国家干部，不一定哪天会倒霉。到那时，我免不了受牵连。现在得你些好处，将来受点害，我心里还平衡些。如若不然，我算倒了十八辈子霉了！"

此人自认为精明过人，但他却不明白，他的所作所为，已经在两个孩子心里播下了种子，因为种下的是不良的种子，结出的也必定是恶果。受他的影响，两个孩子都是鼠目寸光、自私自利、小肚鸡肠、睚眦必报的人。大儿子种责任田，总想挤占他人田地，人家和他理论，他就对人家大打出手，结果进了派出所；二儿子为了三寸宅基地，三天两头跟邻居吵架。为芝麻大的事，和邻居打了三年官司。他家有什么事，前来帮忙的人很少。家里建房，他连把铁锹都借不到。乡亲们都认为他家人难缠，没人愿意和他家打交道，惹不起还躲不起吗？他家的两个男孩，大的

31岁，小的29岁，至今都是独身，没有人愿意给他家孩子介绍对象，偶尔有介绍的，人家那头一打听，都说他为人臭，也就没了下文。

吃亏是人生高境界，吃亏是人生大智慧。鼓励孩子吃亏、支持孩子吃亏，是送给孩子最珍贵的礼物，是给孩子最好的祝福。吃亏能给孩子带来平和的心态，吃亏能让孩子远离伤害，还能给孩子带来良好的人际关系。上天是公平的，不怕吃亏的人最终吃不了亏，“回报”追逐的是反而不在意它的人。利他思维是人生幸福的第一秘诀，利他的真相是利己。众多智慧浓缩成一句话：人欠你，天还你！

生命需要互相支撑

费·夸尔斯说："人一生下来就离不开别人，谁只为自己活着，谁就枉活一世。"人字是由一撇一捺组成的，它告诉我们，生命是需要互相支撑的。人是群体动物，没有别人的帮助，任何人都无法生存。因此，人与人之间的互相帮助，就显得十分重要。

请看下面的故事。

> 刺骨的寒气伴随着暴风雪，两个人结伴行走在山路上。半路上，他们发现一个老人倒在雪地里。如果置之不理，老人一定会被冻死。"我们带他一起走吧！"其中一个人说。另一个人很生气地说："这种恶劣气候，我们都自身难保，还顾得了别人吗！"说完，便独自离去了。
>
> 好心男人背起老人艰难地往前走。走了一段路，男人全身被汗水浸湿了。他身上的热气温暖了老人冻僵的身体，老人慢慢恢复了知觉。两人将彼此的体温当成暖炉互相取暖，抵御了极度寒

冷的天气。

“老爷爷，终于到了，我们得救了！”远远看见村庄时，男人高兴地对背上的老人说。他们来到村子路口，看见一大群人议论纷纷，不知发生了什么事。男人挤进人群探头一看，看见有个男人僵硬地倒在雪地上。当他仔细观看时，不禁吓了一跳，冻死在村子外边的男人，就是当初不肯帮助别人、而先行离开的那个同伴。

关爱身边的人，让善良和宽容代替怨恨、偏见、嫉妒和恶念，你会发现自己已变得轻松、有力。就像那个背起老人的男子一样，善待别人往往就是在善待自己。阅尽芸芸众生，你一定能悟出一些道理：很少有人因恨而得道，却有很多人因善而得救。

世界上最高层次的利己是帮助别人。关于这一点，我的体会比较深刻。

我每天早上5点钟起床，夜里10点钟以后才休息，每天工作学习10多个小时。自己虽然辛苦点儿，但从事的是自己喜欢的事情，倒也乐在其中。随着知名度的逐步提高，求助我的人也在不断增加。我粗略地算了算，从2001年到2020年，20年间我接触了两万多个家庭，取得了有目共睹的帮教成果。当然，这是长期积累、水到渠成的结果。福尔摩斯是个虚构的人物，他有一句经典台词：“如果你对一千个案件的所有细节能了如指掌的话，那么你对第一千零一个案件无法做出解释、不能做出判断的话，那才是怪事呢！”

有一个一万小时定律，讲的是专注和成功的关系。一个人在某一领域能专注投入一万小时以上，比如拉二胡、拉小提琴、打乒乓球等，他一定是这个领域的佼佼者。我粗略地算了一下，二十年来，我在家教领域的投人，远远超过一万小时，大约在两万小时以上。家庭教育是一份值得终生追求的事业，虽然我在这个领域有比较多的实践，但我对家教这个大课题的认识还有很大的提升空间。

人善天佑。说句掏心窝子的话，如果我没有帮助别人，我不可能积累那么多家教经验和智慧，我也不可能有那么多思考和感悟，我的儿子也不会进步那么快，我的书也不会被广大读者认可，我也不可能成为专业的家庭教育工作者。可以说，广大受助者是我生命中的贵人，是我的衣食父母，与其说我帮助了他们，还不如说他们帮助了我。

印度谚语说："一个人的幸福里面一定要有他人快乐的成分。"帮助别人能大幅度提高自己的幸福度。帮助别人，看似我们付出了，其实我们得到了很多。比如，我们得到了别人的感激，我们内心的富足，自己对自己的认同，自己内心深处产生的幸福感，等等。可以说，我们已经收获得盆满钵溢。这是那些只知道索取，不愿意奉献的人永远体会不到的。

施比受更为有福。帮助别人不但能让自己受益，更能给孩子带来福分。帮助别人，是给孩子传承美德，是给孩子带来祝福。父母习惯帮助别人，孩子一定会效仿。长期受父母影响，孩子一定会把助人当作自觉行动。孩子经常帮助别人，就会内心充实、精神富足，就会有良好的人际关系。这样的孩子，人生一定会充满阳光。那些有心理障碍甚至有心理疾病的孩子，大多人际关系不好。追根溯源，其中确实有一部分是父母自私自利、内心不够豁达、人生境界不高所致。

亚里士多德说："行善的人生是有意义的人生，除非你善良，否则你不可能快乐。"我非常重视孩子的道德品质培养。为了培养儿子乐于助人的品质，每次公益活动，我都尽量带上儿子，比如，资助贫困大学生，给敬老院捐被服，到孤儿院做义工等。我尽可能多地给儿子提供行善的机会。

为善最乐，积德必兴。2006年，儿子上大二期间，我给儿子写了一封信，在信中给他讲了胡雪岩的故事。

在晚清历史上，胡雪岩是家喻户晓的名字。他的成功有很多原因，但他乐于帮助别人，无疑是其中非常重要的因素之一。

一位商人在生意中惨败，需要大笔资金周转。为了解燃眉之急，商人主动上门，开出低价让胡雪岩收购自己的产业。经调查属实后，胡雪岩急调了大量现银，按照市场价收购了对方的产业。商人惊喜而又疑惑，不解胡雪岩为何到手的便宜不占，坚持按市场价来购买。

胡雪岩笑着说："我只是代为保管你的这些抵押资产，等你迈过这道坎后，随时可以赎回你的东西。"商人万分感激，对胡雪岩深表敬意后含泪离开了。

商人走后，胡雪岩的手下也纷纷不解。大家问胡雪岩，为何送上门的肥肉不吃，不但不趁对方急需钱压低价格，还付给对方这么多现银。胡雪岩喝了一口茶，讲述了一段自己年轻时的遭遇："年轻的时候，我是店里的小伙计，经常帮东家四处催债。一次，我正赶往一户债主家中，路上遇上了大雨，一位陌生人帮我打伞，避免了我被雨淋湿。打那以后，我出门时经常带着伞，每逢下雨，我便帮陌生人打伞。时间一长，那条路上认识我的人也就多了。有时，我自己忘了带伞也不怕，因为总会有我帮过的人为我打伞。"说着，胡雪岩笑了笑："你肯为别人付出，别人才愿意为你付出。刚才那位商人的产业，可能是几辈人积攒下来的，我要是占了他的便宜，他甚至一辈子都翻不了身了。今天我帮他，这不是投资，而是救人，这样做，既交了朋友，还对得起自己的良心。谁都有困难的时候，能帮就帮点吧。”众人听后，都沉默不语。

后来，由于胡雪岩的帮助，商人顺利渡过难关，赎回了自己的产业，胡雪岩也多了一位忠实的合作伙伴。从那之后，人人都知道了胡雪岩的义举，官府百姓都对胡雪岩尊敬不已，胡雪岩的生意也好得出奇。他无论经营什么行业，总会有人帮忙，更有数不清的客户来捧场。

儿子贾语凡受家庭熏陶，助人成了他的自觉行动。比如，参加学校、社会团体各种公益事业，他从不落后；给孤寡老人、弱势群体捐钱捐物，他毫不吝惜。

有一次，儿子在医院陪护奶奶。在药房交费处，一位妇女在排队交费，好不容易排到了她，她发现卡里的钱差了一些，那位妇女焦急万分，急出了一头汗。排在后面的儿子不由分说，上前替她补足了费用。感激之余，妇女要儿子留下联系方式，以便还款。儿子说：“没多少钱，不用记挂。”儿子笑了笑，摆了摆手离开了。

还有一次，儿子在街上行走，看到了一个脑瘫青年摇着轮椅在卖香烟。儿子希望帮助残疾人，还要保护他的自尊。他往轮椅上的钱盒里放了一百元现金，那位青年递来五盒香烟。儿子接过一盒香烟，示意青年不用找钱。儿子向他伸出了大拇指，对他自强不息、自食其力的精神表示赞赏。脑瘫青年用吐字不清的声音向儿子道谢，还给了儿子一个会心的微笑。

还有一件事非常值得一提。儿子在大学期间，星期天和几个同学上街。经过闹市区，儿子看到一个少年在偷一个女生的钱包。儿子大喊一声“住手！”一个箭步冲了上去，由于儿子的见义勇为，女生的钱包没被盗走。小偷恼羞成怒，吹了一声口哨，招来五六个同伙将儿子团团围住。儿子少年时学过武术，身手比较敏捷，加上几个同学帮忙，儿子才免遭伤害。

我以一甲子的人生阅历，掏心掏肺地告诉大家，从小教孩子养成利他思维，教孩子习惯帮助别人，是送给孩子最宝贵的礼物。

知名心理咨询师司晶说过：“为自己活仅有脚下方寸地，为别人活拥有头上整个天。”给别人打开了一扇窗，自己往往看到了完整的天空。一个乐于帮助别人的人，一定是珍爱生命、热爱生活的人。这样的人，生命质量、幸福指数往往比较高。一个人心里常常装着他人，一定能得到大家的拥戴和帮衬，一定会有良好的人际关系。这样的人，不但在婚姻家庭中备受欢迎，在工作事业中也能得心应手，他们的人生一定能迸发出绚丽的光彩。

宽容可以拓宽人生的格局

人世间有一种美德叫宽容。什么是宽容呢？很多哲人给出了深刻的解读。莎士比亚在剧作《威尼斯商人》中说："宽容就像天上的细雨滋润着大地，它赐福于宽容的人，也赐福于被宽容的人。"马克·吐温说："紫罗兰把它的香气留在那踩扁了它的脚踝上。这就是宽恕。"雨果说："世界上最宽阔的是海洋，比海洋更宽阔的是天空，比天空更宽阔的是人的胸怀。"

下面讲一个南非前总统曼德拉的故事。

曼德拉为领导南非反种族隔离运动，被当时的南非政府逮捕入狱。曼德拉在狱中度过27年，遭受到了非人的待遇。白人格里高等三位看守曾经虐待过曼德拉，他们要他去采石头，还让他下到冰冷的海里捞海带，动不动就用铁锹痛殴他，还故意往饭里泼泔水强迫他吃。

曼德拉出狱后，他发誓要让自己遭受的磨难成为昨天。他说：

“自己若不能把过去的悲痛和怨恨留在身后，那么我其实仍在狱中。”

1994年曼德拉当选南非总统。格里高和两个同事均收到了曼德拉的就职典礼邀请函。就职仪式上，年迈的曼德拉在致辞中说：“能够接待这么多尊贵的客人，我深感荣幸。更让我高兴的是，当年陪伴我在罗本岛度过艰难岁月的三位狱警也到了现场。”他把格里高等三人逐一介绍给大家，并与他们深情拥抱。曼德拉说：“我年轻时性子急、脾气暴，在狱中，正是在他们三人的帮助下，我才学会了控制情绪。”曼德拉这一番出人意料的话，让虐待了他27年的三人无地自容，更让人群中爆发出经久不息的掌声。

下面再讲一个感人至深的故事。

据《江南时报》和《中国青年报》报道，2000年4月1日深夜，亚星－奔驰公司的德方副总经理普方和他的妻子、15岁的女儿和13岁的儿子在南京的家中惨遭杀害。罪犯是来自苏北沭阳县的4个18～22岁的无业青年，按照法律，4名罪犯被判处死刑。

普方的妈妈来到南京，看到惨不忍睹的亲人，老人家悲痛欲绝，当即昏了过去。按照常理，任何一位妈妈在得知儿子一家遭此横祸后，都会表现出极大的愤慨，都会要求凶手血债血偿，都会认为世界是黑暗的、人性是丑恶的。然而，这位母亲在悲痛之余，却做出了一个让常人无法理解的决定。她向法院写了一封信，要求免除4名罪犯死刑。她认为，判他们死刑也不能改变儿子一家被害的事实。

后来，法院没有采纳普方妈妈的建议，对4名罪犯执行了死刑。普方的妈妈认为，儿子全家被害，背后深层次的原因是贫穷落后、愚昧无知、教育缺失。在普方妈妈的影响下，在普方亲友的呼吁下，在南京居住的德国人和其他外国侨民成立了纪念普方一家的协会。在协会的发动下，居住在南京的德国人发起募捐，资助罪犯的家乡——江苏省沭阳县的贫困儿童。德国人的善举感动了很多人，越来越多的人加入到这一行列，截至2010年，已有500多名被资助的贫困生进入高中或者大学。

雨果说：“最高贵的复仇之道是宽容。”苏霍姆林斯基说：“有时宽容引起的道德震动比惩罚更强烈。”如今普方一家被害已经20年了，这个案件很多人已经淡忘了，但德国妈妈以德报怨的精神已经在苏北大地，乃至整个中华大地开花结果，这也许是给普方全家在天之灵最好的告慰。

曼德拉和普方妈妈的事迹之所以能震撼无数人的心灵，是因为他们有高尚的人格魅力，有令人仰视的人生高度。他们的举动闪耀着人性的光辉，蕴含着震古烁今的大智慧。

我20岁左右时，一位老师给我讲过：“有多大的度量就有多大的福分。”那时我对这句话似懂非懂，但我知道气度对一个人的重要性。一个人肚子里什么都装不下，他肯定什么也得不到。随着阅历的逐渐加深，我对宽容也有了进一步的认识。为了拓宽自己的心胸，扩大自己的格局，培养孩子宽厚待人等品质，有好几年，我家春节写的对联大多和提高境界有关，比如：“世事如棋，让一步不亏于我；心田似海，纳百川方能有为。”“惟宽容可以容人，惟厚德可以载物。”“以责人之心责己，以恕己之心恕人。”我还请人写了条幅挂在客厅里，不断警示自己。“事不三思终有悔，人能百忍自无忧。”“海纳百川有容乃大，山高万仞无欲则刚”“敢与苍穹比阔的唯有精神。”

有一件事虽过去了10多年，仍让我记忆犹新。有一次，儿子和同学发生了纠纷，两人僵持不下。后来，我说服儿子做了些让步，事情虽得以解决。但儿子不太服气，他感到受了欺负，心里有些不平衡。为了让儿子尽快放下这件事，我和儿子深谈了一次。首先，我给儿子讲了《悲惨世界》中的故事。

在雨果的代表作《悲惨世界》中，主人公冉·阿让几次因偷盗而被抓进监狱，受尽凌辱。冉·阿让出狱后，流浪街头奄奄一息。一个穷牧师将他扶到家中，精心照料。冉·阿让醒来后却恶习不改，他乘牧师不备，偷走了主人家里唯一的一件银器。没多久，警察带着冉·阿让回到了牧师家中。原来，冉·阿让在街头卖银器时，遭到警察的怀疑，警察在银器上发现了牧师的名字，于是就把他带了回来。谁知牧师却说：“我的兄弟啊，你怎么不告诉警察，那是我送给你的礼物呢？”警察忙向冉·阿让赔不是。牧师的宽容使他良心发现，从那天开始，冉·阿让洗心革面，重新做人。后来给社会作出了一定的贡献，获得了大家的尊重。

我对儿子说：“一个人太计较得失，往往会失多得少。”儿子内心有了一些触动。接着，我又给儿子讲了安徽桐城仁义巷的故事。

清朝时，在安徽桐城有一个著名的家族，父子两代为相，权势显赫，这就是张英、张廷玉父子。张英在朝廷任文华殿大学士、礼部尚书，他的老家桐城的老宅与吴家为邻。吴家建房时占用了张家的宅基，双方发生争执，将官司打到县衙门。

在这期间，张家人给在北京当大官的张英写了一封信，要求张英出面。几天后，家里接到了张英的回信，信中写了一首诗：“千里家书为一墙，让他三尺又何妨？万里长城今犹在，不见当年秦始皇。”

家人阅罢，明白其中意思，主动撤诉，并让出三尺宅基。吴家见状，深受感动，也主动让出三尺地方。这样，就形成了一条六尺宽的巷子，这条巷子被后人称为“仁义胡同”。两家礼让之举在当地传为美谈。

讲完故事，儿子内心平静了许多。我又对儿子说：“孩子啊！武力强势往往征服不了人心，而爱和宽容却最能赢得人心。宽容别人其实是在宽容自己、善待自己、保护自己。给别人留下一些空间，我们将得到一片蓝天。人活个精神、气度，一个人的胸怀有多大，他的舞台就会有多大，他的作为也会有多大。”福祸无门，唯人自招。很多人的灾难都是自己招惹来的，进一步讲，都是肚量不够造成的。

说到可笑之人，我又给儿子讲了我经历的一件事。

有一次，我坐地铁出行。由于是乘车高峰期，我连等了三趟车才被后面的人硬推到车里。我旁边的一个中年男子大声斥责我：“踩到我的脚了！”我向他表示歉意：“真对不起！”我知道我并没有踩到他的脚，最多触碰到了他的脚。列车开动后，从前方涌来一股人浪，几十个乘客被人浪裹挟着来回晃动。刚才那个人冲着旁边的一个小伙子大喊：“没长眼吗？上到我身上了！”年轻人也不示弱：“这么多人，谁是故意的？”这个人马上转移话锋说：“我说的不是你！”年轻人说：“你说谁都不合适，怕挤就在家里待着！”这个人无语了。我观察到，从我上车

起，这个人一直阴沉着脸，好像别人都欠他的债一样。由于他的心理阴暗，心中只有自己，不懂得宽容，以致自己生活在“地狱”中。这样的人是十足的可怜虫。

要是换了我，别人踩到了我的脚，我会朝他笑笑，他在给我免费做按摩呢；我被夹在人群中动弹不得，我被人浪推动着失去平衡，这也是一份独特的生命体验啊；我被挤出一身汗，这对我的身体健康有益。

通过挤地铁，我体悟了上班族的心理状态，了解了北漂人的一个生活侧面，这是那些出行坐专车的人永远体验不到的。

通过深入交流，儿子的眉头舒展了，内心释然了。儿子说：“这件事真不值得计较，现在我有一种解脱的感觉。”

由于儿子的宽容，他的同学受到了感动，主动向儿子示好，他认为这件事自己做得也有些过分。后来，儿子和他成了无话不说的朋友，他们的友谊一直保持至今。

随着儿子学历的进一步提高，人生阅历的不断丰富，咨询案例的不断增加，他的胸襟也在不断拓宽，格局也在不断放大。儿子曾在讲课时说过这样一段话：“一个人心中能装得下多少东西，你才能拥有多少东西。如果你心里只能装下一个村子，那你只能在村里开个小卖部，服务全村的人；如果你心里装着一个县，那你就能在县城开一个零售商场，给全县的人带来方便；如果你心里装着全国乃至全世界，那你就要思考在世界各地开办成千上万家像沃尔玛这样的超市，成为名副其实的零售业超级航母，惠及所有的人。”

儿子的最大愿望是让“和润万青”成为最具影响力的教育品牌，创办一流的民办大学，为中华民族伟大复兴培养千千万万个人才。

勤勉能拉长人生的长度

梳理我的人生历程，如果我还算做了一些事情的话，我认为勤勉自然功不可没。勤勉帮我提高了学习、工作的效率，勤勉拉长了我的人生长度。追根溯源，铸就我勤劳的品质，得益于我的奶奶、父亲和母亲。

我的奶奶具有中华民族传统女性的诸多美德。比如，勤劳节俭、忍辱负重、善解人意等。在我的记忆里，我的奶奶每天除了干活还是干活。她每天天不亮就起床，不知疲倦地在家里家外辛勤劳作，挑水拾柴、推磨倒碾、洗衣做饭、纺花织布。她像一只高速旋转的陀螺，一刻也不能停下来。奶奶一双小脚虽然站不稳，但走起路来如小跑一样。奶奶白天干一天活，夜里还要在我家的小拐窑（窑洞里的小窑洞）里纺花到深夜。记得有好几次，鸡叫了，我起来上厕所，看见奶奶的纺花车还没有停下。

受奶奶影响，父亲从小就养成了勤劳的习惯。父亲是公家人，大多数时间在工作岗位上。回家后，一刻也闲不住。天刚麻麻亮，父亲就起床。他把水缸挑满，把院里院外打扫干净，然后扛着铁锨、箩筐满村子拾粪。

父亲每天早上能拾一箩筐粪，我家自留地的农家肥施得厚实，庄稼、蔬菜长得格外好。

我的妈妈是周围人眼中的大家闺秀，她不但没有一点儿娇气，而且相当勤劳。妈妈从小就喜欢干活，她不但会干家务活，还会干地里活。令人称奇的是，妈妈十二三岁就学会了耙地。那时外公家里有10多亩地，全凭一头老驴耕种。老驴力气不支，成年人站在耙上，老驴拉着费劲。外公让妈妈上耙试试，妈妈人小身轻，老驴拉起来比较轻松。就这样，妈妈学会了耙地。

从我记事起，爸爸就在外工作，妈妈成了家里的顶梁柱。除了犁地、播种、扬场等必须要男劳力来完成的重活外，其余的庄稼活，妈妈全都拿得起、放得下。

妈妈1956年入党，担任大队妇联主任多年。在那个年代，公社和大队的会议比较多，妈妈经常开会到深夜，回家后还要熬夜做针线活。我们兄妹五人的衣服、鞋袜，大都是妈妈在后半夜做的。尤其是过春节，兄妹几个都盼着穿新衣服，妈妈往往要熬通宵。由于劳累过度，妈妈得了红眼病，还患上了痔疮。有一句俗话："小孩过年，大人过难。"就是当时情景的真实写照。

受长辈人影响，我从小就比较勤快。我从不睡懒觉，总是黎明即起。学生时代，我早上起来背课文、做作业；成年后，我起来看书、打扫卫生、整理内务等。我牢记祖母的教诲："三早当日功。"也就是说，三天起早做的事情，完全能抵得上一个工作日的效率。

我十二三岁就开始干挑水、担粪等力气活，虽然气脉不支，走路摇摇晃晃，但也有成就感。由于挑担子比较多，而且大多用的是右肩，长此以往，我的右肩显得比左肩低了一些。上初一时，我约几个同学，到学校做公益。早上天不亮就到校打扫校园，收拾厕所；晚上点着煤油灯，用报纸卷成一个广播筒，给乡亲们广播时事政治。

从小学高年级起，我就养成了阅读习惯。只要晚上不太熬夜，早上5点钟我都会坚持早读，当大多数人起床的时候，我已经读了数十页书籍了。早起的习惯让人受益，坚持读书更让人大获裨益。

我一般不过星期天，也没有节假日的概念，更没有度假的习惯。谁要让我放下工作休息几天，我还真不习惯呢！我一般不会安排专程旅游，有时出差也会打个顺风车，欣赏一下当地的人文风景，感受一下异地的风土人情。不少人对我这种生活方式不理解，有人认为我是工作狂、苦行僧。一个人有一个人的生活方式，对于多年养成的生活习惯，倒也乐在其中。我并不是没有养生的意识，我认为工作是最好的养生。我总结了三句话：事业养生、文化养人、精神养老。

什么是事业养生？

托尔斯泰在《我的信仰》中说："工作是人类生活中不可缺少的条件，劳动是人类财富的真正源泉。"

由于我做的是自己喜欢的事情，每天虽然忙忙碌碌，但也相当充实。家庭教育是利人利己、利国利民的事业，有意义的工作最容易让人产生成就感。我每天都能接收到家长反馈的信息，张三家夫妻关系和谐了，李四家孩子走出了网络虚拟世界，王五家孩子被评为三好学生，赵六家孩子考入了理想的学校。每每听到此类消息，我心中的愉悦是难以形容的。由于我的内心充实、和谐、顺畅，内分泌正常，故而躺到床上就睡着了。由于睡眠质量好，身体恢复得也好。虽然每天超负荷工作，精力也比较充沛，工作效率也比较高。我认为，对于中老年人来说，有一份事业追求，往往是养生的最佳方法。

什么是文化养人？

家庭教育是文化传承，进一步讲是先进文化传承。从事这份高尚的工作，每天念叨的是如何追求进步、凝聚精神力量、影响到更多的人；践行的是激励父母改变观念、提升自我，做孩子的表率；思考的是在孩子们心中播种信念、点燃希望。心中装的、每天做的都是有益身心的事，无形中自己的身体和精神就得到了滋养。文化的力量是巨大的，文化产生的心理力量更是不可估量。

河北邢台的豆祯敏女士说："通过和贾老师交流，通过在平台上学习，我接受了先进文化，儿子的成长环境得到了优化。感受到了妈妈博大的爱，感受到了妈妈的成长，儿子表现出强烈的进步愿望。儿子主动要求和贾老师交流。经过深度沟通，贾老师点亮了他内心那盏灯。心中有了目标，学习成绩不断提高。2017年，儿子张海新以不错的成绩考入了全国名校——天津大学。"

什么是精神养老？

俗话说，人活一口气。进一步讲，人活个心劲、活个希望、活个精神。在这个物欲横流的时代，精神追求显得尤为重要。不管是什么人，有了高尚的精神追求，活在巨大的希望中，弱小的可以变得强大，不可能的事情都能变成现实。

实践证明，精神追求不但能让我们心灵富足，对延年益寿也大有裨益。人的衰老从细胞衰老开始，包括脑细胞的衰老。具有精神追求的人，经常用脑的人，脑细胞不断被激活，衰老的速度往往比较缓慢，寿命自然就会延长。

莎士比亚说："带给孩子勤勉的习惯，比给他们一份财产还要好。"家庭对孩子的影响是潜移默化的、是润物无声的，受我的影响，儿子也比较勤勉。儿子喜欢在夜里工作，晚上他的思维比较活跃。每一期家庭根基培训课程，儿子都会提前一段时间认真备课，他会把讲课大纲反复锤炼，直到自己满意为止。儿子做事严谨、认真，虽然经常讲课，但每次课程大部分讲的是新内容。儿子讲的《爱中管教》课程之所以受到大家欢迎，关键是备课认真、准备得充分。可以说，每期课程都是他心血凝炼的结晶。由于每次讲课都有不少新的亮点，故而不少学员连续多次参加培训。

在研发"家庭教育智慧盒子"（教子秘籍）期间，儿子全身心投入到产品研发中，没日没夜地工作。临近收官阶段，为了如期完成，儿子和其他老师好几个晚上都没有合眼。

儿子喜欢思考问题，且做事相当专注，一旦他投入到工作当中，就进入了忘我的状态。即便是比较嘈杂的环境，也不会影响他的工作。我观察过多次，我对儿子说话时，如果他在工作，他不会马上回应我，往往要等十多秒钟才会回应我。虽然他接收到了信息，但仍然沉浸在工作中，等思维到了一个节点，他才会处理接收到的信息。

一位名人说过："你若看重自己的生命，你就要珍惜时间，因为时间是组成生命的材料。"我们的先人也给我们留下了很多有关勤勉的精神财富，比如"天道酬勤""人勤地生宝""勤能补拙""历览前贤国与家，成由勤俭败由奢”等。勤勉是一种正能量；勤勉能给我们的人生加分；勤勉能拉长我们人生的长度。一句话，勤勉能让我们的人生全方位受益。明白了勤勉的诸多好处，我们有什么理由不行动呢？如果我们每对父母都能养成勤勉的作风，再把勤勉这件传家宝传承下去，我们将会祖祖辈辈受益，我们的家族将会兴旺发达、世代辉煌，中华民族伟大复兴的中国梦也指日可待。

乐观的孩子眼中有光，心中有梦

了解我的人都知道，我身上有比较多的正能量。和我经常接触的人，往往会受我的正向情绪感染。有人说我乐观得无与伦比，有人说我是正能量的化身。这些话虽然有些夸张，但我习惯阳光思维、积极乐观、蓬勃向上，倒也是事实。我为什么能常怀乐观心态？因为我刻骨铭心地体悟到了积极乐观、追求进步带来的诸多益处，比如，正能量给我带来夫妻和谐、孩子健康成长、事业蓬勃发展等。有时我也会产生不良情绪，偶尔也会有一些负能量，但我排遣负面情绪的能力比较强，且速度也比较快，因为我知道消极情绪只会给我的人生减分，负能量对我个人成长、夫妻关系、家庭教育、人际关系等有百害而无一利。

美国诗人惠特曼写道："有一个孩子向前走去，他看见最初的东西，他就变成那东西，那东西就变成了他的一部分……"孩子是和父母接触最早、相处时间最长的人，孩子通过父母的行为看待这个世界。父母展示给孩子美好的东西，孩子眼中的世界也是美好的；父母展示给孩子丑恶的东西，孩子眼中的世界也是丑恶的。父母展现给孩子的大多是乐观向上的情绪，孩子的性格一定会阳光灿烂、积极进取；父母展示给孩子的大多是消极悲观的情绪，孩子必然会趋向心理阴暗、消极颓废。

请看下面的案例。

有一位妈妈向我倾诉："我是个不幸的人，什么糟糕的事都让我碰到了。丈夫对我不忠，总在外面拈花惹草；单位风气不正，同事之间总爱搬弄是非，下了班，我就着急回家，在公司一刻也不愿多待；我的儿子和老师关系闹僵了，和同学关系也不好，最近总嚷着要退学；我经常失眠、盗汗、四肢无力，经检查发现患上了妇科肿瘤，医生说要做手术。我怎么这么倒霉？所有不顺心的事都让我遇上了，有时候我真不想活了！"

我说："所有不好的事情，都是你的消极心理、悲观情绪招惹来的，你让自己积极乐观起来，不顺心的事都会逐渐离你而去，美好的事物也会一点点向你靠拢。"

她说："这么多令人烦心的事，我怎么能高兴起来？"

不管我怎么往好的方面引导，她总是找尽借口证明自己是世界上最不幸的人，自己没有能力改变现状。我和这位妈妈接触了一个多小时，她一直哭丧着脸，紧锁着眉头，表情阴暗沉闷。我在想，是谁给她带来了厄运？追根溯源，是她自己。是她的消极思维让她处处遭遇不幸；是她的怨妇形象把丈夫推向了别人的怀抱；是她的阴暗心理导致孩子人际关系受挫，进而融不进学校；是她的悲观情绪让自己成为一个十足的"倒霉蛋"；是她身上的负能量把她带入了人间地狱。"自助者，天助之。"她要不愿意帮助自己，任何人也帮不了她。

和这位“怨妇”形成鲜明对比的是另一位妈妈。

在“和润万青”的学习平台上，有一位王妈妈。以前，她是一个牢骚满腹、自怨自艾的人。她看什么都不顺眼，比如，老公生活习惯不好，一点儿也不讲究，邋里邋遢的，还不知道顾家；孩子学习不用功，缺乏自制力，沉溺网络小说。对于家庭问题，王妈妈不是从自身找原因，给予丈夫和孩子建设性的帮助，而是采取责备、抱怨、讽刺、挖苦的态度。结果是夫妻形同陌路，儿子和她越来越对抗，学业也不断下滑。

万般无奈之下，王妈妈找我咨询。我一针见血地指出，你看老公、孩子一无是处，是你看问题的视角出了问题。世界上没有完美的事，追求完美往往是追求完蛋。你戴着灰色眼镜看世界，眼前必然是灰蒙蒙一片。是你的阴暗心理、负面情绪，给夫妻关系蒙上了阴影，给孩子的成长帮了倒忙。同是一件事，看开了是天堂，看不开是地狱。天堂和地狱都在你的心中，关键看你怎么选择。

经过一段时间的学习，王女士认识到了心态的重要性，她下定决心要改变自己。她要同负能量彻底决裂，让自己成为一个充满正能量的人；她要构建一个温馨、和谐的家庭环境，给孩子创造一个积极向上的成长空间；她要让丈夫看到一个矜持、优雅、富有涵养的妻子，她要展示给孩子一个乐观向上、活力四射的妈妈。

为了切实提升自己，她请人写了条幅，挂在家里警示自己：

“我左右不了天气，但我可以改变心情；我不能选择容貌，但我可以展示笑容；我不能预知明天，但我可以把握今天；我不能样样顺利，但我可以事事尽心；我改变不了别人，但我能改变自己。”

经过一段时间的调整，王女士由消极思维变成了积极思维。心中有了美好的风景，处处都是好风光。在她眼里，什么都是美好的。丈夫听不到妻子尖刻的指责、烦人的唠叨；孩子不再感到被妈妈控制，没有了压抑的感觉。渐渐地，家里的紧张气氛消失了。取而代之的是，丈夫回家早了，开始做家务了。儿子脸上有了笑容，学习也由被动变成了主动，作业做得认真了，还时不时向爸妈请教问题。久违的温馨又回到了家中。心中有了希望，王女士做家务时，情不自禁地唱起了小调。

一个学期后，上初三的儿子学习成绩提高了一百多分，顺利考入重点高中。丈夫的生意也做得红红火火，业绩翻了近两倍。

王女士深有感触地说：“仅仅一个思维的转变，竟然带来人生的巨大变化，带来生命的海阔天空。是给家人带来祝福还是带来诅咒，关键在于你是积极思维还是消极思维。回想起来真有些后怕，如果不是贾老师及时帮助，我可能还在负能量的泥沼中苦苦挣扎。那时，我不但自己生活在地狱中，还差一点儿毁了全家。我深深体会到，积极情绪、乐观心态是提高生活质量的灵丹妙药，正能量是人生幸福的总开关！”

火热的心永远比冰冷的心更具能量、更有价值。消极思维无时无刻不在抢夺我们的幸福，负能量也在无情地吞噬着孩子的未来。而正能量能给我们带来希望、带来祝福、带来好运。正能量能给孩子的健康成长助力，正能量能引领孩子创造美好的人生。

一位学员曾经对我说："贾老师，我真佩服您，这么多年，接触那么多形形色色的案例，其中一定有不少负能量，您不但没有抑郁，且总是那么乐观自信。每次见到您，我都感到浑身上下充满了力量！"

我在想，从事家教工作近20年了，我接触了众多的家庭和孩子。一些正向的案例，带给我的是心灵滋养和精神力量，这一点是不容置疑的。而我接触的也有不少负能量，甚至不乏情绪垃圾。我之所以没有受到负面影响，是我身上正能量的磁场比较强，来访者的消极思维被我影响了，负能量被我化解了，他们身上的负能量没有影响到我，而我身上的正能量反而影响了他们。

事情无好坏，思维在作怪。人生不如意事十有八九。问题的关键是，我们要习惯把消极思维转变为积极思维，善于把负面的事情转化为正向的事情。也就是说，心中要有一个生产正能量、制造美好事物的工厂，要把我们每天经历的不如意、不愿意接受的事情，经过加工，转化成正向的、美好的事物。

既然乐观这么重要，那么，怎样才能培养乐观情绪，不断凝聚正能量呢？我认为可以从以下六个方面着手。

一、表情训练

嘴里轻轻喊"一"，每次持续5秒钟左右，每天坚持30次以上。这样的训练能使嘴角朝上翘，面部肌肉向上拉，因而迅速产生愉悦的心情。坚持训练，微笑就成了一个人的自然表情。

二、习惯积极的心理暗示

想象自己经历的美好的事情，不断强化“人生无比精彩，生活相当美好”的意识。

三、善于把消极因素转化为积极因素，把负能量转化为正能量

要经常强化正向思维。例如，我们经历的痛苦和不幸都是上天对我们的考验和试探；我们遇到的所有事情都是命运给我们的祝福；再糟糕的事情都蕴含美好的东西，坏事的另一面一定是好事。

四、夫妻、家人之间可以互相监督

哪个人说出消极的、负能量的话，罚款10元。通过罚钱，给自己提个醒，在自己内心打下烙印。这样坚持下去，被罚款数次甚至多次以后，就不会轻易产生消极念头，积极思维就会变成习惯。

五、每天高声朗诵积极的、充满正能量的话

比如，“我是优秀的父母，我的内心无比强大！我是正能量的化身，我是自信心的源头！我是安全感的根据地，我一定能影响到孩子！孩子一定会变得优秀、卓越，孩子一定会成为我的骄傲！我是美好的人，值得拥有所有美好的东西！”

六、假如产生消极念头，可以质问自己

我为什么这么顽固？为什么总会产生消极的想法？难道负能量能让我发家致富吗？负能量对我身体健康有益吗？负能量对我们夫妻关系有促进

作用吗？负能量能给孩子的健康成长助力吗？负能量能给家族建设作贡献吗？既然不能，我为什么至今还和它藕断丝连呢？我为什么不毅然决然和它说拜拜呢？负能量是一个老骗子，骗走了无数人的幸福，我们再也不能上他的当了！

这个训练，是我在大量家教实践中总结出来的，我把它称为“正能量六步训练法”，只要大家持之以恒，就一定能够成为积极向上的人、浑身充满正能量的人、情绪乐观的人、充满活力的人。这样的人，一定能不断散发出光和热，一定能照亮自己，一定能温暖更多的人。

第3章

帮助孩子读懂自己

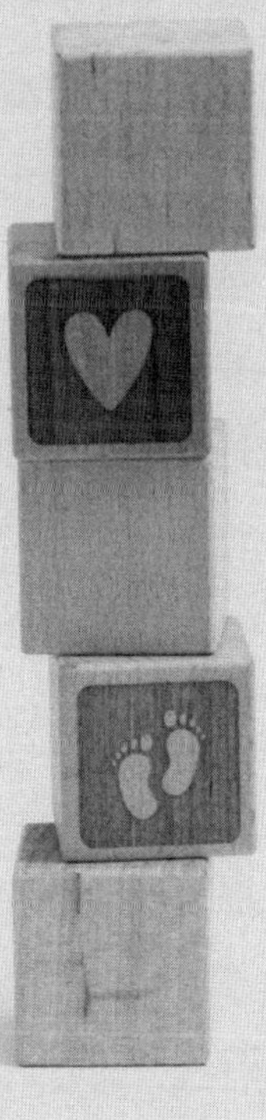

优秀父母的基本修炼之一，就是要切实读懂孩子，并能帮助孩子读懂自己。只要父母能切实做好孩子的人生导师，当好孩子的啦啦队长，孩子一定能朝着父母希望的方向发展，孩子一定会成为父母心中的骄傲。

生命的意义靠自己添加

有一位爸爸，要求上初二的儿子好好学习，儿子说：“说不定哪天我的生命就画上句号了！我都不想活了，还学习干什么？”我接触过一个高中生，他说：“我觉得人生毫无意义，活着实在没劲！”一个大学生对我说：“我算活明白了，一个贵族和一个乞丐最后的归宿不都是同一个地方吗？”我问：“是什么地方？”这位大学生说：“不都是火葬场吗？”我说：“你说的没有错，所有人的归宿都是火葬场。但是，在通往火葬场的路上，沿途欣赏到的风景就大不一样了。”

作为人类，我们有思维、有思想、有智慧、会思考、会交流，我们是高等动物、高级生命。和所有低等动物、低级生命相比，人类的伟大之处在于，我们能探索生命的意义，能给生命添加意义，能赋予生命意义。生命的意义不是别人给予的，而是自己寻找和添加的。一个人赋予自己生命的意义越大，他的生命质量也就越高。

生命的意义是个大课题，是个神圣的话题，是个严肃的话题，需要不断探索、不断思考。一个人如果不去思考人生的意义，他的精神领域一定是苍白的、空洞的。这样的人，辜负了上天让他成为高级生命的美意，违背了老祖宗“天行健，君子以自强不息”的训诫。这样的人，一定活得非常单调、非常乏味、非常无聊，甚至非常不情愿。这样的人也免不了浑浑噩噩、得过且过。进一步讲，这样的人充其量是没有灵魂的躯壳，也可以说是行尸走肉。反之，一个用心体验生命、深刻感悟生命的人，一个不断给生命添加意义、赋予生命崇高意义的人，往往能活得非常充实，活得有滋有味，活得极具价值。这样的人尊重生命、敬畏生命，生命也不会辜负他。

我认为，探索人生意义、思考人生意义、品味人生意义有两个重要途径。

一是要大量阅读富含哲理、富含智慧、富含正能量的书。这类好书的作者都是毕生探索生命意义的人，都是对人生意义理解得比较深刻的人。经常阅读有思想、有品位的书，等于结交了一批有层次的朋友。今天和某位名人深度交流；明天和某位智者思想碰撞；后天和某位大师心灵交融，这是多么令人神往的事情。天天站在巨人的肩膀上，视野就会比普通人更加开阔。

二是在现实中交往那些积极进取、有一定人生高度的朋友。近朱者赤，近墨者黑。和什么人交往，就最有可能成为那样的人。假如把一个好苹果放进腐烂的苹果里，数天后这个苹果一定会变成坏苹果。把一个性格内向、不苟言笑、不善交往的人放到一个充满阳光、蓬勃向上、活力四射的人群中，一段时间后，这个人一定会变得活泼、幽默，充满正能量。青少年结交朋友要有一个原则，那就是交往能给人生带来积极意义、能促进我们不断进步的人，这样的朋友能让我们在不知不觉中受益。取众人之长，才能长于众人。千万不要结交那些牢骚满腹、消极颓废、自暴自弃的人，更不要结交那些只知道追求物质享受、醉生梦死的酒肉朋友。

德国哲学家歌德说过：“你若看重自己的价值，你就要给世界创造价值。”给生命赋予意义，就要充分认识自己的人生价值，尤其要看重自己的价值。每个人都是独一无二的，我们来到这个世界上，就是要创造自己的价值，体现自己的价值，我们的价值往往是不可估量的，甚至是价值连城的。千万不要低估了自己的价值，我们要确定这样的信念：我们来到世界上走一遭，要让人们因我而感到幸福，让环境因我而变得美好！人最大的悲哀是离开这个世界时，一个人孤独地上路，没有给这个世界留下值得怀念的东西。

讲一个故事。

有一个生长在孤儿院的男孩，常常悲观地问院长：“像我这样没有人要的孩子，活着究竟有什么意义呢？”院长总是笑而不答。

有一天，院长交给男孩一块石头，说：“明天早上，你拿这块石头到古玩市场去卖，但不是‘真卖’，记住，不论别人出多少钱，你都不能卖。”

第二天，男孩蹲在市场角落，有不少人向他买那块石头，而且价钱愈出愈高。

回到孤儿院，男孩兴奋地向院长报告，院长笑笑，要他明天把石头拿到黄金市场去卖。在黄金市场，竟有人出比昨天高十倍的价钱买那块石头。

最后，院长叫男孩把石头拿到宝石市场上去展示。结果，石头的身价比昨天又涨了10倍，由于男孩怎么都不肯卖，竟被传扬成“稀世珍宝”。

男孩兴冲冲地捧着石头回到孤儿院，将这一切禀报给院长。

院长望着男孩，语重心长地说：“生命的价值就像这块石头一样，在不同的环境下就会有不同的意义。一块不起眼的石头，由于你的惜售，从而大大提升了价值。你不就像这块石头一样吗？只要自己看重自己、珍惜自己，生命就有意义、就有价值。”

我们每天要做很多事。对于这些事，你觉得它有意义，你就会努力去做，并以乐观的心态对待它并去做好；你觉得它没有意义，你就会以消极的心态看待这件事，你会不情愿地、被动地去做这件事，结果往往做不好。

我在一本书中看到一个故事。

三个工人在砌一堵墙。

有人过来问：“你们在干什么？”

第一个工人没好气地说：“没看见吗？我在砌墙。”

第二个工人抬头笑了笑，说：“我们在盖一栋高楼。”

第三个工人边干活边哼着小曲，他的笑容很灿烂，说：“我们正在建设一座美丽的城市。”

10年后，第一个人在另一个工地上砌墙；第二个人坐在办公室里画图纸，他成了工程师；第三个人呢，是前两个人的老板。

心态决定状态，态度决定高度。每件事都是有意义的，意义隐藏在万事万物中，需要我们不断去挖掘，细心去体味。

在去麦加朝圣的路上，成群结队的人背着大包小包赶路。由于长途跋涉，人人都显得疲惫不堪。有一个十五六岁的女孩，背着她七八岁的弟弟穿梭在人流中，把同行的人一拨一拨甩在身后。女孩面带微笑，还不断向同行的人打招呼。有人问女孩："我们背着行李都累得够呛，你背着个人却显得如此轻松。"女孩说："你们背的是包袱，而我背的是生命。"

高尔基说："一个人追求的目标越高，他的才力也就发展得越好，对社会就越有益。"人活着究竟是为什么？我认为，生命的意义在于积极进取，生命的意义在于乐于奉献，生命的意义在于，每个人在创造社会价值的同时，也在实现自己的人生价值。

关于生命的意义，我比较认同奥斯特洛夫斯基的话，他在《钢铁是怎样炼成的》一书中，有一段非常经典的描述："人最宝贵的是生命。生命属于自己只有一次。人的一生应当这样度过：当他回忆往事的时候，不因虚度年华而悔恨，也不因碌碌无为而羞愧。"

下面我想用俞敏洪的《树和草》来作为本篇的结束语，希望能带给大家一些精神力量。

人的生活方式有两种，
第一种方式是像草一样活着，
你尽管活着，每年还在成长，
但是你毕竟是一棵草，
你吸收雨露阳光，
但是长不大。
人们可以踩过你，
但是人们不会因为你的痛苦，而产生痛苦；
人们不会因为你被踩了，而怜悯你，
因为人们本身就没有看到你。

所以我们每一个人，

都应该像树一样地成长，

即使我们现在什么都不是，

但是只要你有树的种子，

即使你被踩到泥土中间，

你依然能够吸收泥土的养分，

自己成长起来。

当你长成参天大树以后，

在遥远的地方，人们就能看到你；

走近你，你能给人一片绿色。

活着是美丽的风景，

死了依然是栋梁之材，

活着死了都有用。

这就是我们每一个同学做人的标准和成长的标准。

……（节略）

远离浮躁，拒绝诱惑

一个人的时间和精力极其有限。身处在眼花缭乱的时代，学会选择、学会取舍非常重要。一个人如果没有主心骨、缺乏定力，随心所欲、随波逐流，那么他一定不能抗拒诱惑，他的大块时间必将消耗在毫无意义的事情上。因为他习惯虚度光阴，所以他终将一事无成。如果你希望体现自己的人生价值，绽放生命的华彩，你就要远离浮躁、抗拒形形色色的诱惑，让每一天都生活得有意义。这样，当我们回首往事的时候，我们就会多一分充实，少一分后悔和遗憾。

有一个初三学生，名叫小君。由于昏天黑地玩网络游戏，不但荒废了学业，身体也亮了红灯。由于长期不运动，加上生活无规律，他的免疫力很低，扁桃体时常发炎，隔三岔五就要到医院打点滴。再有五个月就要中考了，小君的父母心急如焚。

我和小君见面是在一个下午，由于彻夜玩游戏，小君刚刚起床。等他洗漱完毕，草草吃了点饭，我和他聊了起来。

我说："孩子，据我了解，你并不是多么喜欢网络游戏，甚至有时玩得还比较烦。既然感到没意思，为什么还要没日没夜地玩呢？对于这个问题，你深入思考过没有？"

小君说："我没想那么多。"

我说："孩子，你对网络游戏并没有多么依赖，按照通常的说法，你并没有上网成瘾。既然没有网瘾，为什么还要身陷其中呢？关键是你在现实中没有人生目标，没有精神寄托，所以只能浑浑噩噩，得过且过。我帮你深入分析一下，看是不是这样？你在初二时，学习上遇到了一些困难，你不是勇敢地面对，而是选择了玩网络游戏，结果学习成绩大幅度下降。老师对你有看法，父母对你不满意，连你自己也不能接受自己。面对学业上的危机，你不是想办法积极应对，而是选择了继续逃避，后来形成了恶性循环。"

小君说："你说得很有道理，确实是这样。"

我继续说："孩子，不知你有没有这样的体验？你在网络游戏上投入的精力越多，在虚拟中获得的成就感就越大，比如升级、过关、赢得装备等。按理说，你应该满足了，但是令你挥之不去的是，你回归现实后产生的失落感越来越重。这是因为，你是个好孩子，你有良知，有是非观念。你在虚拟中看似得到了一些东西，但你在现实中失去的更多。很多时候，你不喜欢自己，甚至讨厌自己、憎恨自己。你明明知道，自己走的是下坡路，你也希望改变现状，但不知道应该怎么做。"

小君说："老师，你说得太对了，正因为我玩的级别高，所以才乐此不疲地玩。有几次我下决心不再玩了，但是因为落下的知识比较多，我对于克服学习上的困难信心不足。努力了两天，没有多大起色，看不到希望，干脆一不做，二不休，又继续玩起来了。”

我继续说：“你说到了问题的焦点，所有人都活在希望中。‘人无远虑，必有近忧。’正因为你没有理想，缺乏信念，没有人生规划，所以你才经不起网络游戏的诱惑。诱惑是笑眯眯的‘狼外婆’，诱惑是幸福的‘无情杀手’！”接着，我给小君讲了下面的故事。

> 在一座深山中，有一棵千年古树，古树下经常有两个神仙下棋。有一只猴子，天天在树上看神仙下棋。久而久之，猴子掌握了棋艺的精髓。猴子来到山下，与国人下棋，打遍全国无敌手。消息传到国王那里，国王觉得颜面扫地。一个泱泱大国，猴子成了棋王，这成何体统？国王下了一道诏书：谁能战胜猴子，重赏之。一位大臣揭了皇榜，他有信心战胜猴子。
>
> 按照大臣的要求，棋盘旁边放了一盘又大又红、鲜美无比的水蜜桃。比赛开始了，猴子的眼睛盯着水蜜桃滴溜溜地乱转。贪吃的本性导致猴子不能集中精力下棋，由于分心了，猴子连输两盘。第三盘下了一半，急不可耐的猴子抓了两只水蜜桃逃走了。水蜜桃的诱惑让猴子丢了棋王桂冠，大臣成了棋王。

讲完故事，小君的神情变得凝重起来。我接着说：“你是个好孩子，我相信，从现在起，你一定会认真思考你的人生，重新规划你的人生。诱惑是上天为考验我们而安排的，诱惑是命运之神对我们的试探，抗拒诱惑是有为青少年的必备素质。老师给你提两点建议：第一点，做完该做的事，才有资格去做想做的事；第二点，把自己设想成优秀的人，按照优秀的人的思维方式去思考，按照优秀的人的行为方式去做事。久而久之，你就会真正成为优秀的人。”

小君说："听了贾老师的话，我感到内心有了一些力量，我非常希望学好，但我玩游戏时间较长，学业欠账较多，面对学习上的挑战，我还是信心不太足。"

我说："孩子，所有人收获的都是他自己付出的。你要坚定地相信，你的努力一定会有收获。你讲的是事实，你确实有一定的知识欠账，但这并不可怕。据我了解，你在初二时学习还不错，可以说你有一定的知识基础。好多事情，并不是我们做不好，而是我们认为自己做不好。只要你沉下心来认真学习，学习上的困难都会为你让路。困难是一个极其狡猾、外强中干的对手，它每时每刻都在观察你。如果你善于向它进攻，它就会向你俯首称臣；如果你在它面前畏畏缩缩，它就会张牙舞爪，故意吓唬你，甚至欺负你。在世俗者的眼里，困难是一个令人讨厌的家伙。很多人并不知道，困难其实是上天送给我们最珍贵的礼物。可以说，困难是生命的营养剂，困难为成就我们而生！不难想象，一个面对困难习惯逃避的人，不但社会不会接受他，连他自己也不会喜欢自己；而面对困难勇于接受挑战的人，一定会赢得大家的尊重。"

"孩子，克服困难确实比较辛苦，但恰恰是这些辛苦增加了我们生命的厚重度，提高了我们人生的含金量。战胜困难带给我们的最大收获是不断获得成就感，从而提高自信心，而这些都是幸福人生不可或缺的。进一步讲，当我们敢于接受挑战、善于接受挑战的时候，我们会持续收获自我欣赏、自我认同，我们内心的愉悦，以及对未来的美好向往，这些由追求进步带来的积极的心理体验简直妙不可言。这些感悟是弥足珍贵的，它不但能抵消我们接受挑战付出的辛苦，还在我们的精神财富存折里增加了一定的余额。"很多时候，成功往往就在坚持一下的努力之中。忍耐力比爆发力更重要，跑得快不如跑得久。

小君说："听了贾老师的话，我感到越来越有信心，我相信我一定能战胜网络游戏的诱惑，也一定能克服学习上的困难。"

我接着说："噩梦醒来是早晨，风雨过后有彩虹。老师相信你一定能管理好自己。我敢断言，这一段特殊的经历，一定能转化成你宝贵的人生财富；你在玩游戏的过程中养成的专注、执着品质，也一定能带到你的学习、生活中。是金子总会发光的！你并不孤单，在远方有一位忘年交在为你加油、为你祝福。孩子，当你信心不足时，可以联系贾老师，贾老师永远支持你！你是一个有思想的孩子，你值得拥有美好的人生！"

小君说："我一定不辜负老师对我的期望，我相信我一定能做好！"带着满满的信心，小君走向了新的生活。

当一个人化解了内心的纠结；当一个人心中被植入了理想、信念，被崇高的人生愿景鼓舞着的时候；当一个人真正读懂了自己的时候，爆发出来的精神力量往往是不可估量的。

小君卸下了思想包袱，轻装上路了。他以饱满的精神状态投入到学习中，学习成绩逐步得到提高。学习之余，他每天还坚持锻炼身体。2015年中考，小君以575分的优异成绩考入省级示范高中，他的身体也逐渐恢复健康，他取得了学业、健康双丰收。

得知小君中考取得优异成绩，我第一时间发短信向他表示祝贺，很快收到他的回复："非常感谢贾老师对我的无私帮助！是你给我指明了人生方向，尤其是你讲的有关诱惑的故事，给我注入了免疫力，让我逐渐挣脱了网游的束缚。现在我觉得一切都是美好的，我对未来充满信心！"

多么懂事的孩子，小小年纪就有如此强的定力，这是金子般的品质，这是水晶一样的心。可以断言，他的人生一定会不同凡响！

所有孩子身上都蕴藏着美好的潜质，所有孩子也都有追求进步的愿望。一些孩子为什么自暴自弃、最终丢掉前途？原因是优质的种子被播撒在了干涸的土地中，缺少了水分和养分的滋养，失去了生根发芽、茁壮成长的基本条件。处在中小学阶段的孩子，尤其需要父母的关爱和支持。成为优秀父母的一项基本修炼，就是要切实读懂孩子，并能帮助孩子读懂自己，帮助孩子点亮他内心的那盏灯，帮助孩子卸掉精神上的包袱，帮助孩子凝聚成长的力量。只要父母能切实做好孩子的人生导师，当好孩子的啦啦队长，孩子一定能朝着父母希望的方向发展，孩子一定会成为父母心中的骄傲。

做主宰自己命运的强者

中学生处在人生的迷茫阶段，对人生这个重大课题，他们往往不能正确把握。很多时候，他们显得非常无助，他们非常渴望得到师长的帮助和支持。下面是我写给一位中学生的信，在帮助孩子读懂自己方面，可以给家长朋友一些思路。

王凯同学：

收到你的来信，我非常高兴，首先感谢你对我的信任，能结交你这个忘年交，是我人生的一件幸事。幸福生活需要正确的价值观支撑。现就你信中提到的问题谈谈我的看法。

一、没有危机感是最大的危机

你在信中说："爸妈为你创造了优越的生活环境，你不用奋斗也能过上不错的日子。"以上观点表明，你充满了优越感，却缺少了人生最宝贵的品质——危机感。孟子说：“生于忧患，死于安乐。”危机感是一个人赖以生存的必备素质，没有危机感是最大的危机。

孩子，你认为爸妈是你最好的依靠，故而，你把前途、命运捆绑在父母身上。老师认为，父母在你未成年之前给你创造必要的生存条件是应该的，终生依靠父母的想法是不可取的。正确的观点应该是：求人不如求己。无依靠才是最好的依靠。郑板桥留给子孙的遗训非常值得我们学习：“流自己的汗，吃自己的饭，自己的事情自己干，靠人靠天靠祖宗，都不算好汉！”

广东深圳有一个家庭，父母都是企业高管。家里有三套房子，价值2000多万元。这个家庭的独生儿子，高二辍学在家。孩子每天玩游戏、看动漫、在网上购物。这个孩子过着寄生虫般的生活，理直气壮地在家里啃老。姨妈劝他上学，他不以为然地说：“家里有三套房子，将来我住一套，出租一套，卖一套投资到股市，我足以过上好日子。人生苦短，我不能委屈自己。既然我能过上衣食无忧的生活，为什么非要受十年寒窗苦，将来给人打工呢？”

歌德说：“无聊的生活等于早死！”前面讲的那个孩子，即便他终生衣食无忧，当一辈子宅男，过一辈子醉生梦死的生活，他的人生又有什么意义呢？

孩子，你的家庭条件比较优越，这是父母不懈努力的结果。父母在前边做出了表率，这些应该成为你追求进步的不竭动力，而不应该成为拖累你前进的沉重包袱。

孩子，我以一甲子的人生阅历，非常负责任地告诉你，一个人最值得尊重之处就是自我奋斗。没有经过努力获得的东西，永远不属于自己。可以说，任何人都是靠不住的，包括自己的父母。依靠别人往往有很多不确定因素，唯有自己才是自己能掌控的，唯有自己才是最能靠得住的。一个人总想着处处依靠别人，他怎么也站立不起来；只有他在不依赖别人的时候，他才真正解脱了，他才算得上真正的人。

二、不想当元帅的士兵不是好士兵

你在信上说，你不想学得太累，你把学业目标定在了中游。针对以上观点，说说我的看法。

孔子说："取乎其上，得乎其中；取乎其中，得乎其下；取乎其下，则无所得矣。"按照你设置的目标，你在学习活动中一定不愿卖力甚至懈怠，你的学业往往会处在下游。这是因为，喷泉的高度永远不会超过它的源头，一个人的成就也不会大于他的梦想。有梦想很可贵，坚持梦想更可贵，把梦想变成现实更为可贵。拿破仑说："不想当元帅的士兵不是好士兵。"想当元帅的士兵不一定能当上元帅，但不想当元帅的士兵一定当不上元帅。一个人不可能取得他不想要或者不敢要的成就。

孩子，下面我给你讲个故事。

"学过生物的人都知道，地球上大约有150万个物种，人只是其中之一。从这个意义上讲，我们成为人的概率只有150万分之1。进一步讲，每个人都是父亲的精子和母亲的卵子结合的产物。父亲一次排出了数亿个精子，而母亲只排了一个卵子，数亿精子争夺一个卵子，其惨烈程度可想而知！争斗的结果是，那个最为勇敢的精子战胜了所有的竞争对手，和卵子结合了，成了受精卵，并最终诞生为人。从这个意义上讲，每个人来到世界上都曾经是冠军，所有人能成为人也都是奇迹。

“我们来到世界上，这么不容易，但人的寿命只有三万天左右。生命太短暂了！现实也太残酷了！所以，我们没有理由浪费每一天！我们要努力！我们要抗争！我们不能愧对造物主给我们这一次做人的机会，我们要让每一天都成为我们的杰作！我们要给这个世界创造更多的价值！我们要发扬夺冠的精神，持续不断地创造辉煌！”

三、历练是人生的必修课

王凯同学，你经常讲，为父母感到骄傲。不知你深层次思考过没有？父母的哪些品质值得你骄傲？比如，父母能相继考入名校，从芸芸众生中脱颖而出；父母身为公务员，有一定经济收入，能给全家带来基本生存保障；父母有一定社会地位，因而赢得了周围人的尊重；父母当年能从农村走到城市，又能在城市坚定地立足，其本质是他们不畏艰难困苦，经历了生命的锻造。

我非常欣赏法国大文豪罗曼·罗兰的一句话：“累累的心灵创伤，其实都是命运送给你的最好礼物，因为每个创伤上面都标志着通向成功之路的记号。”

平时，我也喜欢读一些有着坎坷经历的作者写的书，比如《亲爱的苦难》《感谢折磨你的人》《假如给我三天光明》《拉自己一把》等。因为这些作者都有一份特殊的经历，他们经历过心灵的炼狱，对人生有独特的感悟，他们的生命往往比较厚重。

法国思想家卢梭说过：“我在很多所学校都接受过教育，不过，我在其中学习最长、学到东西最多的那所学校叫‘磨难’。”磨难是一所没人愿意上的“大学”，从那里毕业的人都是生活的强者。可以说，磨难是造就成功者的“最高学府”。

王凯同学，下面给你讲一个当年的美国第一夫人让孩子接受磨难教育的故事，希望你能从中得到一些启示。

杰奎琳是美国总统肯尼迪的妻子，是美国第一夫人。肯尼迪遇刺后，她嫁给了世界船王奥纳西斯。尽管杰奎琳声名显赫、家财万贯，但她不能容忍儿子约翰日后成为一个无所事事的花花公子，她发誓要把儿子打造成为一个成功的人。

约翰11岁的时候，杰奎琳就把他送到了英国一个岛屿上的“勇敢者营地”，去接受训练。在那里，约翰学会了爬山，还学会了驾驶独木舟和帆船。

约翰13岁时，杰奎琳又把他送到美国东北部一个孤岛上，学习独立生活的技能。这种训练非常艰苦，在20天的训练中，不给食物，只给一加仑水、两盒火柴和一本在野外如何谋生的书。通过训练，约翰的自立能力又有了很大提高。

约翰15岁时，杰奎琳又送他到非洲肯尼亚的荒野里自求生存，让他接受更多的磨难。

约翰读中学放暑假时，杰奎琳把他送去参加“国家户外学校”，进行为期70天的训练。后来，她又送约翰赴危地马拉从事地震救灾工作，以进一步强化约翰的爱心和独当一面的能力。

就是这位“狠心”的妈妈，让一个羞怯、自卑、依赖性强、优柔寡断的孩子，变成了一个理智节制、积极向上、刚毅果断、自信潇洒的青年。

约翰从布朗大学毕业后，在印度工作了一段时间。3年后又入读纽约大学法律系。后来，约翰成为曼哈顿一名检察官，在打赢六场官司后毅然辞职。1995年9月，约翰成功创办《乔治》杂志，任董事长。

你看了杰奎琳教子的故事后，有什么感想呢？

没有痛苦就没有成长。只有体验过磨难和痛苦的人，才能体会到生活的快乐和生命的真正意义。

为了强化以上的观点，最后给你讲一个关于种小麦的故事。

大家都知道小麦，我们吃的白面是小麦对人类的馈赠。冬小麦在10月份播种，麦苗长出后，慢慢进入了冬天。随着气温的降低，小麦停止了生长。进入隆冬，天寒地冻，小麦被冰雪覆盖。

来年开春，随着气温升高，3月份小麦开始萌动。4、5月份快速生长两个月，到了6月初，小麦成熟了。

有人这样想，既然小麦冬天不生长，那么春天播种多省事啊！有位“聪明”的农民春天播下小麦种子，经过施肥、浇水，3个月后小麦也长成了。收割时，这位农民傻眼了，满地是金黄的麦草，麦穗却是空的。辛苦了几个月，这位农民却颗粒未收。

大自然蕴含着多么大的智慧啊！小麦必须经过天寒地冻的“摧残”，才能孕育果实。小麦如此，人生何尝不是如此呢？阅尽芸芸众生，可以发现一个规律：凡是成就一番事业、有一些作为的人，无一不是经过历练的人。可以说，历练是人生含金量最高的大学，在这所大学毕业的人，都是生活的强者，都是能主宰自己命运的人。

贝多芬说：“卓越的人的一大优点是，在不利与艰难的遭遇中百折不挠。”假如把一个人的奋斗历程省略掉，他生命的分量依然沉甸甸的话，很多人会选择放弃奋斗；假如一个人不经历痛苦，就能获得幸福的话，没有一个人愿意经历痛苦。不过，天上不会掉馅饼，世界上也没有免费的午餐，上天是极其公平的，所有人收获的都是他自己付出的。接受了人生的苦难，才有机会接受随后而至的成就和掌声。

苏格拉底说：“未经审视的人生不值得度过。”王凯同学，老师相信你，一定会让未来的你感谢现在努力奋斗的你。在一路奋进的征途上，我们不但能收获业绩，更重要的是还可以收获勇敢、收获坚忍、收获耐心、收获坚强。

正义可能会迟到，但绝不会缺席。孩子，收到这封信，我希望你能认真思考甚至重新定位你的人生。老师十分肯定地告诉你，你是一座品位价值很高的矿藏，你身上蕴藏着无限的潜能。在老师眼中，你是一只矫健的雄鹰，你理应翱翔在无边无垠的蓝天！

以上观点与你共勉。

你的大朋友：贾容韬

成长从“不习惯”开始

刘帅同学：

上次和你见面，你给我留下了难以磨灭的印象。你的热情、坦诚以及宽阔的知识面，时隔两个月在我脑海中还历历在目。收到你的邮件，由于出差，没有及时回复，深表歉意。现就你提出的问题给予回复，希望能对你有所帮助。

刘帅同学，你在信中说，你想把事情做好，你也想让父母高兴、让老师满意，但有些事情做起来不习惯。老师针对“不习惯”这个话题，给予解答，供你参考。

一、你说你晚上不习惯早睡，所以早上总是起不来。

据老师了解，你晚上不睡觉，并没有做什么有意义、非做不可的事情，大部分时间被你无谓地消耗掉了。老师认为，解决这个问题并不难，关键是自己要下定决心。老师给你两点建议：一是把无关紧要的事情放一放，强制自己晚上10点钟睡觉；二是即便晚上睡得再晚，早上也要按时起床。由于你早上起得早，第二天一定会有倦意，生物钟会提醒你早点睡觉。这样做，刚开始难免会不习惯，甚至感到别扭，但用不了多久就慢慢习惯了，因为你会体验到早睡早起带来的诸多益处，比如能按时吃早餐，上课不迟到，不担心老师批评，还能抽空锻炼身体，有充足的时间完成作业等。

刘帅同学，早起看似一件不起眼的小事，其实是一件大事。归纳起来，它至少有以下好处：

1.早起的人，每天心情愉悦，精神振奋，做事效率也高。老师就有这样的体会，哪天起得早，做事多，内心充实，这一天情绪都很高涨，如同一整天生活在天堂中；哪天起得晚，看到很多应该做却没有做的事，免不了心烦，一整天提不起精神，做事效率大打折扣。

2.养成早睡早起的习惯，对健康大有益处。稍微留心一下，你就会发现，那些长期晚上熬夜、白天赖床的人，身体往往处于亚健康状态，疾病也会如影随形；那些早睡早起的人，往往精力充沛、身体健康。

3.养成早睡早起的习惯，不但能大幅度提高自己的生活质量，展示给别人的也是朝气蓬勃、积极向上的精神状态。这样的人，别人乐意和你打交道，自己也会更加喜欢自己、悦纳自己。

4.养成早起习惯，有助于培养雷厉风行的作风，能帮助我们克服惰性，改掉推诿、拖延的陋习。

5.养成早睡早起的习惯，等于有效延长了自己的生命。

刘帅同学，有一句西方谚语说："早起的鸟儿有虫吃。"先贤曾国藩也说过："看一个少年将来有没有出息，看他三方面就可以了。一是看他能不能早起，二是看他读不读圣贤书，三是看他有没有节俭意识。"曾国藩把早上起床放在第一位，可见它的重要性。

心理学研究表明，21天能基本养成一个习惯。坚持21天，养成一个早睡早起的习惯，会让你终身受益。仔细想一想，世界上还有比这更合算的事情吗？

二、你说你喜欢玩网络游戏，不喜欢课外阅读。对于这个问题，老师想和你谈一些看法。

你适当玩一下网络游戏，调节一下紧张的生活，也是正常的事情。

客观地讲，你玩网络游戏，本质上是希望交朋友、追求成功。但是，你追求美好事物的方向偏离了。你在游戏中投入了大量的精力，在虚幻中你也取得了不菲的成就感，比如，升级、过关，赢得装备。你确实得到了短暂的心灵满足，和别人谈起游戏你会津津乐道。但是，有一点是你摆脱不掉的，虚拟世界和现实的反差会让你内心矛盾重重。你明明知道，在虚幻中取得的成就是水中月、镜中花，离开了电脑，所有成就都变成了幻影。只有在现实中经过努力，取得的成绩是看得见、摸得着的。但你宁肯相信游戏中描绘的“海市蜃楼”都是真的，你宁愿自欺欺人、画饼充饥，也不愿意在现实中一步一个脚印、踏踏实实地生活、学习。迷恋网络游戏的结果是，你会不思进取，和现实生活渐行渐远。

老师给你推荐一本书——《在绝望中寻找希望》，我建议你每天读几篇。你可以和玩游戏对比一下，看哪个是你更需要的，哪个更能让你受益。你可以和自己内心对对话，听听自己内心深处的声音，进行理性的分析，做出正确的选择。

读书是有讲究的，读书更要有选择。当代教育家朱永新说过：“一个人的精神发育史，就是他的阅读史。”一位外国作家也说过：“你告诉我你读了一些什么书，我就知道你是什么样的人。”读一本一流的书，等于结交了一位高尚的朋友，经常和有思想、有智慧的人交流，你慢慢就成为有层次、有品位的人。反之，一个经常不读书的人，他的人生境界高不到哪里去，他也不会有正确的价值观，他的人生道路往往走得不会顺畅。

关于习惯，一位朋友的经历，可能对你有所启迪。

少年时代，我在农村老家度过。那时卫生条件差，我十五六岁才开始刷牙，而且是早上刷一次，刷牙的质量也不高，更没有饭后漱口的习惯。口腔没有得到有效护理，我30岁左右患上了龋齿，还出现了牙根暴露、牙齿松动等问题。后来，我意识到保护牙齿的重要性。从不习惯到习惯，我用心养成了早晚刷牙、饭后漱口的良好习惯。无论再忙晚上我必须刷牙，饭后一定要漱口。一段时间后，一次不刷牙我就感到难受，一次不漱口就觉得不舒服。十多年了，我的龋齿没有发展，松动的牙齿不但没有进一步松动，反而更加坚固了，我的牙龈萎缩也得到了改善，口腔也很少发炎。如果我还沿袭以前的不良习惯，不讲究口腔卫生，必然会造成如下恶果：牙齿过早脱落，咀嚼食物困难，消化不良；腮帮、牙床塌陷，未老先衰。好习惯让人受益多多，坏习惯害人无穷。

刘帅同学，晚睡晚起，大块时间玩游戏成了你的习惯，但是这样下去，你没有得到成长啊！一位名人说过：“随心所欲是慢性自杀，容易走的都是下坡路。”

上坡路难走，走起来不会那么习惯，甚至还会有些为难，这是极为正常的事情。一位哲人说过：“所有的成长都是从不习惯、不舒服开始的。”正是不习惯、不舒服成就了我们。不习惯意味着创新，不习惯象征着进步。接受不习惯，热爱不习惯，是一个有为少年应该具有的人生态度。老师相信，你一定能认真对待这两件事情，老师更相信，你能度过从不习惯到习惯的过程。拒绝什么，也不能拒绝成长。没有人会拒绝对自己有益的事情，作为一个有理想的少年，刘帅同学更应该如此。

祝刘帅同学每天都有进步，天天好心情!

你的忘年交：贾容韬

逆境让孩子变得坚韧

亲爱的语凡：

开学已经两个月了，大学生活还习惯吧？老爸最近读了几本书，结合自己的生活阅历，我对痛苦和享乐积淀了一些思考。老爸通过写信的方式分享给你，希望能给你一些有益的启迪。

先给你讲一个故事。

有一个人死后，在去阎罗殿的路上，看见一座金碧辉煌的宫殿。宫殿的主人挽留他住下来歇息。

这个人说：“我在阳间辛辛苦苦忙碌了一辈子，什么重活、累活我都干过了。我整天起早贪黑，没睡过一个完整的觉。我现在只想吃，只想睡，我讨厌任何工作，我希望尽情享受。”

宫殿的主人说：“若是这样，我这里最适合你了。这里有宫廷厨师专门为你配膳，你想吃什么就有什么；这里有舒适无比的卧床，你想睡多久就睡多久，你就是睡到日上三竿，也不会有人来打扰你；而且，我保证这里没有任何事情需要你做。”

这个人非常满意地住了下来。

每天欣赏着曼妙的歌舞，品尝着美味佳肴，喝着上等美酒，仆人无微不至地照顾着他。他吃了睡，睡了吃，感到非常惬意。他想，我前世积了大德了，上天才让我有一个这么好的归宿。

一段时间后，这个人感到寂寞。他找到宫殿主人，说：“每天饱食终日，无所事事，这样的日子过久了，感觉百无聊赖，你可以为我找一份工作，让我适当干一些活儿吗？”

主人答道：“来时给你讲过了，这里是供人享乐的地方，从来就不曾有过工作。回去享受吧！有什么照顾不周的地方告诉我，我一定让你满意！”

又过了几个月，这个人实在受不了了，他对当下的日子厌倦极了。有一天，他气冲冲地去找宫殿的主人：“这种日子我一天都不愿过了，如果你不让我做事情，我宁愿下地狱，也不愿再住在这里了。”

宫殿主人轻蔑地笑了：“你以为这里是天堂啊？实话告诉你，这里就是地狱。这里虽然没有刀山可上，没有火海可蹈，没有油锅可下，但应有尽有的物质享受能毁灭你的理想，腐蚀你的精神，消磨你的意志，它能把一个极具思想的人变成行尸走肉，这不是活地狱吗？”

这个人恍然大悟：“俗话说‘没有吃不了的苦，只有享不了的福’。过度享乐原来是另一种地狱啊！”

儿子啊，上面的故事能否引发你一些思考呢？

下面把我最近写的一篇文章《感谢苦难》分享给你。

我出生在一个贫苦农民家庭。父亲小时候爷爷就去世了，奶奶领着8岁的姑姑和6岁的爸爸艰难度日。奶奶讨过饭，给大户人家打过短工。父亲15岁就给别人拉大锯、当挑工。贫困的家庭经历让我从小接受了磨炼，也让我早熟。我家兄妹5个，作为长兄，我下决心要替父母分忧，发誓要让全家人过上好日子。从十三四岁起，我就干起了体力活，比如担粪、挑水、扛粮食袋子、拉人力车等。干庄稼活，我虽顶不上一个整劳力，但总是争着干。给生产队修大寨田，每天装卸20多车土，我从不落后。往车里装土，负重主要在大腿上。长此以往，我的右大腿内侧的肌肉非常坚硬，和耕牛肩头的皮质一样，这是腿部长期和劳动工具摩擦的结果。给生产队割麦子，双手磨出血泡，我没叫一声苦。往地里挑粪，肩膀磨得红肿，左肩换右肩，我从没想过退缩。由于经常挑担子，我的右肩比左肩要低一些，这是右肩长期负重的结果。那时农村条件差，从事繁重的体力劳动，两块红薯、一碗菜汤就算一顿饭，吃一顿糊涂面条算是改善伙食。

千金难买幼时艰。正是少年时代生活的磨炼，练就了我坚强的意志，使我勇于承担责任，敢于接受生活、学习、工作的挑战。如果说我今生还算做了些事情的话，那么这些成绩的取得很大程度上得益于少年时代的磨炼。我认为，这是上苍送给我最珍贵的礼物。它给我注入了精神力量，它让我生命多姿多彩。

相比之下，那些家庭条件比较优越的人，处处被父母照顾的人，没有危机感、缺乏忧患意识的人，也就是说，从小没有经受历练的人，意志往往比较薄弱，他们也往往是生活的弱者。

下面再给你讲一个你熟悉的人的特殊经历。

事情来得那么突然。一夜之间，父亲被划成了“右派”，身为骨干教师的父亲被遣返回家。他所在的学校不敢再接纳“右派”子弟，正在上初中的他辍学了。在强大的政治压力下，父亲鼓励他要多学知识，将来一定能派上用场。受父亲的影响，他在出工之余每天都要挤出时间学习，父亲成了他的老师。

屋漏偏逢连夜雨，灾难又接踵而来。1970年，父亲被打成“反革命分子”，投进了监狱，母亲整日以泪洗面。支部书记三番五次动员母亲和父亲划清界限，无奈之下，母亲被逼改嫁到外村，他成了孤身一人。

一个人的日子怎么过？他一天三晌要给生产队干活，回家还要挑水做饭。节假日，他要请假上山砍柴。100多斤重的木柴，负重20多公里担到集市上，能卖两元多钱。除了买油盐、火柴、肥皂等生活必需品外，还要给监狱里的父亲送点吃的，他知道父亲身体不好。他一斤食油要吃半年以上，做饭时用筷子蘸油往锅里滴几滴。他一套衣服要穿好几年，衣服往往是补丁摞补丁。

昔日的伙伴一个个离他而去，人们像躲瘟疫一样躲着他。繁重的体力劳动以及巨大的心理压力，使他的精神几近崩溃，他凭着坚强的信念硬是坚持了下来。因为他始终坚信乌云遮不住太阳，正义必定要战胜邪恶。他相信父亲是个好人，自己更是无辜的。

形势继续恶化。他隔三岔五被揪出来批斗，戴高帽子游街，甚至还要挨拳打脚踢。

他白天遭受精神和肉体的折磨，晚上用水泥袋遮住窗户，在微弱的煤油灯下看书到深夜。他只能偷偷看书，如果被巡逻民兵发现，他则要遭到更激烈的批判。他在床头写了一句话：“晚上是我最快乐的时候！”他每天默念雪莱的诗：“冬天来了，春天还会远吗？”他凭着乐观的心态和惊人的毅力阅读了《屈原》《三国志》《石头记》《东周列国志》《拍案惊奇》等书籍；还认真研读了《黄帝内经》《灵枢》《素问》《伤寒论》《金匮要略》《寿世宝元》《医宗金鉴》等中医经典著作，从而奠定了坚实的人文知识基础和精深的中医理论功底。

十一届三中全会以后，父亲出狱并恢复了工作,他也获得了新生。凭着高尚的医德和精湛的医术，他成了远近闻名的好医生，他使一个个疑难杂症患者脱离痛苦；他使一个个危重病人转危为安。

谈起那段特殊的经历，他无限感慨地说：“吃苦当吃补，苦难是恩典。逆境是一所大学，厄运能给人补钙。我特别感谢那段不堪回首的经历，我认为这是命运送给我最好的礼物。如果我的生活顺风顺水，我也不会有强烈的危机感；如果没有经历那一番非人的磨难，我不可能爆发出那么大的学习动力，也就不可能在中医领域取得一些成绩，我很可能平庸地度过一生。”

故事的主人公不是别人，正是你的二姨父薛庭芳。看得出来，你是仰慕二姨父的，他身上确有一些过人之处。他能把那么复杂的中医理论运用得得心应手、游刃有余，把那么难懂的汤头歌诀和脉诀倒背如流，用几服中草药就能医好不少疑难病症。太不可思议了！

你不止一次说过，你从老爸身上吸取了诸多优秀品质，比如意志坚强、承担责任、勇于接受挑战、乐于帮助别人、做事持之以恒等。世界上的任何事情都不会是空穴来风，都是有渊源的。留心一下你就会发现，我和你二姨父的经历有许多相似之处。阳光总在风雨后，梅花香自苦寒来。历练，是所有成功人士不可或缺的营养素；历练，让我们的心灵得以升华；历练，让我们的生命变得厚重。

苏联教育家苏霍姆林斯基说：“没有战胜过困难，没有负过重负的人，不能称作真正的人。”

美国作家安德鲁·所罗门说：“我们无法忍受毫无意义的痛苦，如果我们相信承受痛苦是有意义的，我们往往就能忍受。相对于安逸舒适对我们的影响，艰苦奋斗对我们的影响更加深刻。”

苏联诗人、作家普里什文曾经写道：“在那些曾经受过折磨和苦难的地方，最能长出思想来。”伟大的人格都是在困境中产生的。没有经历过磨难的生命是脆弱的，没有经历过升华的灵魂是平庸的。人生路上最悲壮的一幕，从来不在风平浪静中。

相信儿子一定会有同感，高二下学期，你以壮士断腕的决心向学习宣战，并一路攻坚克难，后来以优异的成绩考入理想的大学，这番经历一定让你终生难忘，这段经历不但让你收获了业绩，同时也收获了耐心、坚韧和自信。

一个没有挑战的生命是没有意义的，历练是一个人最应该全力追求的，因为问题和痛苦对于一个人的成长，具有非凡的价值。所有人都喜欢享乐，很多人并不知道，过度享乐往往能给人带来不幸，甚至带来灾难。几乎没有人愿意接受逆境，但逆境往往是一个人极其宝贵的人生财富，很多有作为的人都是从逆境中走出来的。“文王拘而演《周易》；仲尼厄而作《春秋》；屈原放逐，乃赋《离骚》……”这些伟大的人物犹如“凤凰涅槃”“破茧成蝶”一样，都是在逆境中得到了成长，从而造就了不平凡的人生。

希望爸爸的阅历和分享能对儿子的成长有所帮助。

祝儿子：学校生活愉快，天天好心情！

爱你的爸爸

2006年11月9日

叩问内心，激发自我教育

有一位妈妈，急匆匆地在电话中向我倾诉："我的儿子今年上初二，小学阶段他一直是好学生，可是进入初中后他就管不住自己了。他也想学习，但就是抗拒不了手机的诱惑，会无节制地玩手机。眼看进入初三了，他一点儿也不着急。我实在看不下去了，提醒他要学习，但是他就和我对抗。我真不知道该怎么办，请您帮帮我吧。"

暑假前的一个周末，这位妈妈带孩子来到了我的工作室。经过了解，这个孩子名叫刘胜利。我首先和孩子聊网络游戏，拉近距离后，我对他说："你是个好孩子，虽然你自控能力比较弱，但是你内心追求进步，希望考入理想的高中，这一点是难能可贵的。你的名字定会给你成长助力，一定会带你不断走向胜利。"

刘胜利说："我也想进步，可就是管不好自己。"

我说："上坡路难走，没有人能随随便便取得成功，正因为成功比较难，它的价值才大啊！孩子，我问你一句话，你要如实回答我。你是希望考入重点高中，还是一定要考上重点高中？这两者是有本质区别的，希望考入重点高中是一个美好的愿望，一定要考上重点高中是一个坚定的信念。”

刘胜利陷入了深思。5分钟后，他铿锵有力地说：“我一定要考上重点高中。”

我说：“和你接触的第一印象，我感到你身上有一股不服输的劲，如果把这种品质不断地激发出来，你一定是个了不起的人！”听了我这番话后，刘胜利一下子有了自信心。

我接着说：“假如有一种方法能让你弯道超车，能达成你的人生目标，不知你愿不愿意做？”

刘胜利说：“我肯定愿意做。”

我说：“这个方法很简单，那就是利用好暑假的宝贵时光超常规地学习，假期过后让别人对你刮目相看，你也会更加喜欢自己。”刘胜利眼睛里还有几分疑惑。

我接着说：“一位名人说过，看一个人有没有出息，只需看他8小时以外的表现。”一位资深老师也说过：‘一个中学生真正想学习的话，三个月完全可以学习一年的课程。我14岁那年利用假期，7天学习了一门平面几何，就是最好的证明。’

刘胜利说：“我能利用好假期这段时间！”

我继续说：“初中的知识比较简单，只要你锲而不舍，每天进步一点点，就一定能到达到你的人生目标。”我明显感到，刘胜利的眼睛里有了光泽，有一种跃跃欲试的感觉。

接下来，刘胜利和我说了心里话：“其实我也备受伤害，张衡以前和我是同班同学，我俩水平不相上下，后来我留了一级，人家却考上了重点高中。回想起来，差距就在于他不怎么玩手机，而我却玩上了瘾。假期里，我每天玩十多个小时，视力急剧下降。假期过去一多半了，我还没有翻过书。还有三天就要开学了，无奈之下我开始赶作业，我只能在手机上抄答案，糊弄父母，应付老师。”

我说：“你能找到留级的原因，我真替你高兴。你仔细想一想，做什么都是有动机的。你玩手机比较多，你从里面究竟得到了什么？你玩游戏确实爽了，但给你的人生带来这么多问题。比如初二留了一级，如果照这样下去，只能上一所自己不情愿上的高中，任凭命运摆布。”孩子说：“我知道该怎么做了。”

看到孩子的进步愿望比较强烈，我说：“看到你有如此大决心，老师非常高兴，但是上坡路比较难走，老师帮你拟一个‘六问自己’，你可以时常和自己内心对对话，你有懈怠心理的时候，问问自己，就知道该怎么做了。”

六问自己：

1. 我为什么不能对自己负起责任呢？

2. 我也是个血性男儿，为什么要让学业天天为难我呢？

3. 难道拼命地玩手机是我内心的渴望吗？

4. 我为什么不在暑假里弯道超车，把暑假作为自己成长的里程碑呢？

5. 我为什么总是夸大困难而低估自己的能力呢？

6. 我为什么不把自己逼向“绝路”呢？难道我不明白绝处逢生的道理吗？

学校放假了，刘胜利把大部分精力投入到学习中。两周内，他做了三个单元的数学练习题、两个单元的物理练习题。有一天，我收到了孩子的微信。孩子说：“贾老师，经过两周的学习，我感到进步不大，离我设定的目标还有一定的距离，我的信心打了折扣，有时我还想玩游戏。”我回复道：“学习固然有一定难度，深入到学习中可能还有些苦，但这份苦是弥足珍贵的。一个人的幸福里面一定要有痛苦的成分，痛苦过后幸福更长久。你这个头开得很好，老师给你点赞。有一个良好的开端，就等于成功了一半。其实成功没有我们想象的那么难。不要只看结果，充分利用好过程，就足够了，有了理想的过程，就一定会有理想的结果。”

我接着说：“假如这个假期你尽情地玩，也玩不出什么花样来，你玩游戏的级别再高，也不会有人给你竖大拇指。到头来，你内心的颓废，你对自己的讨厌甚至憎恨，是你永远挥之不去的，因为你走的是下坡路。你是个有良知的孩子，你的内心是向上的、向好的。你究竟想成为什么样的人？你渴望将来过什么样的生活？这些问题你应该深入思考一下。”

我继续说：“这个假期你不玩手机，你也不会损失什么，学习确实比较累，但是经过努力，你收获的充实感、成就感以及自我认同感，完全能抵消你的苦和累。那种感觉是没有经过努力的人永远感受不到的。”

又过了两周左右，我收到了刘胜利的微信，他说：“衷心感谢贾老师的真诚帮助，现在我有这样的体会，当我完全沉浸在学习之中的时候，一些比较难的知识点，往往都能迎刃而解了。就像贾老师所说：‘每门学科都是有灵性的，当一个人在一门学科中投入了感情，这门学科往往会倾情回报他。’这时我才发现，自己之前的学习都是浮躁的、皮毛的、三心二意的。我连初中的学业都不能克服，我将来会有什么出息呢？”

我回复刘胜利：“你的学习已经提高了一定的水平，我真替你高兴，你可以扪心自问，你究竟喜欢哪种生活？你是喜欢以前消极颓废的生活，还是喜欢现在积极进取的生活？只要你这样孜孜不倦地坚持下去，就一定能到达成功的彼岸。老师在远方为你加油，为你祝福！”

2018年中考后，我接到了刘胜利妈妈热情洋溢的电话：“尊敬的贾老师，衷心感谢您的倾心帮助，让孩子有了如此大的进步，孩子考上了当地的重点高中，这在以前是不敢想象的。贾老师，你是孩子的贵人，我们全家的贵人，您的大恩大德我们将终生难忘！”我回复说：“我做了一些应该做的事，孩子是一块金子，我只是把金子表面的灰尘擦拭干净了，它才会闪闪发光。”

每个孩子身上都蕴含着美好的潜质，家长和老师的责任就是把这些美好的潜质淋漓尽致地激发出来，孩子一定会成为一个美好的人，成为对社会有益的人。

第4章

做成长型父母，传递榜样力量

父母的自我教育往往能引领孩子进行自我教育，父母的人格力量一定能化作孩子的成长动力。父母不要喋喋不休对孩子说教，不断给孩子提要求，而要在行动上下功夫。孩子不是看你怎么说的，而是看你怎么做的。只要父母做得好，就一定能影响到孩子。

要让孩子改变，自己首先要改变

讲两件很多人认为不可思议的事。

第一件事

一位农民出身的生意人，非常执着地研究起了家庭教育，而且如痴如醉地沉浸其中。他每天打理生意之余，思考的是如何追求进步，怎样提高自身修养。他不但理解、尊重、善待几乎是文盲的妻子，而且不折不扣地给孩子做榜样；他的家里不但添置了书柜，而且到处都放满了书；他不但自己读了大量的书籍，而且呼吁、影响周围的人读书学习；他不但自己反复阅读《改变孩子先改变自己》这本书，而且前后购买了200多本送给亲朋好友；他不但向临沂三中等学校的领导建议，所有家长都要阅读这本书，而且批量购买了500本，捐赠给临沂大学附属中学。

第二件事

如果有人花半年多时间手抄一本书，好多人一定会认为，这是一件不可思议的事情；如果说一个只有小学四年级文化的农村妇女，查着字典抄完一本30万字的书，很多人可能不会相信；如果说一个从事体力劳动的人，利用夜晚时间坚持读书学习，更是无人相信。然而这是千真万确的事实。

以上两件事的主人公，是山东临沂干果市场调味品批发区的王朝阳、徐爱芹夫妇。赠书、捐书的是丈夫王朝阳，抄书的是妻子徐爱芹。要问这两件事的缘由，还要从6年前说起。

王朝阳、徐爱芹夫妇，家住山东省临沂郊区的农村。为了孩子的教育，他们到市里经商。和天下所有父母一样，他们最大的心愿是让孩子有一个美好的未来。因此，他们不惜一切代价，给孩子选择最好的学校。

2011年，他们的儿子王锐上初二。有一次，学校开家长会，一位退休老校长给家长讲家庭教育，老校长讲了我的家教经历，王朝阳记住了“贾容韬”这个名字。

2014年，王锐上高中后，出现了一系列的问题。受社会上不良思潮影响，王锐认为学习无用，继而喜欢上了网络游戏。在那个阶段，王锐时不时逃课，后来干脆不想上学了。王朝阳夫妇心急如焚，但又束手无策。在家待了一段时间，孩子提出要打工。到一家物流公司干了几天，孩子受不了那份管束，吃不了那种苦，主动要求回学校学习。

复学后，王锐无心学习，还经常惹是生非。老师三天两头打电话告状，夫妻俩无心做生意，天天为了孩子的事悬着一颗心，惶惶不可终日。

2014年，我到山东临沂九中、六中等学校讲课，《沂蒙晚报》报道了我的家教理念。王朝阳仿佛在沙漠中跋涉的行人看到了希望的绿洲，找到了重生的希望。他心中暗暗发誓，一定要找到贾老师，得到贾老师的真传。他觉得贾老师帮助了那么多人，也一定能帮到他的家庭、他的孩子。

几经周折，王朝阳找到了我的联系方式，和我简短通话后，第二天，他迫不及待地带着儿子来到了北京。

简单寒暄后，我首先和王朝阳的儿子王锐进行了交流。我对王锐表示尊重的同时，通过聊天润物细无声地去影响他的价值观。我跟他聊了如下内容："生命的意义靠自己添加""无聊的人等于早死""与其有钱，不如值钱""人最值得尊重之处就是自我奋斗""历练是人生的必修课，高中阶段是历练的最佳机会"等。从被动回应到主动发问，从持怀疑态度到眼睛放光，我观察到，王锐的自信心在不断增长。我帮王锐厘清了内心的迷茫、困惑，我在他心中种植了理想、信念的种子，我帮他点燃了内心的希望之灯。和我告别时，我明显感觉到王锐胸膛挺起来了，步履也加快了。

第二天，我和王朝阳又见了面。我对他说："要让孩子改变，自己首先要改变，关键是自己的内心世界要改变。只有内在世界的改变，才能带来外部世界的改变。"咨询进行了半个多小时，我问了他一个问题："王先生，你是'希望'孩子将来有出息，还是'一定要'让孩子有一个美好的未来？" 王朝阳说："我是'一定要'让孩子有一个美好的人生！"我说："看得出来，你是下了决心的。我问你这个问题，是帮你强化这方面的信念。很多人都是'希望'孩子怎样怎样，不是'一定要'让孩子怎样怎样。这是有本质区别的，'希望'只是一个朴素的愿望，而'一定要’是一个坚定的信念！”

我给王先生讲了家庭教育的核心，如“爱孩子最好的方法是爱他的妈妈”“给孩子最有效的支持和帮助是提高父母的修为”“文化水平低不要紧，关键是要不断学习。日日行，不怕万里远；天天读，何愁书万卷”。

“教育孩子，就在日常生活中，就在举手投足间。家庭教育无小事。父母的言谈举止、行为习惯，都会在孩子心中打下深刻的烙印，都会对孩子有着深远的影响。为人父母者，有想法也是一天，随心所欲也是一天，最后的结果往往是天壤之别。”

回家后，王朝阳在读书学习的同时，把改善夫妻关系作为提升自我的第一步。他刻骨铭心地认识到，腿部有重度残疾的母亲养育自己特别不容易，孝敬母亲、让母亲过上好日子是他最大的愿望。但由于大男子主义作祟，他对老婆不够尊重，导致夫妻关系不和。内心积怨甚深的老婆对母亲免不了轻视，甚至嫌弃。妻子照顾老人不够用心，造成婆媳关系不和，夫妻关系也更加紧张。

王先生时不时用我的话激励自己：“妻子的最大需要是被丈夫宠爱”“老婆是你家里的功臣。你只有尊重她，她才会尊重你，并且尊重你所尊重的。”想想以前自己真是犯浑，不把老婆当人看。家里经营调料干货生意，这种又脏又累的活常常雇不到人。为了降低生意成本，老婆就自己动手干。她一天往往要粉碎数百公斤辣椒。从事如此繁重又损害健康的劳动，不但得不到尊重，还时常被责骂，想想真是惭愧啊！现在，他从心底体会到了老婆的不容易。

王先生认为，妻子对母亲体贴不够，是自己没有善待妻子所致。一个人天天受到不公正的对待，哪有心思关心别人啊！自己常把母亲的抱怨迁怒于妻子，完全是不讲理的表现。说妻子对母亲不孝，其实是自己对母亲不孝啊！

脑筋开窍了，心里敞亮了。王先生把善待妻子当成最重要的事情，他把妻子当成宝贝。比如，习惯替妻子着想；带着笑容和妻子说话；时常提醒妻子注意休息；主动帮妻子做家务；等等。得到了丈夫真诚的善待，受到了功臣般的礼遇，妻子身上的美好品质展示得淋漓尽致。妻子真情实意地孝顺婆婆，陪婆婆聊天，给婆婆按摩；从饮食起居到头疼脑热，妻子对婆婆体贴入微。人心都是肉长的。得到了媳妇的关心和体贴，婆婆免不了在儿子、孙子面前说媳妇的好话。王朝阳看在眼里、喜在眉梢。令很多人羡慕的是，这对农民夫妻晚饭后常常手挽手一起散步。夫妻二人总有说不完的话，诉不尽的恩爱。

为了把孩子培养成才，已过不惑之年的王朝阳，两年内认真阅读了上百本优秀图书，一个庄稼汉变成了文化人。到过他家的人都能感受到，他的家里弥漫着书香气息、文化氛围。如今的王朝阳说话一套一套的："任何事业的成功，弥补不了教育孩子的失败""没有不良的孩子，只有不幸的孩子""守住父母的心，也就守住了孩子的未来""追求进步的人会不断被上天祝福"，等等。

王朝阳利用所有机会，通过电话交流或串门聊天，呼吁亲友读书学习、改变观念，引领孩子健康成长。通过他的影响和感染，不少家庭有了可喜的变化。

王朝阳心里清楚，社会的飞速发展给当代父母提出了比较高的要求。处在社会转型期，哪对父母不需要学习？哪个家庭不需要吸收注入先进文化？怎么样能帮助更多的人？王朝阳动足了脑筋。最后，他决定向学校捐赠图书。他要借助学校的平台，激发众多家长的读书热情。

得到学校领导的支持后，王朝阳开始实施他的善举。2015年6月1日晚7时，在山东临沂大学附属中学会议厅，王朝阳图书捐赠仪式隆重举行。捐赠仪式上，王朝阳向五百多位家长讲了下面的话："作为个体工商户，捐赠区区500本书，实在微不足道，但这确实是我的一点心意。我为什么要向大家捐赠贾老师的书，是因为他的书改变了我陈旧的家教理念，是贾老师引领我走向了人生的光明大道。如果我不认识贾老师，没有接受书中的先进理念，我们全家仍然处在水深火热之中。那时孩子面临辍学，夫妻关系、婆媳关系都是一团糟。是贾老师的书让我掌握了夫妻关系的奥秘，让我读懂了孩子的心灵密码。通过今天的活动，如果有一部分家长能认真阅读这本书，吸取书中的先进文化，创造夫妻和谐、亲子和谐，创造家庭幸福，孩子将来能有一番作为，这是我最大的心愿！"

他的妻子徐爱芹心里清楚，是《改变孩子先改变自己》这本书让她的丈夫有了翻天覆地的变化，让她的家庭从地狱走向了天堂。她一定要认真研读这本"救命书"。只有小学四年级文化的她，读这本书时，有不少字不认识，书中的内容也不甚理解。徐爱芹凭借字典，花了近一个月时间，把此书认真阅读了一遍。

为了真正掌握该书的要义，徐爱芹产生了抄书的念头。每天从事繁重的体力劳动，在精疲力竭的情况下，坚持抄一本书，没有强烈的愿望，没有坚定的信念，肯定是坚持不下来的。由于活在对美好未来的憧憬中，每天再晚再累，徐爱芹总要坚持抄两页（1600字左右）书。徐爱芹心想，丈夫那么用功学习，我要和他同步；孩子做事毅力不够，我要给他做好榜样。功夫不负有心人，用了6个月左右的时间，徐爱芹密密麻麻抄满了厚厚两个笔记本，30万字跃然纸上，一字不落，标点符号也一个不少。

通过抄书，通过反复朗读，书中一些段落，徐女士竟然能非常流畅地背诵下来。

徐女士从事的是干果调料业务，接触的大多是调味品。她忙碌一天，下班后往往来不及洗手，就开始抄书，笔记本上不免留下她劳作的痕迹。凡是见过手抄本的人都能感受到，一股浓郁的花椒、大料、胡椒味扑面而来。

环境造就人，榜样的力量是巨大的。看到爸爸从内到外的巨大变化；亲眼看见爸爸捐书、赠书的善举；看到几乎是文盲的妈妈那么认真地查着字典抄书；看到妈妈耐心细致地照顾奶奶；看到奶奶从未有过的喜笑颜开……所有这些正能量都无声无息地凝聚成了儿子王锐成长的力量。

在父亲的影响下，在弥漫着文化气息的家庭氛围熏陶下，从来不读书的王锐逐渐养成了读书习惯。一段时间内，他读了不少具有正确价值导向的书。通过读书，王锐的精神面貌发生了翻天覆地的变化。有了正确的价值观，有了理想和信念，有了人生目标，王锐的心气愈来愈足。不到一年，王锐由后进生成为优等生。班主任说，王锐是班上进步最大且持续进步的学生，学校领导数次提出表扬。2016年高考，王锐以骄人的成绩考入一所心仪的本科院校。

王朝阳在一次家长沙龙中这样分享："我人生中最大的幸运，是认识了贾老师，接受了先进的家庭教育理念。找到了人生的北极星，生命才得到祝福。由于我选择了向上的道路，才把全家人一同带进了'幸福之城'。如今，我们夫妻琴瑟和谐、相敬如宾；儿子有了远大的人生抱负；老母亲尽情享受天伦之乐；全家人生活在对美好的憧憬之中。

“幸福并不是奢侈品，所有人都值得拥有。一个人要追求幸福，最基本的前提是要不断地追求进步，让周围人受益，让社会受益。《道德经》说‘天之道利而不害。’我对这句话的理解是，大自然最基本的规律是有利于万事万物，而不让其受害。

“家庭教育是值得所有人终生追求的事业，也是造福自己、造福孩子、造福家庭、造福家族、造福社会的伟大事业。如果所有父母都能行动起来，我们周围的环境就能很快得到改善，我们家庭将会不断被祝福，我们每个人就能生活在大家营造的天堂中。”

改革开放堪称历史上伟大的壮举，改变了无数人的思想观念，王朝阳的做法可圈可点。我在想，中国农民都要有这么高的思想境界，我们这个民族不是大有希望吗？中华民族伟大复兴的中国梦一定会梦想成真。

悦纳自己，创造双重奇迹

有这样一个女人，她凭着自己坚强的意志和高超的智慧，变不可能为可能，化腐朽为神奇。她在一年多的时间内，创造了抗癌、教子双奇迹。她在没有吃药、没有化疗的情况下，战胜了癌中之王——肝癌；她用博大的母爱，让价值观有较大偏差、学习倒数第一的儿子成了班上第一名，并于2015年考入理想的大学。这个女人现在有双重身份：家庭教育志愿者和抗癌志愿者。在她的帮助下，不少父母的家教观念得到更新，孩子得以健康成长；不少癌症患者重振信心，数名患者恢复健康。这个令很多人心悦诚服、让诸多人心灵震撼的女人，就是上海长宁区的孙淑玉女士。

2013年秋的一天，我接到一位女士的求助电话："贾老师，我是上海的孙淑玉。我从《东方教育时报》上知道了你们父子，找到了你的联系方式，你一定要帮帮我的孩子！"我告诉她，我在北京。她说："你就是在天涯海角，我也一定要见到你！"

两天后，孙女士来到了北京。我看到了一个身材娇小、面色苍白、弱不禁风的女子。经过交流，我了解到孙女士是一位癌症患者，肝癌和胆总管癌术后刚刚两个月。由于身体极度虚弱，孙女士和我交流半小时左右，就要躺在沙发上休息一会儿。经过深度交流，我对孙女士有了一定的了解。

孙女士家住苏北农村，1996年嫁到上海，老公在上海一家事业单位供职。老公排行最末，前面有三个姐姐。老公的父亲重男轻女，把唯一的儿子当作掌上明珠，对三个女儿却视如草芥。由于公公从小对丈夫百般呵护、千般顺从，极尽溺爱、娇惯，结果造成老公唯我独尊、极端自我。极度自私、主观、任性的老公不好相处，也很难伺候。性格柔弱的孙女士不断遭受家庭暴力，亲朋、邻居多次劝和，妇联、民警也数次调解，丈夫仍然恶习难改。孩子在极度不和谐的家庭里，性格和价值观都受到了较大影响。

屋漏偏逢连夜雨，破船又遇顶头风。2013年初，经医院检查，孙女士被诊断为肝癌和胆总管癌。住院手术期间，丈夫又因病去世。

手术后两个月，一个偶然的机会，孙女士看到了上海《东方教育时报》对我们父子长达两个整版的报道。和我取得联系后，孙女士下定决心要见到我。她的姐姐得知后极力阻拦："刚做完手术，就到处折腾，难道你不想活了？"孙女士态度非常坚决："我就是死，也要见到贾老师，我一定要把孩子培养成人！"

我告诉孙女士："要战胜癌症，要纠正孩子认知偏差，塑造孩子正确的价值观，首先要让自己内心强大起来。战胜不幸和挫折最好的方法是不断地提升自我！"

"据有关资料报道，85%以上的癌症患者都是被吓死的。很多患者都是不接受现实，极度恐惧，导致精神崩溃，免疫力遭到破坏。防护墙倒塌了，癌细胞就肆无忌惮地兴风作浪了。”

“苦难本身并不可怕，由苦难而生的怨恨才是最可怕的。化解痛苦最好的方法是接纳痛苦，学会和痛苦共舞，而不是和痛苦敌对。追求幸福不是如何得到你想要的，还包括与你不想要的和平相处。”

回家后，孙女士除了读书学习外，她思考的首要问题，就是如何跟癌症“和谐相处”。一段时间，她浑身上下极度不舒服，说多难受就有多难受。手臂、小腿酸痛得厉害，感觉手和脚都无处安放。病魔肆虐之时，她感到自己马上就要死了。每逢这时，她会斥责自己：“我怎么会有这种想法？这是彻头彻尾的懦夫思维。我不能死，更不能让儿子成为孤儿。我肩上的责任重大，我担当着振兴家族的使命。老公虽然对不起我，但我一定要对得起他，我要把老公唯一的后代培养成人，让老公的生命有质量地得以延续。再说，老公也是父亲错误家教的受害者。”

为了缓解身体的不适，她告诫自己内心要完全放下，悦纳癌细胞，善待癌细胞。她心平气和地和癌细胞对话：“癌细胞啊，癌细胞！你是我身体的一部分，我想，你应该是帮助我提高免疫力来了。你既然落户到了我的身体里，咱们怎么就不能和平相处呢？我提议，你我之间可以有个约定：你不要扩散、转移，我也不化疗杀死你。这样，咱们不是可以共赢吗？”每次对话后，她感到身体的症状缓解了许多。随着心态的进一步改观，内心的逐渐强大，加上食疗、运动等辅助疗法，孙女士在没有吃药、没有化疗的情况下，身体一点点得到康复。经过一段时间的调养，她的身体基本恢复了健康。令人称奇的是，经医院检查，她身上携带的乙肝病毒由阳性转为阴性了，这在医生眼中是一个奇迹。

长期生活在缺乏关爱的家庭里，孙女士的儿子杨亮非常自我，不会换位思考，缺乏感恩意识。孙女士出院后，儿子不但不照顾妈妈，还时不时对妈妈动粗。孙女士非常清楚，儿子本质上是个好孩子，都是畸形家庭对孩子造成了负面影响。怎么样塑造孩子正确的价值观？怎样培养孩子的是非观念？怎样才能真正帮到孩子、影响到孩子？这对身患绝症的孙女士来说，确实是一个严峻的挑战，尽管她病情趋于稳定了，但医生告诫她千万不能生气。

刚开始，儿子顶撞了她，她会忿忿不平，结果导致儿子情绪更加激烈，亲子关系日趋紧张。孙女士告知我这个情况后，我充满信心地鼓励她："你儿子看起来不可爱，是因为缺乏爱。他的现状尤其需要接纳，不接纳儿子本质上是不接纳自己。接受不了儿子的挑衅性语言，是你的肚量太小，是你的内心不够强大。儿子的话固然让人'肚胀'，但他是在狂风暴雨般恶劣的环境下长大的啊！儿子是一个彻头彻尾的受害者，他最需要理解，最需要关爱。明白了这些，你就不会生气了。仔细想想，我们来到这个世界上，就是从生走向死的过程，我们连死都不怕，还怕克服困难吗？再说，你是经历过生死考验的人，内心自然比很多人都要强大。能厘清是是非非，能战胜诸多困难始终靠的是内心尢坚不摧的力量。我相信你一定能顺利迈过这道坎，因为你胸膛里跳动着一颗善良的、深爱孩子的心！"

经过修炼，孙女士的心胸拓宽了，格局扩大了，定力增强了。儿子再顶撞她，她一点儿也不生气了。比如，有一次，儿子想表达妈妈缺乏智慧，可说出来的话却十分粗俗无礼："你真是一头蠢猪！"妈妈调整情绪后，对儿子说："你说妈妈是猪，确实还有几分道理呢！猪的本性忠厚、善良，只求一日三餐，最终无私奉献了自己的全部。儿子，你的比方不一定多么恰当，但你说话越来越富含哲理了！”儿子说：“可不是嘛！老师也说我说话富含哲理，还动员我学习心理学呢！”

还有一次，孙女士出去办事，回家晚了一会儿。回家后，儿子抱怨妈妈：“你不知道我下午还要上学吗？都什么时间了，还没做饭？你怎么没有死在外面，回来干啥？”妈妈接过话茬儿：“儿子啊！你说这话听起来有些别扭，但妈妈心里高兴啊！你说妈妈没有死在外面，这句话背后的意思是——你离开妈妈能生存了。看到你的自立能力在不断提高，妈妈能不高兴吗？”儿子说：“算你看得准，我的自立能力确实在提高，那两天你不在家，我不是自己做饭吗？”

孙女士宽阔的胸怀、过人的智慧以及崇高的人格力量，像温暖的阳光带给孩子光和热，像蒙蒙细雨滋润着孩子干涸的心田。渐渐地，孩子的对抗心理被妈妈博大的爱一点点融化了，继之而来的是儿子对妈妈的理解、尊重、体贴和关爱。

还有一个问题令孙女士非常头疼。由于儿子的学习底子薄，知识欠账较多，上高中后学习跟不上。尤其是上高二后，随着知识难度的加大，儿子听课时感觉一头雾水。由于上课听不懂，儿子经常在课堂上睡觉。老师数次通知孙妈妈，让她把孩子带回家。

如何让孩子喜欢上学习？孙女士没少耗费脑细胞。在交流中，我告诉孙女士：“人之所以能主宰自己的命运，是因为人有影响自己潜意识的能力。潜意识是一个忠实的仆人，只要你给它发出指令，它会使劲地、拼命地帮你。重要的是我们要给潜意识发出积极指令，而不是消极指令。”

“如果一个人不断对自己重复同一件事，无论这件事是真是假，最终我们都会相信它。也就是说，谎言重复千遍就能变成事实。这就是心理学上讲的积极的心理暗示所拥有的强大力量。”

美国哲学家爱默生说：“人的一生正如一天他所设想的那样，你怎样想象，怎样期待，就有怎样的人生。”

我建议孙女士在影响孩子的潜意识方面下些功夫。心理学家研究发现，潜意识的力量是显意识的三万倍。

接受我的建议后，孙女士下定决心要影响孩子的潜意识，她要唤醒孩子心中那个沉睡的巨人。具体怎么做呢？那就是不断给孩子积极的心理暗示，强化孩子努力学习的信念。

方向确定后，孙女士开始实施她的计划。孩子上学后，她每天对着镜子演练。演练的内容是，孩子放学后妈妈对儿子说的几句话。大概意思是这样的：“儿子啊！妈妈体会到，一个高中生太不容易了！你在学校那么辛苦，学习那么用功，回家了好好休息吧！你想玩游戏，去玩一会儿；累了上床躺会儿；或者陪陪小狗弟弟。你是家里的功臣，想吃什么告诉妈妈，妈妈做好了慰劳你。”

演练了一个月，大约二百多次。孙女士满以为比较熟练了，没想到给儿子说这番话时，结果令她大失所望。当她对儿子说：“儿子，你在学校学习那么用功、那么刻苦……”的时候，眼泪情不自禁地流了下来。她想：“我为什么要骗自己呢？儿子明明在学校睡觉，我却说他学习很用功，这不是自欺欺人吗？”为了掩饰自己的失态，她蹲下身子帮儿子系鞋带。

她对儿子说这番话，儿子也不相信。儿子回应妈妈：“不要说那么多了，我知道你心里想的什么！”

孙女士就是孙女士。不管儿子反应如何，她仍然每天坚持对儿子说两次类似的话。她相信熟能生巧，练到极致就是绝招。坚持了两个星期左右，她觉得自己对儿子说话时状态自然多了，话语、表情、肢体语言都协调一致了。她感到自己说的话是从内心流淌出来的，自己呈现出来的也都是事实真相。她仿佛看到儿子在学校认真听课、踊跃发言、埋头做作业的样子，她真真切切地体会到儿子在学校非常不容易，儿子最应该得到妈妈的理解和尊重，最值得受到妈妈的慰劳和奖励。

孙女士给儿子的潜意识发出的积极指令，影响了儿子的思维，改变了儿子的行为。妈妈播撒在儿子心田里信念的种子慢慢地生根、发芽、开花、结果了。第十八天，儿子放学后径直回到自己的房间，开始做作业了。第二十一天，班主任给孙女士打来电话："恭喜你！你的儿子又活过来了！杨亮最近有了很大进步，上课认真听讲，作业也能按时交了。"

随着孩子的不断进步，孙女士信心更足了。她从内心深处更加理解、信任孩子，她相信孩子是个好孩子；相信孩子有强烈的进步愿望；相信孩子能逐步克服学习上的困难；相信孩子一定能成为学习的主人；相信孩子一定能成为妈妈的骄傲；相信孩子一定能给学校争光。孙女士每天的必修课就是不断地给孩子积极的心理暗示，把对孩子的坚定信心不断地传递给孩子。慢慢地，量变产生了质变。妈妈乐观、自信的人生态度；同病魔不屈不挠的抗争精神；不计功利的奉献精神；以德报怨的崇高境界；对孩子无与伦比的坚定信心、博大的包容心和超常的耐心，这一切都凝聚成了孩子成长的力量。渐渐地，杨亮成了一个有远大人生目标的人、一个积极进取的人、一个自控能力比较强的人、一个勇于接受挑战的人、一个内心力量越来越强大的人。

信念的力量是巨大的。随着阅读量的增大，随着理想、信念的确立，杨亮的学习能力一点点凸显出来，从倒数第一上升到中等偏下，再进步到中等偏上，再后来，一跃跨入优等生行列。杨亮的巨大进步让所有老师都不敢相信，但他们又不得不相信，因为这是看得见的事实。2015年高考，杨亮以全班第一名的骄人成绩被上海第二工业大学录取。

杨亮在大学期间积极进取、阳光自信，有远大的人生目标。有一次，孙女士到大学看望儿子，发现了令人惊喜的一幕。很多学生都在聊天、玩手机，唯独儿子在寝室专心学习。受妈妈的影响，杨亮对心理学情有独钟。由于自学能力比较强，杨亮后来又考入华东师范大学心理学专业，他的愿望是将来成为心理学家，帮助更多的人走出心理误区。

所有人都是向往美好的。当一个人的成长进入良性循环的时候，他呈现给世界的往往都是积极向上、可圈可点的。

如今的杨亮风度儒雅、富有内涵、感恩体贴、孝顺妈妈。每逢假期，杨亮都要出去打工，一来参加社会实践，二来也能减轻妈妈的负担。在妈妈的眼里，儿子和以前相比，完全判若两人。杨亮现在是校广播电台的播音员，他抑扬顿挫的播音风格令不少同学仰慕；他高亢、带磁性的声音给不少大学生带来信心和力量。为了更加充实自己，杨亮的课余生活安排得丰富多彩。比如，星期天要参加健身运动；他不但自修了油画，还喜欢上了钢琴；他尤其热爱架子鼓，而且鼓技已接近专业水平。

孙女士的事迹感动了无数父母，她的每次分享都会让在场的受众潸然泪下。我这样评价孙女士："你是一个弱女子，内心却无比强大；你是一辆长安车，却装着法拉利的发动机！困难在你面前，显得如此渺小；病魔和你交锋，只得落荒而逃。你是一盏明灯，照亮了千万人前进的道路；你是众人的楷模，给无数人传播了信心和力量。"

上天降临给人的灾难，往往会以祝福的形式加倍偿还。正因为孙女士经历了人生的风风雨雨，才演奏出了如此铿锵有力、感人肺腑的生命之歌。如今的孙女士精力充沛、面色红润、步履矫健，她对未来信心满满。作为一个家庭教育志愿者，孙女士尽心尽力从事帮教工作。她说："如果没有贾老师一家的无私帮助，就没有我的今天，也没有儿子的前途。贾老师说过：'生命是需要互相支撑的！'我会用这条捡来的命帮助更多的人，支持更多的人。让更多的父母成为教育的内行，让更多的孩子释放出生命的能量。"

家长朋友，看了孙女士的故事，你有什么感想呢？如果你在婚姻、教子、事业上遇到困难，无力克服或者信心不足时，想想孙女士的遭遇，是不是能给你增加些力量呢？和孙女士相比，我们面临的困难，是不是不足挂齿了呢？

不计功利让“小混混”变成“学霸”

家长朋友，你见过一个“小混混”浪子回头，成为父母的骄傲，成为学校历史上进步最大的学生吗？

你见过一个极度厌学的后进生，一年提高了300多分，由差生一跃成为优等生，后来成为大家公认的学霸吗？

如此巨大的反差，要不是亲身见证，我也不会相信。然而，这一切就发生在一位少年身上。要问这件事的缘由，还得追溯到2013年岁末。

河南省三门峡市渑池县的张孝贤夫妇，被孩子的事搞得焦头烂额。张孝贤上初三的儿子张金生，由于厌学、逃学，和社会青年有了交往，受不良孩子的影响，张金生认为学习无用，上完大学找不到工作的人有的是，早点到社会上闯荡，有朋友帮忙，同样能“混社会”。

张金生辍学后，每日早出晚归，还时常在外过夜。15岁的孩子在外面能干什么呢？无非是和一帮朋友吃吃喝喝、吹吹侃侃，到网吧上网，进KTV唱歌。由于染上了哥们儿义气，张金生免不了和朋友一起惹是生非，替别人“主持正义”，帮朋友摆平个事儿。儿子在外学会了抽烟、喝酒，还染了黄发。

老师数次打电话，孩子根本没有上学的意思。由于在外跑野了，心收不回来。他爸妈和他一谈上学的事，常常是不欢而散。他除了向父母要钱，从来不和父母说话。

为了挽救孩子，张孝贤夫妇到处“寻医问药”。几经辗转，他们通过当地教育局的一个领导找到了我。

了解情况后，我谈了我的看法：“你的孩子之所以厌学、辍学，是你的家庭教育出现了问题。孩子正在凝聚成长力量的关键阶段，你这位父亲却缺位了。你没有给孩子必要的精神支持，没有对孩子的学习提供有效帮助。作为孩子的监护人，你应该对孩子负起责任，这是解决问题的前提。”

张孝贤说：“我意识到了自己的问题，我也非常认同‘改变孩子先改变自己’的理念，就是不知道该怎么做，还望贾老师给我指明方向。”

我说：“家庭教育的真谛是做好孩子的榜样。父母的自我教育往往能引领孩子进行自我教育，父母的人格力量一定能化作孩子的成长动力。家庭教育有两条非常重要的原则：第一，远离功利。父母给孩子付出，是责任和义务，不是为了回报；第二，避免说教。父母不要喋喋不休对孩子说教，不断给孩子提要求，而要在行动上下功夫。孩子不是看你怎么说的，而是看你怎么做的。只要父母做得好，就一定能影响到孩子。”

张孝贤说：“我家的日子已经没法过了，如果有一条路能拯救我的家，能支持到孩子，我会毫不犹豫地走下去，你说的远离功利和用行动影响孩子这两条原则，我想我一定能做好。”

我说：“改变自己，提高自己，确实需要付出一定代价，但是不改变、不提高，付出的代价更大。我相信你一定能做好，因为你深爱你的孩子。提升自我不但能给自己的人生添彩，而且是对孩子最深沉的爱。”

我接触了张孝贤的儿子张金生。

孩子开始有些抵触，看到我和蔼可亲、平易近人，随之也就解除了提防。取得信任后，我和孩子谈到了“选择”这个话题。

我说：“人生最难的是选择，特别是少年阶段，选择确实很难。因为选择决定一个人的人生走向，甚至决定一个人的前途命运。选择是由眼界决定的。只有站得高，才能看得远。歌德说：‘一个民族有一群仰望星空的人，这个民族才有希望。’可以说，一个人有多么宽阔的视野，就会有多么大的发展。

“一个有梦想的人，最重要的是拓宽视野、扩大格局。一个花季少年正是放飞梦想的关键阶段，若把自己的目光锁定在狭小的范围内，把自己的未来定位在社会的最低端，他的思维就受限了，他的能力也被禁锢了。

“梦想是什么？梦想是让你一直坚持觉得特别幸福的事，梦想是将来回忆时让你热泪盈眶的事。”

孩子说：“我也知道通过上学前途会更光明，但我不是读书的那块料，学门技术会更实际些，我想学厨师。”

我语重心长地对孩子说：“你希望学习一技之长养家糊口，体现自己的人生价值，这一点应该充分肯定。作为一个年近花甲的长者，我非常负责任地告诉你，学校是一个打造人才的地方，离开了学校，脱离了纪律的约束，没有老师系统传播知识，很多人的梦想都无法实现。老祖宗有一句名言：‘没有规矩，难成方圆。’”

孩子说："我在学校待不住，一上课就走神，好多知识不会，作业没办法做。"

我和颜悦色地对孩子说："一个人之所以不能管理自己，是他没有人生方向，是他描绘的人生蓝图不足以吸引他，不足以让他为之努力、奋斗。人人都要接受挑战，没有这方面的挑战，就一定会有另一方面的挑战。比如学厨师，每天要清洗菜料，要学习配菜，要练习刀功，要忍受师傅的支使，要接触大量油烟，等等。我不是说学厨师不好，三百六十行，行行出状元。做厨师做得好，同样能成就辉煌的人生，但是选择职业，应该是成年以后的事情。一个未成年人正是奠定人生基础、打好人生底色的关键阶段。如果把人生比作一座大楼，首先要打好基础，基础打不好，大楼就盖不起来。如果随便打个基础，只能盖一所低矮的简易房。"

孩子说："你说得有道理，我考虑考虑再做决定。"

回家后，张孝贤首先无条件地接纳孩子。他认识到，孩子是一个完整的人，接纳孩子也包括接纳他的缺点，况且孩子的缺点和父母有直接关系。以前，孩子发脾气，他比孩子的嗓门更高，结果造成孩子激烈对抗，自己也备受伤害。现在，内心有了定力，他能掌控自己的情绪。孩子发脾气时，他不急不躁，他会态度柔和地提醒孩子："孩子，说话声音可不可以小一点儿呢？""大嗓门是不是有点儿不太合适？"一个巴掌拍不响。掌握了以柔克刚的奥秘，孩子的脾气就发不起来了。看到爸爸实实在在的改变，孩子有情绪的次数也越来越少。

孩子因为抽烟，常常随地吐痰，客厅的地板上到处是痰迹；孩子喜欢吃零食，房间里遍地是垃圾。要是在以前，张孝贤会批评孩子："这么大的孩子了，连自己的卫生都不会整理，将来会有什么出息？"孩子从来没有因为他的批评而主动整理过房间。现在，他心里明白了，孩子的问题不是父母纠正的，而是孩子自己纠正的。他不再对孩子说教，而要用自己的行为来影响孩子的行为习惯。他一不抱怨，二不冲孩子发火，而是默默地拖地、打扫卫生。遇到拖不干净的痰迹，他找来刀片认真地刮干净。看到儿子情绪好时，他借机说："儿子啊！今后吐痰可不可以吐到垃圾桶里？吐到地板上，时间一久，不太好拖。"爸爸的做法对儿子产生了积极的影响。慢慢地，儿子的逆反情绪减弱了，随地吐痰、乱扔垃圾的习惯也改掉了。

为了提升儿子的自信心，张孝贤千方百计寻找孩子的优点。有一次，儿子在玩电脑游戏，且玩得十分认真，爸爸和他说话，他都没有听见。吃饭时，爸爸热情洋溢地对儿子说："孩子，我发现你身上有一个一般人不具备的长处。"孩子有些不明白，疑惑地看着爸爸。爸爸接着说："你做事特别专注，这是成功人士必备的素质。"孩子说："老爸啥时候学会夸奖人了，这话听起来有些肉麻！"孩子虽然这么说，但张孝贤明显感受到，儿子从爸爸的赏识和肯定中获得了自信，父子关系越来越融洽了，越来越和谐了。

儿子在混社会时，学会了抽烟。由于无所事事，烟瘾越来越大，儿子每天至少要抽一包烟。由于抽烟，儿子出现了痰多、咳嗽、记忆力减退等不良症状。儿子也试图戒烟，但多次尝试都未成功。一次，儿子看到戒烟的公益宣传片，知道了抽烟的巨大危害。儿子下定了决心，结果两天内就彻底戒了烟。对于这件事，张孝贤郑重其事地对儿子说："通过戒烟这件事，老爸对你刮目相看。这么短时间你能成功戒烟，这是很多人做不到的。从这点看，你是自控力超强的人，你是毅力超凡的人，你将来一定是做大事的人。”

爸爸不计功利的爱，如春风化雨般悄悄滋润着孩子，爸爸播撒在孩子心田的理想、信念的种子悄无声息地生根发芽了。2014年3月，孩子对爸爸说：“老爸，你给我买些复习资料，我要参加中招考试。”拿到资料后，儿子信心满满地说：“爸，我想挑战一下自己，我要考重点高中，你看我能考上吗？”爸爸吃了一惊，因为儿子平时的成绩和重点高中的录取分数线相差甚远。但是，爸爸还是坚定地对儿子说：“能考上，只要你全力以赴备考，就一定能梦想成真！”

受到爸爸的鼓舞，张金生把考上重点高中作为奋斗目标。为了实现自己的愿望，他每天废寝忘食地投入到学习之中。由于底子薄，知识欠账多，加上备考时间短，他中考成绩不理想，仅考了184分。

张孝贤没有计较孩子的考试成绩，而是充分肯定孩子备考时的不懈努力；他没有替孩子做决定，而是相信孩子一定能做出正确的选择。184分是中招满分665分的27.6%。考了这样的分数，很多考生会有两种选择：要么选择打工；要么上个职高、技校，从此听天由命，随波逐流。

张金生闭门思考了两天，正在他犹豫不决的时候，我的话给了他正向引导：“世界上只有一条路不能去，那就是放弃的路！”

他做出了令人匪夷所思的决定，他要重读初三。他一定要考上一流的高中，尽管他的成绩和重点高中录取分数线相差甚远。当一个人被崇高的人生愿景鼓舞着的时候，凝聚起来的力量往往是巨大的，甚至是无坚不摧的。厘清了思路，确立了方向，张金生以昂扬的姿态和破釜沉舟的决心投入到了初三复读中。

最好的教育是自我教育，最大的学习能力是自学能力。张金生自知在知识上有大量欠账，他决心利用好自学这件秘密武器。用他的话说："笨鸟先飞，笨鸟不停地飞，就一定能飞到前头。别人在按部就班地学习，我一天要当成三天来学习。"为了尽快提高英语成绩，他给自己立下了军令状："我不能再让英语欺负我了，我要拿英语开刀，以提升我的士气，振奋我的精神。我一定要在短期内征服英语。"

2015年春节，他只在大年初一给自己放了半天假。从大年初一下午起，他把自己封闭在家里学英语。背单词、朗读课文、练习口语，成了他生活的全部。除了上厕所、吃饭，他几乎没有离开过自己的房间。整个寒假，他都在竭尽全力学英语。

我在想，一个16岁的孩子，处在玩心正重的年纪，在春节这么盛大的节日里，牺牲全部玩耍时间，拒绝所有娱乐活动，把自己"囚禁"在狭小的房间内，那么用心地学习枯燥的异国语言，没有强大的精神力量，没有坚定的信念支撑，是万万做不到的。所有这些对于一个孩子来说，需要多么强大的自控力啊！

上天一定会厚待积极进取的人。由于高度聚焦，张金生的英语成绩进步超快。第二学期期中考试，他的英语成绩从50多分提升到110分，数学成绩也跃居年级第一名。在后来的考试中，他的英语成绩多次名列全校第一名。

2015年中考，张金生以519分的高分成绩被河南省示范性高中渑池一中录取。一年内学习成绩提高了335分，这不能不说是一个奇迹。据渑池县果园乡中学教导处的老师说："张金生是学校建校26年来进步最大的学生，也是本校纠偏最为成功的学生。他的巨大变化将成为校史上辉煌的一页。"

考入重点高中，张金生实现了自己的愿望，但他并不满足。按照中考成绩，他被分配在普通班。为了融入一个更为理想的学习环境，他给自己定了下一个奋斗目标——考进重点班，因为进入重点班就更有希望考入中国名牌高校，距自己的高考梦想更近一些。

经过一段时间的努力，他的学习成绩再一次上了新台阶。高一上学期期中考试，他的数学考了满分（150分），物理也考了年级前三名，他顺理成章地被调到了理科重点班。进入重点班，张金生没有辜负老师的期望，他的学习劲头更足了，考取全国名校的信心更坚定了。倾心付出换来了丰厚的回报，其中一次考试，张金生考了年级第21名。2018年高考成绩揭晓，张金生以超过理科一本分数线86分的优异成绩，被“211工程”高校合肥工业大学机械制造专业录取。社会不会吝啬给积极向上的人提供成长的机会，上天也不会辜负为理想而努力奋斗的人。

一个孩子为什么会有钢铁般坚定的信念？为什么会有超乎想象的爆发力？这完全得益于父母的不计功利和人格引领。张孝贤在一次分享中说：“以前，我非常在意孩子的学习成绩，并不断催促孩子学习，结果孩子却不断退步。后来，我明白了不计功利就意味着提高境界，‘回报’青睐的恰恰是忽略它的人。参透了其中的奥秘，我只管默默付出，全然不在意回报，我时常提醒孩子要注意休息，孩子在学习方面反而更加卖力。我不断告诫自己，孩子是自己的孩子，给孩子付出就是给自己付出，连给自己付出都在意的人，未免太势利了。我们在给孩子做榜样，在帮助孩子打好人生底色，在影响孩子的世界观、人生观、价值观，我们在构建家族的宏伟大厦。我们不求眼前的回报，求的是长远的回报，祖祖辈辈的回报，我们求的是巨大的回报。”

这位父亲悟透了家庭教育的真谛，他的高风亮节化作了孩子成长的不竭动力，孩子生长在这样的家庭环境中，不是一种幸运、一种福分吗？

张金生在日记中写道："和贾老师那次谈话，是改变我命运的开端，找到了人生的方向，我才有了进步的动力。正因为我基础薄弱，有较强的忧患意识，故而爆发了超强的学习力。我特别感谢那些奋进的日子，正因为过程的跌宕起伏，才有了结果的妙不可言。"

莫把孩子当问题孩子

2015年10月的一天，我的咨询室迎来了家住山东济南的一家三口，他们是肖强、白霞夫妇和他们12岁的儿子肖来。

爸爸满脸焦虑，妈妈愁眉不展。坐在我面前的孩子，表情木讷呆滞。本该是神采飞扬、青春勃发的活力少年，如今，却像个暮气沉沉的小老头一样，垂头丧气，默不作声。由于身体原因，孩子已经四五个月不上学了。

据父母介绍，肖来被国内知名的大医院诊断为癫痫和抑郁症。后经进一步检查，虽然排除了癫痫，但抑郁症被确诊，孩子连续服用了数月抗抑郁药物。雪上加霜的是，孩子的智商被相关机构测定为70分（90～110分属正常智力范围）。可怜的孩子戴着抑郁症和低智商这两顶沉重无比的帽子，整个人完全蔫了。孩子性格越来越自卑，表现越来越自闭，不愿和人接触，也不能上学，对什么事儿都提不起兴趣。

通过和父母深入沟通，我了解了这个家庭的基本情况。孩子父母的原生家庭都有一定的暴力倾向，特别是孩子的爸爸，受家庭影响，性格非常暴躁。妈妈缺乏安全感，也常常有情绪化的表现。夫妻关系不和谐，导致两人经常争吵甚至动手。对于孩子的教育，这对父母功利心极强，对孩子的期望值过高。从孩子上学起，他们就紧紧盯住孩子的学习成绩，天天看，日日催，发现孩子稍有错误，他们就要惩罚。轻则指责斥骂，重则拳打脚踢。在风雨交加的家庭环境中，孩子的自信心和学习兴趣被彻底打压没了。孩子的精神高度紧张，一想到学习就发怵；再到后来，只要爸爸大声呵斥，孩子就表现出浑身抽搐。孩子的身体出现了症状，父母才警觉起来。在医院确诊后，面对孩子的问题，爸妈更是心急火燎，夫妻互相埋怨、指责对方，认为孩子的问题是对方所致。随着争吵的不断升级，夫妻双方发展到闹离婚的地步。

了解了上述情况后，我提出要和孩子好好谈谈。当我带着亲和的表情和孩子交流，用热情的话语给孩子送上肯定和赞赏时，我惊喜地看到，孩子原本灰暗的双眸放光了，情绪也变得活泼起来。我禁不住惊呼：“天哪！这哪是低智商呀？思维敏捷、逻辑性强，这是高智商的表现啊！孩子，我见过的孩子成千上万，我可以很负责任地告诉你，你的智商非常高！”在接下来的谈话里，孩子和我谈笑风生，无话不谈。妈妈说：“贾老师真神了，简短交流就产生了如此神奇的效果，孩子从来没有这么兴高采烈过！”临走，孩子非要和我合影留念，还说会给我打电话。多年的经验告诉我，孩子所谓的心理疾病不成立，很大程度是由爸爸妈妈的焦虑情绪所致。父母的惊慌失措强化了问题的严重性，进而影响了医生，致使医生做出了误判。

我告诉夫妻二人，是他们的性格缺陷造成夫妻关系不和谐，导致孩子缺乏安全感；是他们的极端功利思想扼杀了孩子的学习兴趣，致使孩子在潜意识里对学习产生严重的抵触情绪；是他们简单粗暴的家教方法造成孩子精神高度紧张，以致身体产生症状。孩子出现问题后，是他们崩溃的精神状态误导了医生的诊断。孩子没有什么抑郁症，最多有一定的抑郁倾向，而这些都是孩子长期被父母打压，心理崩溃后产生的负能量。

孩子的父亲说："作为孩子的第一责任人，我却给孩子造成了如此大的伤害，我感到愧疚，我深感对不起孩子。"

孩子的妈妈说："我把孩子带到了世界上，却没有对他负起责任，还差一点儿毁了孩子。现在我除了后悔，还是后悔，后悔当初没有学习家庭教育。无证上岗，后患无穷啊！"

我说："看得出来，你们夫妇都是敢于负责的人。你们知道后悔，说明你们的孩子还有救。重要的是，你们要把对孩子的愧疚化作自我成长的强大动力。如果你们真爱孩子，就要下定决心提高自己的修为。家庭是孩子健康成长的重要场所，和谐的夫妻关系是孩子心理健康的基本保障。孩子之所以出现问题，与家庭不和谐有很大关系，你们要尽快补上这块人生短板。爱孩子最好的方法是，爸爸爱妈妈，妈妈爱爸爸。"

夫妻二人点头同意，并表示会尽力做好。

我接着说："心病终须心药医，解铃还须系铃人。孩子的心理问题是由父母造成的，通过父母解决才比较科学，也最容易见效。教育孩子最重要的是信念，父母有什么样的信念，往往就能塑造出什么样的孩子。"

丈夫说："还望贾老师具体指点，我们应该从哪些方面入手？"

我给夫妻二人提了下面的建议：

1.避免情绪化。从某种意义上说，孩子是父母不良情绪的牺牲品，克服情绪化应该是当务之急。情绪化的罪魁祸首是负能量。孩子之所以出现心理问题，是父母身上的负能量占据了主导地位。你们要同负能量彻底决裂，让正能量回归你们的精神世界，相信自己一定会逐渐成为情绪的主人。为了提高夫妻二人的认识，我给他们讲了下面的故事。

列奥纳多·达·芬奇在米兰的一所教堂画《最后的晚餐》时，曾发生过一件极不和谐的事：他与同事发生了争执，令他十分气愤。

由于他心中充满了怒气，所有的艺术灵感都消失殆尽。达·芬奇虽然非常努力地去作画，但他怎么也画不好耶稣的面容。经过数次尝试，均以失败告终，他感到沮丧不安。稍事调整情绪，达·芬奇终于认识到，是他的怒气破坏了创作中必不可少的宁静的心境。他立刻放下画笔，找到那个和他争吵的人，向那个人道了歉，并请求宽恕。问题解决了，达·芬奇带着宁静与祥和的心境回到工作中，灵感从他的笔端涌流而出，他画出了令人叫绝的千古名作。直到今天，《最后的晚餐》在世界艺术史上仍占有光辉的一页。

2.学会正向思维。要想孩子心理健康，父母首先要心理健康。为人父母者，心中要有一座美好事物加工厂，把每天接收到的阴暗的东西、不良信息，统统加工成美好的事物。要想在短期内影响到孩子，就要尽快把自己打造成朝气蓬勃、热情洋溢、热爱生活、对未来充满信心的人。父母的精神状态在很大程度上能决定孩子的精神状态。父母内心豁达、敞亮，孩子才会心灵舒展；父母信心满满，孩子自觉不自觉就会接收到正向的信息。所有这些，都能转化为孩子成长的积极力量。

3.善于和孩子同感共情。在任何情况下，父母都不要否定孩子的情绪，压制孩子的感受。教育孩子有一条重要原则：先创造和谐，再解决问题。父母要在和孩子共情的基础上，加以正确引导；在充分相信孩子的前提下，培养孩子的是非观念。你们的核心任务是给孩子的心灵疗伤，而同感共情是给孩子最好的精神支持，是治疗孩子心灵创伤的最有效方法。

孩子在我面前的表现是这对夫妇不曾想到的，他们心中原本已经熄灭的希望又被我点燃了。临走时，孩子的爸爸握着我的手不放，他说："贾老师，你救了我的孩子，救了我们全家，我们真不知道该怎么感谢你！"我说："现在说感谢为时尚早，等你们做好了，家庭和谐了，孩子身心健康了，就是对我最好的感谢！"丈夫说："我相信我一定能做好，因为我心里完全亮堂了。"

回家后，这对夫妇首先从家庭建设做起。他们牢记我的话："一争两无，一让两有""我是一切问题的根源""会怪罪自己，不会怪罪配偶""一个人习惯从自身找原因，这个人就有福分了"。有一次夫妻俩交流时，丈夫说："我这个人真浑，我把恋爱时对你的承诺忘到了九霄云外。由于我缺乏修养，险些毁了这个家。我一定要脱胎换骨、重新做人，不然我就愧为人夫、愧为人父！"妻子说："其实我也有很大责任，很多时候，我也比较强势。作为一个家庭主妇，我身上缺乏温柔，缺少情趣。我对你体贴不够，对孩子关心也不够。"

夫妇二人找到了初相识的感觉，从视若路人到相敬如宾。他们在生活上互相照顾，在精神上相互支持。每天晚上，夫妇二人在一起读书学习，彼此勉励，共同进步。经过痛彻心扉的心灵炼狱，他们的心智更加成熟，两颗曾经破碎的心又紧紧地贴在了一起。

为了尽快抚平孩子的心灵创伤，夫妇二人对待孩子的态度有了本质的改变。孩子的父亲由一脸严肃变成了温和友善、笑容可掬；孩子的母亲也由唠叨说教变得体贴入微、关爱有加。看到父母的巨大变化，孩子的安全感逐渐增加。孩子长期低垂的头逐渐抬了起来，眼睛也敢于直视父母了。

为了取得老师的支持，夫妇二人到学校拜访了老师。妈妈非常轻松地告诉老师："孩子被诊断为抑郁症是个误会，命运和我们开了个玩笑。孩子不但不是抑郁症，而且智商还比较高。孩子出现的偏差都是我们采用错误的家教所致。我们有决心、有信心把这件坏事转化成好事。目前，我们在学习家庭教育，会尽快成为合格父母，为孩子健康成长助力。我们一定会全力支持老师的工作，由于我们基础薄弱、悟性低，希望老师多帮我们。我的孩子心地善良，且有较强的进步愿望，我相信孩子一定会给老师争光的！"

由于沟通得比较好，班主任老师被肖来父母的精神所感动，采取了不少措施帮助孩子。比如，消除以往的偏见，无条件接纳孩子；多次在班上表扬孩子，充分肯定孩子的优点；介绍其他老师给孩子补课；给孩子调了座位，和优等生同桌；送给孩子两本充满正能量的课外书，给孩子补充精神营养；等等。

肖来得到了父母和老师的大力支持，逐渐进入了成长的快车道，生活状态和学习状态越来越好。他喜欢上了书法，还爱上了阅读。一段时间后，肖来的书法考过了六级，还读了十多本优秀图书。有了劲头，爱好也多了起来。他有空就帮妈妈做家务，还参照菜谱学着做菜，有几道菜还做得像模像样。肖来得到父母的不断赞赏，获得了越来越多的自我认同。孩子获得了成就感，提升了自信心，他把这些正向品质用到了学习上，学习成绩一路上升。2017年小升初，肖来以优异成绩考进了当地的重点初中。

考试成绩揭晓后，爸爸肖强给我发来了邮件："尊敬的贾老师，你是我们全家的贵人，祖祖辈辈的贵人。如果没有遇到您，孩子还不知道会成什么样子，想想都有些后怕！

我在回信中说：“真正的贵人是你们自己，你们要不改变、不提高，神仙下凡也帮不了你们！以前，你们凭感觉教育孩子，所以走了弯路；后来，你们找到了人生方向，沿着正确的道路往前走，且走得那么稳重、那么坚实。我相信你们会进步，没想到你们竟然做得那么好，比我预期的还要好，太令人感动了！你们能把坏事变成如此大的好事，足以证明你们有金子般的品质。孩子生到你们家里，真的是一种福分啊！”

肖先生收到我的回信后说：“如今，我觉得人生越来越美好，孩子越来越可爱，我们全家人生活在巨大的幸福中。以前，面对孩子出现的偏差，我觉得养一个孩子怎么那么麻烦；现在，我们觉得养育孩子、教育孩子是乐趣，是享受天伦之乐。和自己创造的高级生命共度生命历程，是人生最幸福的事情。我们夫妻都有共同的感悟，养一个孩子没有养够。我们经过商量，决定生育二胎。有了教育第一个孩子的经验，我们有心劲、有底气把第二个孩子培养得更好。”

2018年3、4月间，我接到了妈妈白霞的电话，她告诉我她的宝贝姑娘数天前已经出生，让我给她的千金取名字。我在恭喜他们的同时，我也在内心为他们全家默默祝福。

孩子的短板往往是父母的短板

在我们的学习平台上，涌现出了成千上万个优秀家长。一些学员参透了人生幸福的奥秘，悟出了家庭教育的真谛。通过家教实践，他们的心灵得以净化，精神得到升华。他们通过改变自己、提升自我，走向了人生的光明大道！广州市天河区的黄美娟女士就是其中的一位。下面是黄女士的成长感悟。

女儿上初三的时候，各种问题让我和老公伤透了脑筋。

女儿脸上很少有笑容，我们根本没法和她交流，无论我说什么，不超过三句话，她就不耐烦地说："得了，得了！"接着"砰"的一声就把门关上了。

女儿自私、冷漠，常常以自我为中心。有一次，家里来了客人，由于房间不够，需要她和表妹一起睡。女儿当着姨妈的面把脸一拉，很不高兴地说："这是我的房间，为什么要和她一起睡？你不知道我明天还要上学吗？休息不好怎么上课？"

还有一次，我和女儿在看电视，剧中的情节让我感动得流泪。女儿却冷冷地说："有什么好流泪的，莫名其妙！"说完转身就走了。

更甚的一次，我因长期头晕，检查后确定是颈椎病导致。女儿放学回来，我高兴地告诉她："女儿啊！妈妈终于找到头晕的原因了！"女儿看也没看我一眼，只说了声"哦"，就径直回自己的房间了。看着孩子如此反应，我非常寒心！

我到处寻找解救孩子的良方。偶然中，我在书店发现了贾老师的书。读完后，我的心被震撼了。世上竟然还有这样伟大的父亲，为了孩子，做出如此大的改变，太让人敬佩了！我推荐给老公看，老公看后也非常感动。小时候，我随父亲看《红灯记》，里面有一句台词："做事要做这样的事，做人要做这样的人。"我下定决心，一定要向贾老师学习，一定要做贾老师这样的人。

通过反复阅读贾老师的书，通过和贾老师深度交流，渐渐地，我悟出了家庭教育的真谛，明白了女儿问题的症结所在。家庭教育的强大功能是影响和熏染，父母的价值观和行为习惯都会对孩子产生极其深远的影响。可以说，孩子身上的短板往往是父母的人生短板，是父母人生链条的薄弱环节。要想改变孩子，首先要改变自己、提高自己。

行有不得，反求诸己。通过深入检视自己，我发现孩子身上的许多缺点、毛病，都能在我身上找到影子，孩子简直是我的翻版。我自以为是一个负责任的妈妈，却给孩子造成了如此糟糕的负面影响。亡羊补牢，犹未晚也。我要把对女儿的愧疚化作改变自己的强大力量，我要脱胎换骨、重塑自我，为孩子创造一个理想的家庭成长环境。我在房间里写了座右铭警示自己：落魄不倦怠，暗处不苟且。我一定要扎扎实实提升自我，不断完善自己、超越自己，用自己的人格力量润物细无声地塑造孩子的品格。

怎样才能让自己内心强大呢？我首先让自己内心安静下来，让主观世界和外部世界和谐。和谐产生力量，没有人能在内心纠结的状态下凝聚力量、提升自我。

认识提高后，我对照孩子的弱项，有的放矢地提高自己。

1.孩子不喜欢阅读，我就从自身做起，切实给孩子做好示范。我经常在网上或实体书店买书，前后买回各类图书几十本，每天认真阅读。我白天读，晚上也读；工作日读，节假日更要读；在家读，上班也要忙中偷闲地读。每次坐公交车，我手中总要拿本书；每逢出差，我的行李里总也少不了书。刚开始，读书并不太习惯，我不断给自己鼓劲：“正因为我知识匮乏，孩子才出现了问题，我一定要尽快补上这一课，我一定要切实做好孩子的表率。”

慢慢地，阅读成了我生活的一部分，哪天不读书，我还真感觉有点儿不自在。我通过读书，丰富了思想，积累了智慧，我内心有了根基，不那么浮躁了，我和孩子交流也有内容了。家里有了读书氛围，对女儿的影响也逐渐显现出来了。女儿从拿起我买的书随便翻翻，到读上几页，后来能读完整本书。一个学期里，女儿读了《平凡的世界》《哈佛家训》《约翰·克利斯朵夫》等书籍。女儿和我的共同语言多了，母女之间的默契也多了，横亘在两代人之间的鸿沟在一点一点被填平。

2.女儿没有孝心，不知道感恩，也是受我影响。以前，我把孝敬公婆看作分外的事。长年在老家的公婆到广州来住几天，我总觉得是麻烦。由于我对公婆不热情、不体贴，公婆在我家住往待不下去，象征性住几天就回家了。过去，我认为婆婆不好相处，故而对婆婆存有戒心，总有“惹不起你，我还躲不起你吗”的想法。我从来没和婆婆交过心，也很少拉家常。由于我的狭隘、偏见，婆婆对我有看法，在老公、女儿面前也常常否定我。

为了创造和谐的家庭氛围，培育亲慈子孝的家风，我把孝敬公婆放在了最重要的位置。我精心整理好了房间，专程回老家把公婆接到广州。我在网上学了几道菜，变着花样给公婆改善生活；我联系了当医生的朋友，带二老到医院做了全面体检；我还专门请假带公婆外出旅游，陪二老散心；星期天、节假日，即便再忙，我也要陪公婆逛商场、超市；我隔三岔五总要给二老买些衣物，尽可能让他们穿得舒适些、体面些。公婆要回家，我总是诚心挽留，我从内心希望公婆多住些日子。我知道了“家有一老，胜过一宝”的道理，公婆在我家住，实实在在是给全家带来福气。

我花了400多元钱给婆婆买了一双皮鞋，婆婆舍不得穿，一直放在柜子里珍藏着。家里来了客人，婆婆总要拿出来让客人看：“这是儿媳妇给我买的鞋，我儿媳妇可孝顺了！”

真情最容易换取真情。由于我从内心深处孝敬公婆，公婆总爱在老公、女儿面前讲我的好话。不知不觉中，老公对我越来越体贴，女儿对我也越来越认同，久违了的温馨、和谐又回到了家中。

3.女儿对人冷漠、人际关系不好，也是拜我所赐。过去，我总抱着多一事不如少一事、自扫门前雪的心态。那时，我对别人总有防范心理，更不喜欢帮助别人。所以，我和同事关系也不融洽。受我的影响，女儿的人际关系也不好。她不愿和同学交心，对老师也抱有成见。

为了塑造孩子正确的价值观，让女儿有一个良好的人际关系，我把助人当成了生活的重要组成部分。我主动和同事搞好关系，同事有什么困难，我总是尽心尽力帮忙。为了帮助更多的家庭成长，我组织了一个家庭教育微信群。再忙再累，我也要坚持写文章，在这个充满正能量的平台上，传播家庭教育理念，解答家长朋友提出的问题。虽然我辛苦点儿，倒也乐在其中。目前，一百多位家长在微信群里学习成长，不少家长有了可喜的进步，我自己也得到了实实在在的提高。我把自己读书、助人的感悟分享给女儿："生命是需要互相支撑的！""世界上最高层次的利己是帮助别人。""帮助别人，实实在在是帮助自己。""一个人真正的幸福里面，一定要有他人快乐的成分。""人欠你，天还你。""一个人真正不计较得失的时候，他已经得到了很多。"这些都对女儿的成长产生了潜移默化的促进作用。

看到我的精神面貌有了质的改观，看到我每天哼着小曲做家务，看到我每天乐此不疲地帮助别人，女儿的精神状态以及价值观都在悄悄地发生着改变。从来不做家务的女儿，不但帮我做家务，也帮助周围的同学。比如，女儿接连一周每天帮助一个同学补习生物，同学的生物成绩提高了一大截；女儿还主动帮助一个单亲家庭的女同学补课，帮她交学费、买饭卡等。尝到了助人的乐趣，女儿越来越有爱心了。有一位老师头发花白，女儿从网上看到黑芝麻能让头发变黑，于是给老师送去了黑芝麻；有一位老师生病住院了，女儿带领其他同学一起到医院看望；有一位老师生完孩子刚三个月就到学校上课，女儿为此十分感动。女儿流着泪对我说："我一定要学好老师教的课程，她的孩子那么小，老师一天都不能和孩子见面。"女儿表示，学好老师的课程就是对老师最大的支持。

修身如执玉，种德胜遗金。辛勤耕耘，结出了丰硕果实。过去极其功利的妈妈成为女儿心目中的知己；以前那个斤斤计较的怨妇，成为丈夫心目中体贴入微的妻子；曾经难以理喻的儿媳，如今成为婆婆眼中的孝顺媳妇…… 当我真正放下功利、急躁、焦虑时，当我不再盯着孩子的学习成绩，而关心她的兴趣、关注她心情的时候，我惊喜地发现，孩子回报给我的都是积极、上进、乐观、有责任心的好品质。

种瓜得瓜、种豆得豆。我的改变和提高让女儿有了脱胎换骨般的变化：女儿从对诸事毫无兴趣，到对生活充满信心；从自私冷漠，到乐于助人；从以自我为中心，到习惯换位思考；从学习平平，到成绩拔尖。女儿后来就读于广州天河中学理科重点班，她是老师和同学心中的阳光女孩。女儿心态好，善解人意，乐于助人。我们眼中的女儿责任心强，自己的事情主动做，体贴父母、关心长辈，什么事都乐意跟我们交流、分享。

当一个孩子有了理想、有了追求、有了正确的价值观，她的成长就进入了良性循环。在学校，女儿参加了学校学生会的工作，在班里担任班长。一个学期下来，女儿的学习成绩提高了

110名（原来年级排名170名，现在是年级前60名），其中，英语考了全年级第四名。对此，女儿却并不满足。她说："妈妈，我还要更加努力学习，全面提高自己的内在素质！"

更让我欣慰的是，女儿渐渐喜欢上了高品质的阅读。以前女儿房间的抽屉里、枕头下都放着动漫书，不知从什么时候起，这些动漫书消失了，取而代之的是经典著作，比如，《中国国家地理》《肖申克的救赎》《茶馆》《早晨从中午开始》《文化苦旅》《小王子》等书籍。我坚信，有了这些优秀书籍，女儿能源源不断地从书中汲收丰富的精神营养，从而凝聚起成长的力量，女儿在未来的人生道路上一定会走得更加坚实、更加有力。

2015年，女儿考上了自己心仪的广州大学。女儿有思想、有追求、有人生规划。2017年暑假，两个月时间，女儿一天不落地学习日语、学习绘画。她的理想是大学毕业后考研究生。

回顾我和女儿的成长历程，确实有不少感慨。"谁改变，谁受益；谁提高，谁有福！"贾老师的这些话，真是家教真经啊！现在我们全家其乐融融，生活质量高，幸福指数也高，夫妻恩爱，女儿有理想、有抱负，我们夫妻的事业也都上了新台阶，全家人生活在巨大的幸福中。

如果我没有读到贾老师的书籍，如果没有贾老师的引领，我不知道还要在错误的泥潭中挣扎多久。如果我不接受贾老师的先进理念，不从自身找原因，而是怨天尤人，认为自己倒霉，抱怨女儿不懂事，结果只能是越来越糟。贾老师的书让我找到了人生的灯塔，按照书中指引的方向，我走向了人生的海阔天空！

追求幸福生活需要正确的价值观支撑。一个人追求进步、严格要求自己、培养美德，受益的都是自己。人生非常短暂，提升自我、不断完善自己是一天，浑浑噩噩、消极颓废也是一天，而结果大不一样。既然追求进步能给我们带来祝福、带来好运，而自暴自弃只能给我们带来诅咒、厄运，我们为什么不选择追求进步呢？

父母觉醒，孩子卓越

山东潍坊的黄丽颖女士，曾经是一个“不合格”的妈妈，这位妈妈由于不懂教育，致使家庭教育遭遇了危机。她的儿子孙宏强沉溺网络游戏，学习成绩在班上垫底，老师数次找家长沟通，母子关系一度进入严冬。妈妈抱怨儿子不争气，儿子说她是“坏妈妈”。

怎么样才能化解危机呢？黄女士在网上到处寻找解救孩子的良方。读了《改变孩子先改变自己》这本书，黄女士犹如被当头棒喝，她有一种茅塞顿开的感觉。经过深刻自省，黄女士认识到，孩子所有问题都和自己有直接关系。用她自己的话说，优良的种子播撒在了盐碱地里，好孩子生长在了恶劣的环境中。进一步讲，是自己的极端功利之心破坏了孩子积极向上的愿望；是自己过度关注孩子的学习成绩，导致孩子产生厌学情绪；是自己的错误家教方式把孩子推向了网络虚拟世界。厘清了思绪，黄女士决心痛改前非、重塑自我。经过一段时间的学习、修炼和沉淀，黄女士整体素质有了大幅度提高。

感受到了妈妈的进步，吸收到了妈妈身上的正能量，孩子渐渐明白了人生的意义，确立了人生方向，逐渐远离了网络游戏，孩子的成长也一步步进入良性循环。孩子的成绩从班上50名提高到前10名；从老师批评的对象到担任班干部，孩子成了老师眼中的“香饽饽”。2014年中考，孩子以学科成绩优秀、素质评定A级的骄人成绩考入山东省示范性高中。高中三年，孩子的学习成绩稳步上升。2017年高考，孩子以文科超过一本线73分的优异成绩考入“211”“985”工程院校——中国海洋大学。村里人说老孙家祖坟风水好，老师也把孙宏强作为典型案例用来激励其他学生。

孩子的巨大进步得益于妈妈的“凤凰涅槃”。妈妈的家庭教育观念的更新，人生境界的提高，人格的升华，犹如和煦的阳光、甘甜的雨露润泽着孩子的心田；妈妈的家庭教育软实力的提升，给孩子注入了强大的内在动力。儿子这样评价妈妈：“妈妈是我最好的老师！我将来有了孩子，还要交给妈妈带，妈妈懂人性、懂教育！”这是最珍贵的礼物，也是最高规格的奖赏，妈妈做到这个份儿上，还有什么不满足呢？

下面是黄妈妈的分享：

2017年8月，高中同学聚会，大家聊到了教育孩子的问题。在同学们的印象中，我的儿子迷恋网络游戏，学习成绩排名靠后，是个令父母和老师头疼的孩子。孩子后来考上了重点高中，今年又考入全国名校——中国海洋大学。同学们都感到诧异，纷纷让我介绍教子经验。我说是《改变孩子先改变自己》这本书改变了我的观念，开阔了我的眼界，是贾容韬老师引领我走向了人生的金光大道。一位同学提议让儿子分享他的成长感悟，儿子说：“我的进步完全得益于我的妈妈。我怎么也想不到，一个成年人能有如此大的改变！以前的妈妈既功利又强势，从来不考虑我的感受，总按她的想法要求我。那时，妈妈和我说话不是训斥就是教导，我稍有辩解她就发脾气。我多次想离家出走，摆脱她的管束。现在的妈妈儒雅、开明、民主、善解人意，和我在一个频道上。可以说，妈妈是我的忘年交，是我的人生导师。”

一位同学充满感情地说：“老同学，我真羡慕你，儿子对你评价这么高，你这一生值了！”大家给了我热烈的掌声。

回顾我和孩子走过的路，我数次情不自禁地流下眼泪。我为自己的进步、成长而点赞，我为能给孩子正向影响而感动。我的孩子能从差生一步步成为优等生，我能从一个“问题妈妈”成为别人眼中的“优秀妈妈”，孩子能对我有比较高的认同度，我的家庭能从地狱进入天堂，我的家族企业业绩能不断提高，完全得益于家庭教育观念的更新、人生境界的提高。

贾老师重塑了我的家教观念。以前，我总认为孩子不懂事，不体贴父母，身在福中不知福。我从来不知道从自身找原因，也从未站在孩子的角度思考过问题，更没有质疑过自己的教育水平。通过学习，通过和贾老师深入交流，我接受了先进的家教理念。我知道孩子叛逆、对抗，其实不是孩子的错，而是父母的教育出了问题。自己的生命受到束缚，就像没有任何动物愿意被关在笼子里一样。人一旦有了自觉意识，第一件事就是和束缚抗争。仔细想想，一个孩子进入青春期，有了自己的主见，和父母辩驳、理论，那是极为正常的事情，这是孩子成长的表现，这是父母应该高兴的事情。

如果一个上中学的孩子，完全听从父母的安排，那是没有思想、没有个性的表现，家里有一个奴性十足、小绵羊一般的孩子，那才是莫大的悲哀。而现实情况是，孩子在成长，作为教育者的父母却没有成长，父母和孩子不同步，亲子之间发生冲突就不足为怪了。病根在父母身上，目光只盯着孩子是解决不了问题的。观念一变天地宽。我从改变自己入手，孩子身上的美好潜质就展现出来。我把手电筒对准了自己，凸显出来的教育效果，连我自己都感到吃惊。

通过与黄妈妈深入交流，我了解到，黄妈妈在家庭教育方面，着重做了以下几方面的工作。

一、理解孩子、尊重孩子

1.让孩子参与规则制订。为了培养孩子的主人公责任感，黄妈妈把孩子当成家庭的重要成员。孩子有了归属感，责任心和担当意识就大大增强了。实践证明，凡是孩子参与的规定，他都会遵照执行，并且做得比较好。以前，黄妈妈把孩子看成父母的附属品，在她的心目中，孩子什么事都应该听她的。随着年龄的增长，孩子逐渐有了思想，凡事喜欢刨根问底。黄妈妈还像对待小孩子一样回应儿子："小孩子不用问那么多，照我说的做就行了！"如此粗暴的教育方法，孩子难免会产生对立情绪。

2.尊重孩子的朋友。尊重孩子，也要尊重孩子的朋友。黄妈妈遵循一个原则——从不说孩子朋友的坏话。初三下学期，孩子跟班里几个调皮捣蛋、不爱学习的同学交往密切,老师数次和黄妈妈沟通，让她提醒孩子，少和不良孩子交往，以免受到负面影响。黄女士跟孩子说："妈妈相信你有正确的是非观念，你和这几个同学交往，肯定有你的理由。他们虽然学习不好,但一定有吸引你的地方。”孩子很坦然：“那几个同学有正义感，人际关系好，他们诚信、仗义、乐于助人。”黄妈妈循循善诱：“他们身上确实有不少优点，你和他们交往也一定能受益。这么好的孩子，如果能在学习上再努力一些，那就是锦上添花了。孩子，你可以在学习上帮帮他们，这样你们都能获益。一位名人说过，‘帮助别人的时候，往往是自己成长最快的时候’。”儿子高兴地接受了妈妈的建议，并付诸行动。有一次，大家在一起玩得高兴的时候，儿子鼓励那几位同学：“学习不是优等生的专利，我们同样能把学习搞好。只要我们几个相互促进，学习成绩一定会上个台阶。我提议，我们要向老师，同学证明一下自己，我们不但能玩得好，也一样能学得好。”在儿子的影响下，几个同学的学习都有了一定进步。看到儿子不但有进取心，还有一定的影响力，老师提名让儿子当了班长。

3.尊重孩子的隐私。孩子在书房学习的时候，黄妈妈一般不去打扰。假如有要紧事，她会轻轻敲门：“儿子，打扰一下，妈妈可以进来吗？”得到儿子的允许后，妈妈再进去。他们母子俩约定，儿子的手机由妈妈保管，周末再还给他。黄妈妈信守承诺，从不看儿子的短信、QQ聊天记录。因此，儿子非常信任妈妈。黄妈妈心里明白，只有切实尊重孩子，孩子才能获得自尊、自信，孩子才会有安全感，才会尊重别人。

二、创造家庭读书氛围

为了培养孩子热爱读书的习惯，黄妈妈下定决心，从自己做起，因为她明白“喊破嗓子，不如做出样子”，她要让读书学习成为日常生活的一部分，她要营造浓郁的家庭读书氛围，她要构建名副其实的书香家庭。

从此以后，黄女士一不串门、二不打麻将，也很少看电视。稍有空闲，她就拿起书本。在黄妈妈的影响下，儿子逐渐喜欢上了读书，阅读量也在不断增大。儿子对同学说："我妈妈不打麻将，不看电视，她最爱看书。"妈妈在孩子心中种下的阅读的种子，悄悄地生根、发芽了。

2014年暑假，黄妈妈和儿子约定每天写日记，并互相监督批阅。由于黄妈妈以身作则，儿子也饶有兴趣地批改起了妈妈的日记，母子俩在互批日记的过程中，加强了心灵沟通，增进了相互了解，亲子关系越来越融洽、越来越默契。为了让儿子尽快得到人文关怀、人文滋养，黄妈妈给儿子订了《读者》《意林》《特别关注》《中国校园文学》等杂志。看到儿子喜欢文学和历史，她又给儿子买来了大量的文史类书籍。仅初二的一个暑假，儿子就读了《史记》《三国志》《全球通史》《明朝那些事儿》等好书。

每天晚上，家里多了一道独特的风景线——母子共读。通过读书，通过交流分享，母子共同语言多了，亲子关系更密切了。儿子积累的哲理、智慧多了，精神世界愈加丰富了，内心越来越强大了，学习能力也在逐步提高。一句话，通过阅读，儿子进入了健康成长的快车道。

2014年，儿子在《中国校园文学》第六期上发表了文章，得到广泛好评。

三、以品格培养品格

《改变孩子先改变自己》这本书中有一个观点："决定一个人成败的关键，是他的品格和习惯。培养孩子美德和良好习惯的最好方法，是切实做好孩子的榜样。”为了培养孩子的美德和良好习惯，黄妈妈和老公商定，一定要以身作则，用实际行动给孩子做好表率。要求孩子做到的，父母首先要做到；要求孩子不做的，父母也要坚决不做。数月后，老公改掉了遇事爱拖延的陋习，黄妈妈也养成了“用过的东西放到原处”的习惯。在父母的率先垂范下，儿子进步很大。比如，一日事一日毕；自己的衣服、袜子随换随洗。性格偏内向的儿子情商日渐提高，主动跟人打招呼、问好，对帮助自己的人说声“谢谢”。渐渐地，助人也成了儿子的自觉行动，在公交车上会给老人让座、周末坚持打扫楼道卫生等。

在黄妈妈的影响下，不习惯做家务的儿子开始做一些家务，比如拖地板、洗碗、做饭等。儿子做完一件事，黄妈妈不忘对儿子道谢：“谢谢儿子，有儿子的感觉真好，妈妈真幸福！”“儿子有做饭的天赋，你做的饭真好吃！”不断得到妈妈的正向评价后，渐渐地，儿子养成了主动做家务的习惯。

四、摒弃功利思想

黄妈妈意识到，教育孩子最忌讳急功近利。以前，黄妈妈非常在意孩子的学习，孩子的学习却不断退步。在相当长的一段时间里，孩子的学习成绩在班上排名倒数。在认真研读我的上一本书后，黄妈妈提升了理论高度，认识也上了台阶。

认识提高后，黄妈妈对待孩子的学习，心态十分平和，内心一点儿也不纠结了。“放下”标志着升华。没有了破坏的因素，孩子内心安静了，就会朝学习方面聚力。黄妈妈这样做，遵循了教育的规律。远离了功利思想，接纳孩子、理解孩子、相信孩子、给孩子成长空间，本质上就是对孩子信任、给孩子支持、给孩子力量。

黄妈妈练就了一项硬功夫：就是不断对孩子正向评价，给孩子积极的心理暗示，给孩子传递正能量。孩子不断得到妈妈的支持后，仅仅一个学期，就从后进生进入到了优等生行列。

教育孩子是一项伟大的事业，这项事业值得父母全力以赴去追求。学校是孩子学习知识的主战场，而家庭则是培养孩子兴趣爱好、激发孩子求知欲、塑造孩子健康人格的阵地。孩子是站在父母肩膀上的，父母有一定高度，孩子就能达到更高的境界；父母能走得比较远，孩子就能走得更远。

隔行如隔山，隔行不隔理。黄女士通过提升自我，收获了人生的全方位丰收。她不但收获了一个优秀的孩子，而且夫妻关系更上了一层楼，她所从事的事业也上了新台阶。

黄女士是一位有悟性、有智慧、有担当的妈妈，她对儿子的爱，是无私的爱，是伟大的爱；她对儿子的付出，是感天动地的付出。黄女士无愧于“妈妈”这个朴素而又伟大的称号。一位农村妇女就有如此的人生高度，这不是中华民族的福祉吗？家长的素质就是国民的素质，通过家庭教育，我们的国民素质一定会大大提高，中华民族伟大复兴的中国梦一定能实现。

第 5 章

美满婚姻是孩子健康成长的基石

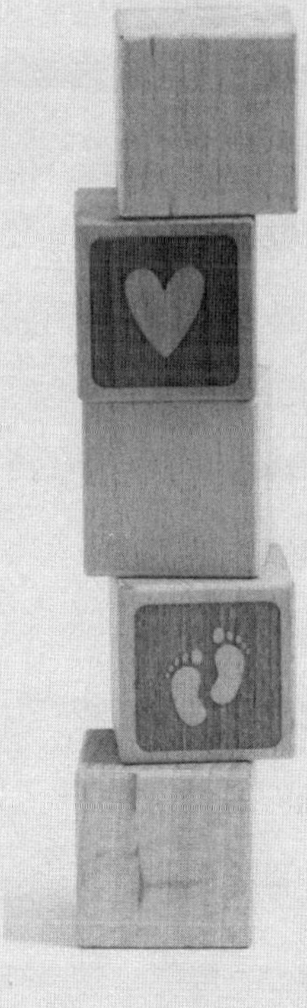

美好的婚姻家庭是孩子健康成长的基石，孩子在和谐的家庭中，会积累充足的安全感，进而能尽情地绽放自己。孩子在荆棘丛生的家庭中，往往会出现诸多心理问题，也会给父母带来后顾之忧。

家庭失和导致孩子出现心理问题

无论是旧式婚姻，还是新时代的自由恋爱婚姻，都是两个教育背景、成长经历、文化素养、生活习惯、兴趣爱好有差别的人结合在了一起。这样的结合怎么可能有高度默契呢？彼此怎么能不暴露出“缺点”呢？怎么能在短时间内融合在一起呢？那么，在婚姻中，产生矛盾、发生分歧就是自然而然的事情了。

婚姻并不是爱情的代名词。婚姻是一个盒子，放进去爱，才能取出来爱。遗憾的是，很多人并不知道这些道理。不少人是在经过挫折、付出代价之后，才逐渐变得成熟的。在这方面，我曾有过痛彻心扉的经历，也有过刻骨铭心的感悟。

作为一个“50后”，我的观念难免留下了旧时代的烙印。可以说，我的一些观念比较陈旧，我身上还存在比较严重的大男子主义、家长作风。那时，我认为自己在外面辛苦打拼，把钱拿回家就完事了。我尽到了养家的责任，妻子就应该相夫教子、当好贤妻良母。人人羡慕的日子，妻子却不知道珍惜，还常常给我找别扭，实在太不应该了。那时，我并不知道妻子最需要的是精神关爱和心灵慰藉，结婚十多年，我几乎没有推心置腹地和妻子沟通、交流过。在妻子的眼里，我是一台冷冰冰的赚钱机器，是一个毫无温情的冷血动物。

20世纪90年代后期，两个孩子逐渐进入了青春期。在孩子形成价值观的关键阶段，做父母的本该给孩子提供一个良好的成长环境，但现实是，我们夫妻之间的矛盾却在不断加剧，两个孩子的心理健康受到了极大的伤害。有一件事足以表明那时我的婚姻状况。

1998年暑假，儿子放学在家。我开车带儿子到他舅舅家去。儿子和表兄弟玩得非常开心，下河摸鱼，在屋檐下捉麻雀。白天闹腾了一天，孩子们还觉得不过瘾，他们晚上还要到小树林去抓知了。由于玩得太晚，儿子住在了舅舅家。

我一人开车回家，不料汽车出了点毛病。在前不着村后不着店的乡间小道上，在漆黑的夜晚，我钻到车底下折腾了一个多小时，才把车修好。我当时疲惫不堪，非常狼狈地回到了家。到家的时候，已经是凌晨1点多了，我洗漱后准备休息。

我觉得夜深了，没有告诉妻子孩子的去向。由于挂念孩子，已经睡下的妻子大声质问我：“你把孩子放到哪儿了？”累了一天，加上半路上汽车出了故障，我心里窝了一肚子火，妻子带有情绪的质问把我心中的火药桶点着了，我的情绪完全失控了。

“孩子在他舅家，他不愿回来，我有啥办法！你不问我在外面怎么样了，就知道找事儿，这日子没法过了！”盛怒之下，我把客厅的穿衣镜给砸了，把大理石茶几也掀翻了。熟睡的女儿被惊醒了，妻子带着惊慌失措的女儿到外面躲避。穿衣镜和茶几被打碎了，妻子和女儿的心也碎了。现在回想起来，这件事给婚姻投下的阴影、给女儿造成的伤害，今生今世也难以完全抹去。

那几年，家里常常阴云密布，夫妻争吵不断。我曾考虑过离婚。虽然没有实质性的矛盾，但身心俱疲的日子实在难熬。我真想离了算了，爱人的心也彻底凉了，我们都希望尽快解脱。我俩拟好了离婚协议，也到民政局、法院咨询过了。

说实话，当时我们的婚姻岌岌可危，家庭大厦摇摇欲坠。谢天谢地，我庆幸自己在关键时候，让自己冷静了下来，我对婚姻问题进行了深入思考。思前想后，我认为这个婚不能离。家庭解体只能说明当事人人格不成熟；再者，当初我和爱人谈恋爱时，我信誓旦旦地向爱人表白："你嫁给我，我一定要对你负责任。你可能会认为我没本事，但不会觉得我对你不好！"正是这句话感动了爱人，爱人才下定决心嫁给了我。难道我是骗子吗？把爱人骗到手就忘记承诺了吗？况且，结婚前岳母曾对我说过："她在家是最小的，哥哥姐姐都让着她，她难免有点儿任性。你要宽厚地待她，凡事忍让点儿，日子才能过好！"我满口答应："请您老放心，我一定牢记您的嘱托，处处都会谦让着她！"事实上，我辜负了岳母的期望，她老人家在九泉之下也不会瞑目。

我明明知道爱人有个性、比较自我，却没有表现出风度和涵养。我天天盯住爱人的一些"缺点"，并且无限放大，她要不和我对立才不正常呢！一位名人说过："想让一个人记恨你，你就天天关注他的缺点，找他的别扭。"仔细想想，哪有没有缺点的人？我自己的缺点多得是，比如心胸狭隘、个人英雄主义、凡事喜欢表功、情绪化等等。爱人把终身托付给了我，我却想在半路上甩下她。这是没有担当的行为，这是懦夫的表现啊！我进一步认识到：爱人要和我离婚，是她对我极度失望，这也是无奈之举；而我跟爱人离婚，是缺德的行为啊！

由于家庭失和，两个孩子都出现了一定的心理问题。女儿极不自信，缺乏安全感，胆子小，晚上不敢一个人睡觉。儿子迷恋网络游戏，学习成绩倒数，多次参与同学间打架，学校提出让儿子退学。覆巢无完卵。如果家庭解体了，孩子必然会对生活更加失去信心，破罐子破摔，甚至出现更为严重的后果。

家庭问题、孩子问题以及生意上的不顺利，压得我喘不过气来。我在商场上忙碌一天，回家还要面对妻子、面对孩子。重重压力之下，我的精神崩溃了，身体也出现了一系列的问题，失眠、畏冷、盗汗，偶尔还有幻听、幻觉现象，经检查发现，我患上了比较严重的神经官能症。

如果我离婚了，家庭解体了，教子失败了，我的身体也垮了。那么，我来到这个世界上做了些什么？可以说，我的人生失败到了极点。想到这些，我不寒而栗。思前想后，我做出了一个慎重的决定，我绝不能离婚。既然做出了建设性选择，我就要为此做出努力。我改变不了爱人，那我只能改变自己。

当一个人下定决心改变自己的时候，他会想方设法、找尽一切理由说服自己。大多数人认为："江山易改，秉性难移。"我认为，秉性虽然难移，但不是不可移。认识自己很难，改变自己更难，但这些都是可以通过努力做到的。不愿改变自己的人，是他的认识还没有到位；不能改变自己的人，是他还没有下定决心。这样的人，是他吃的苦头太少，是他还没有痛到极点。由于我遭受了观念陈旧、素质低下带来的种种苦楚，经历了肝胆俱裂般的心灵炼狱；由于我在少年时代就接受了优良家风文化，“家业万贯，不如教子成才”的理念已经深深地铭刻在我心中；由于我希望孩子成人、成才的愿望尤为强烈，我发誓要为孩子创造温馨、和谐的家庭成长环境。所有这些，促使我深刻地自我反思，激励我无情地剖析自己，让我下定决心改变自己。

改变是痛苦的，但也是幸福的；改变意味着提高，改变标志着成长；改变孕育希望，改变成就未来。

关于改变自己、提升自我，我做了以下几个方面的工作。

一、家里多了民主气氛

我认真阅读了一些婚姻家庭方面的书籍。通过读书，我站得高了，看得远了，心胸开阔了，事情变小了。以前，我和爱人的夫妻关系之所以亮了黄牌，是我计较太多，包容太少，是我缺少民主意识，家里常常是“一言堂”。以前，爱人向我提意见，我总觉得她是没事找事。现在，我认识到，爱人是我生命中的贵人。遇到较大的事，我会主动向爱人征求意见。在这个充满诱惑的时代，一个人失去了监督，怎么能不犯错误呢？认识提高了，心态摆正了，我往往能耐心倾听、虚心接纳妻子的建议。这样一来，我做事多了一些客观和公正，夫妻间也多了几分和谐。

二、喜欢上了做家务

过去，由于大男子主义作祟，我基本上不做家务。因为这件事情，我们夫妻之间没少发生摩擦。为了从根本上改善夫妻关系，我主动做起了家务。为了调节做家务的枯燥，我边看电视新闻边拖地板、擦桌子。慢慢地，我喜欢上了做家务。比如，自己的衣服随时洗，生活废弃物及时清理，出门随手带走垃圾袋，用过的东西放回原处等等。家务做久了，我不但做出了乐趣，同时还养成了为家里操心的习惯。比如，家里的盐和醋不多了，我会记挂在心，并及时买回来；肥皂、洗衣粉、卫生纸等，不等断档，我就会及时补上。

我还学会了做一些简单的饭菜，比如熬稀饭、打豆浆、做凉菜等。我调的凉菜味道还不错，全家人都爱吃。

我总结出了做家务带来的三个好处：1.锻炼身体，活动筋骨；2.既能增强家庭责任意识，又能替爱人分担一些辛劳；3.在整洁有序的家庭环境中感到舒心、清爽，工作和学习的效率也高。

三、习惯赞美爱人

美国心理学家威廉·詹姆斯说：“人性最深处的本能是渴望得到别人的赞美。”

以前，我从来不知道赞美爱人。我说出来的话多是责备、抱怨，爱人也毫不相让，往往跟我针锋相对。为了提高说话艺术，我给自己定了一个原则：只说好话，不说坏话，没有好话，不要说话。慢慢地，我习惯了传播正能量，学会了赞美爱人。当一个人有了强烈的愿望，渴望赞美一个人时，就一定能找到赞美他的理由。比如，“你做的烩面太好吃了，比郑州的萧记烩面还地道！”“你买的衣服总是款式新颖、物美价廉，叫我去买一定会多花不少钱！”“你把一大包衣服送到福利院，虽然累得够呛，但是我看得出来，你内心是幸福的。你最大的优点是善良，尤其关注弱势群体。”

有一次，我和爱人商量一件事，爱人没有发表意见。一会儿，我乐呵呵地对爱人说："谢谢你对我的支持！"爱人说："我支持你啥了？"我说："刚才我和你商量的那件事，你没有提出反对意见，我最了解你了，不同意的事你会明确表态，既然没有反对，就是最给力的支持啊！"爱人说："你越来越知道臭美了！"

有时候，家里来了朋友，谈起家庭教育，朋友免不了会赞美我们："贾老师那么有眼光，你们全家人一起从事家庭教育事业，帮助了那么多人，积了那么多福报，太令人羡慕了。"这时，我会半开玩笑地指着爱人说："这个女人不寻常！（京剧《沙家浜》里的唱词）"然后接着说："这位才是真正的幕后英雄，人家亲手培养了两位家庭教育专家（指我和儿子）！"爱人虽然嘴上推辞着，却掩饰不住内心的喜悦。

由于我脱胎换骨般的改变，爱人也有了巨大变化。爱人对她的闺密说："以前，我觉得自己最不幸了，嫁了个不懂感情的人。现在，我觉得自己太幸运了，丈夫40多岁了，还会有那么大的改变，简直和以前判若两人！"爱人还对孩子说："你爸一把年纪了，还那么用心地追求进步，想想太不容易了！你爸现在说话、办事都站在理上，你们要听他的话。"

由于我对爱人倾注了真情，爱人也对我关爱有加、体贴入微。有一件事，让我非常感动。

一次，我和爱人在街上行走，忽然刮起了六七级大风，当我们走到两栋大楼形成的风道时，风更大了，大到能把人刮走的程度，我的身体完全失去了平衡，差一点儿被刮倒。危急时候，在我身后10米多远的爱人，不顾个人的安危，踉踉跄跄走过来，一把抓住了我。爱人紧紧挽着我，我俩艰难地沿墙走了两三分钟，才走到安全地带。这件事真的让我动容，危急时候，爱人把自己的安危置之度外，首先考虑的是我的安全。爱人后来对我说："你有心脑血管方面的病，说什么也不能让你摔跤。"

我是到了40多岁，才感受到了家庭的温暖，才体会到了婚姻的甜蜜。我深深体会到，婚姻不是爱情的坟墓，而是爱情的天堂。

爱孩子最好的方法是爱配偶

青海的章先生在行政机关供职，他在事业上顺风顺水，可在家里，却有很多不如意的地方。他的妻子特别溺爱孩子，从小对孩子惯着、宠着。随着孩子的逐渐长大，孩子的不良习惯也越来越多。比如，追求物质享受、缺乏责任心、意志薄弱，凡事习惯逃避，迷恋网络游戏、常常不交作业，还时常缺课。眼看孩子上初二了，再过一年多就要参加中考了，孩子好像一点儿也不着急，还是天天去上网。章先生被老师约谈了两次，老师动员儿子转学。对于孩子的前途，章先生忧心忡忡。

经过“校E通”的推荐，章先生买了《改变孩子先改变自己》这本书。几天后，章先生找到了我。

一番谈话之后，我了解到了章先生家庭问题的症结：从谈恋爱起，他就瞧不上自己的爱人。他认为自己当年是一个有志青年，由于追求事业，耽误了青春年华，年届而立，出于无奈，才和爱人结了婚。章先生本来就对妻子怀有偏见，加上孩子出现了问题，于是他把所有责任都归结到了妻子身上。

章先生向我倾诉："和这样没有素质、缺乏情趣的人在一起过日子，真的没劲。婚姻家庭不如意，将就着过也就罢了，现在孩子又成这样，我实在不能再忍受了，我决定和她分手。我自己带孩子，有贾老师指导，我一定能把孩子培养成有出息的人。"

我说："实践是检验真理的唯一标准。孩子出现问题，说明你们的家教方法不科学，孩子的成长环境亟待改善。所有事情都不是孤立的。妻子溺爱孩子，是导致孩子问题的重要原因，但绝不是唯一的原因。作为父亲，对男孩子的影响往往更大些。"

章先生说："我工作特忙，每天早出晚归，和孩子接触不多。妻子专职带孩子，孩子主要受他妈妈影响。"

我说："作为爸爸，从小对男孩子人生观、价值观的塑造，理想、信念的培养，都负有不可推卸的责任。子不教，父之过。妻子溺爱孩子是事实，但你思考过孩子被溺爱的深层次原因吗？妻子为什么天天围着孩子转，她这样做的动机是什么？"

章先生说："我很少思考这些问题。"

我单刀直入地说："教育孩子是个系统工程，牵一发而动全身。妻子溺爱孩子和你有很大关系。作为丈夫，妻子把你作为她的情感依靠，你却不待见她。妻子在你这里不但得不到精神关爱，还经常受到一些不公平的对待，比如：忽视、冷漠、挑剔、谴责等。妻子在你身上找不到精神寄托，在家里缺乏安全感、归属感，她就把孩子当成唯一的依靠，唯一的精神寄托。妻子把重心放在孩子身上，难免在生活上处处照顾孩子，对孩子百依百顺。由于妻子处处替孩子承担责任，把孩子的责任心削弱了，把孩子的动手能力剥夺了，以致孩子成了生活的弱者。”

章先生睁大眼睛看着我，他的眼神告诉我，他是第一次听到这样的观点。我接着往下分析。

“其实，你的妻子也非常头疼，她为自己的行为付出了相当沉重的代价。妻子溺爱孩子，导致孩子对她不尊重，有时还会对她动粗，娇娃不孝顺。”

章先生说：“贾老师把问题分析得如此深刻、透彻，我真服了你了！你说我忽视妻子，导致妻子溺爱孩子，这个因果关系我认同，你连孩子欺负他妈妈也知道，我觉得你更神奇了！”

我告诉章先生：“这是人性的规律，谁溺爱孩子，孩子必然欺负他。由于妻子在孩子面前屡屡丧失原则，孩子觉得他怎么做妈妈都能接受。起初孩子对妈妈动粗，妈妈虽然难以接受，但并没有义正词严地拒绝，表达强烈不满。妈妈的表现，没有让孩子感觉到自己踩到了‘高压线’，所以不会引以为戒。以致孩子在她面前更加毫无顾忌、为所欲为。这类孩子有一个共同点，在家对爸妈（溺爱他的人）特凶，在外往往是胆小鬼。”

章先生说：“贾老师真是名不虚传，你的家教经验如此丰富，真的让人佩服。你能把我们家的问题剖析得如此明白，你也一定能帮我解决问题。”

我说：“你面临的问题虽然比较严重，但只要你愿意全力自救，问题是完全可以解决的。改变观念、提高素质，不但能让你的婚姻走向和谐，孩子也能走上健康成长的道路。”

章先生说：“能给孩子带来美好前途，能让我们全家走向幸福，这么一条光明大道，我肯定愿意走，但就是不知道该怎么做。”

我充满信心地说：“你的当务之急，就是要搞好夫妻关系，爱孩子最好的方法是爱他的妈妈。美满和谐的夫妻关系是给孩子最好的祝福。”

章先生听得非常认真，且不住地点头。

我接着说：“一个女人的心境如何，很大程度上取决于她的老公。如果老公有素质、有教养、有爱心、有担当，呵护妻子、善待妻子，置身在美好的家庭环境中，妻子如沐春风，如饮甘露。这样的女人，不但对未来充满希望，也能给全家带来福分。被爱滋养的女人，往往表现得举止优雅、富有内涵、做事得体，人也会越来越漂亮。境由心造，相由心生。好男人能让女人心境好、心态好、心灵好。反之，如果男人境界不高、缺乏修养，今天狂风暴雨，明日酷暑严霜。天天生活在恶劣的环境里，女人一定目光暗淡，消极萎靡，甚至粗俗不堪。这样的女人，不但被丈夫、孩子看不起，自己也会对自己失去信心，甚至会讨厌自己、憎恨自己。”

章先生说：“贾老师说的确实有道理，人是环境的产物，所有人都受环境影响。”

我说：“一个丈夫对待妻子的态度，就是他对待生活的态度，对待幸福的态度，对待生命的态度。作为一个男人，最应该尊重的是自己的妻子，最不能伤害的也是自己的妻子。丈夫和妻子是一个命运共同体，尊重妻子就是尊重自己，伤害妻子同样是伤害自己。那些有素质、有层次的男士，没有不尊重自己妻子的。”为了让章先生深刻理解其中的道理，我给他讲了李大钊的故事。

李大钊幼年时父母双亡，靠祖父抚养。他10岁时，祖父就按当地的习俗，给他娶了媳妇，比他大八岁的赵纫兰嫁到了他家。赵纫兰是个厚道老实的乡下女子，她勤劳朴实，全力操持家务，处处体贴李大钊，还想方设法供李大钊读书。李大钊18岁时，到天津投考北洋法政学堂。当时，他家境贫穷，全靠赵纫兰典当挪借，才筹足了盘缠。

后来，李大钊东渡日本，留学深造。李大钊于1916年学成回国，在北京大学当了教授。其时，李大钊年近30，风华正茂，而赵纫兰已年近40了。李大钊并未嫌弃她土气、老气，对她的爱恋和体贴比过去有增无减。在北京居住期间，常有知名人士到李大钊家拜访。每当客人光临，李大钊总要把缠着小脚、目不识丁的赵纫兰请出来和客人见面。他时常帮妻子换衣服、扣扣子，还细心地帮妻子拉平衣襟。许多客人见到李大钊这样对待自己的“糟糠之妻”，都钦佩不已。

平常，李大钊回到家里，一点也不摆名教授的架子，总要帮助妻子料理家务。他曾经说：“两性相爱，是人生最重要的部分，应该保持它的自由、神圣、崇高。不可强制它、侮辱它、屈抑它，使它在人间社会丧失了优美的价值。”

听完故事，章先生说：“对照李大钊的高风亮节，我感到羞愧难当。按照贾老师的要求，作为一个丈夫，我做得相当欠缺。由于我疏忽了妻子，才把家庭搞得一团糟，我愧对妻子、愧对孩子。从今天起，我要实实在在地改变自己、重塑自我。贾老师，你在这方面有丰富的经验，你要多帮我。”

我对章先生说：“只要你从内心深处愿意进步，我一定会全力帮你。我非常理解你现在的心情，我是过来人，对于你面临的问题，我感同身受，有刻骨铭心的感悟。当年，我的人生也遭遇了重大危机。通过深入反思，我知道了自己是家庭危机的始作俑者。痛定思痛，我以壮士断腕的决心改变自己、提高自己。通过内外兼修，提升素质，不但破解了人生的危局，同时收获了人生的全面丰收。仔细想想，如果我不改变自己，我的人生道路将会布满荆棘，我们全家的命运简直不堪设想。我的家教实践表明，改变自己、提升自我才是正道，沿着这条道路走下去，前途一定无限光明。上坡路确实难走，甚至要付出一定的代价，但走下坡路会付出更加昂贵的代价。”

章先生说：“我非常认同贾老师的观点，有贾老师在前面做榜样，我想我一定能做好，我的信心非常足！”

我说：“驱散阴霾的太阳，其实是明媚的自己；能真正说服自己的也是自己。我感受到你找到了前进的灯塔，我相信你一定能重塑自我，成为一位优秀的丈夫、优秀的爸爸！”

大约三四个月后，我收到了章先生发来的邮件。

尊敬的贾老师：

上次和你见面，通过和你深度交流，我受到了心灵的洗礼。尤其是您说的“万事皆有因，万因皆由我”“爱孩子最好的方式是爱他的妈妈”等观点，让我的内心受到了极大的震撼。

回家后，我和妻子推心置腹地谈了一次话，我对妻子说，自己以前做得不好，疏忽了家庭，怠慢了她。孩子出现的问题，都是我导致的。妻子感动得泪流满面，因为我以前从来没有说过类似的话。我向妻子承诺，阴云密布的日子一去不复返了，我们的天空将会是艳阳高照！今后，我有人生目标了，贾老师给我指明了通向幸福彼岸的方向。

我牢记贾老师的话：“爱就意味着用心灵去体会爱人最细致的精神需要。”只要心中有美景，处处都是好风光！当我摘掉了有色眼镜，用欣赏的眼光看待爱人时，我看到了爱人的很多优点。以前，我对人性的认识非常肤浅，总是挑剔、指责爱人，结果爱人越来越令我失望。现在，我习惯了赏识、赞美爱人，爱人的优点展现得淋漓尽致。

我每天回家早了，还主动做起了家务。晚上的空闲时间，我和爱人双双拿起了书本，每日阅读成了我们夫妻的必修课。我对孩子关心多了，和孩子交流也越来越多了，用孩子的话说："老爸现在和我在一个频道上。"渐渐地，我对孩子的正向影响，越来越凸显了出来，孩子明显表现出追求进步的愿望，这在以前是我们不敢奢望的事情。爱人的心中有了希望，衣着开始讲究了，做事越来越勤快了，说话也越来越得体了。经过学习，爱人逐渐和孩子"划清了界限"。慢慢地，孩子的自立能力在不断提高，学习能力也在一点点提升。初二下学期，儿子的学习成绩排在班上第二十八名，属于中等偏上水平，并且有继续上升的趋势。

尊敬的贾老师，您是我们全家的恩人，是您救了我，救了孩子，救了我们全家。如果不是遇到您，我还不知道要走多少弯路。

我在回复邮件中写道：

引领你脱离苦海的其实是你自己，你是自己命运的主宰者。由于你做得好，感动了爱人，感动了孩子，也感动了自己。全家人齐心协力创造了和谐、创造了幸福，真正应该感谢的是你自己。

我又一次被感动了，被章先生感动了，被他们全家感动了。章先生做得那么好，在那么短的时间里就取得了如此大的成就，实在令人钦佩。我想告诉所有父母，打开幸福开关的按钮，就在自己手中，很多人却没有意识到这一点。大多数人只知道从外界寻求帮助，却忽略了自身的潜能。其实，追求进步、提升自我，是化解人生危机的灵丹妙药，是走向幸福的不二法门。

夫妻关系是家庭中最重要的关系

三门峡社会管理职业学院的张艳丽老师，一想起丈夫就头疼。她的丈夫陈先生在外地工作，由于长期不见面，缺乏沟通，夫妻关系遭遇了严霜。陈先生认为自己在外那么辛苦，回家不但得不到一点儿温暖，妻子还常常找别扭，惹不起还躲不起吗？他时常几个月不回家。张老师更是委屈满腹，自己又当爹又当娘，却落不下一点儿好。这还不算，儿子的学业也让张老师非常闹心。上初三的儿子学习成绩落后，却没有一点儿危机感，照这样下去，绝对考不上高中。张老师满以为丈夫回到家就有了救星，丈夫可以帮助孩子、管教孩子。谁知丈夫却没有丝毫耐心，对孩子不是打击就是挖苦。对于父亲粗暴的教育方法，孩子也不服气，几番大战下来，父子关系降到了冰点。还有半年多就要中考了，张老师心急如焚，不时把怨气撒向丈夫。丈夫心里更不平衡："你在家专门带孩子，却把孩子搞成这样，还理直气壮地推卸责任，真是不可理喻。"夫妻关系越来越糟，简直到了水火不容的地步，张老师盼着丈夫早点走，丈夫也恨不得马上离开家。

有一件事足以反映张老师当时近乎崩溃的心态。一天，儿子忘记了妈妈的嘱咐，上卫生间后没有用废水冲马桶。心境非常糟糕的张老师禁不住向儿子大声怒吼，同时，将手中的刷牙杯狠狠砸向卫生间的玻璃推拉门。玻璃门被砸碎了，张老师也失去了理智。她想到丈夫回家后一定会责怪、抱怨，夫妻间一定会发生新的战争。心疼、担忧、委屈、烦躁，那一刻，张老师所有的负面情绪全部聚集在一起，迸发出来，她禁不住号啕大哭。

后来，经过同事介绍，张老师辗转找到了我。了解情况后，我和张老师进行了交流。

我对张老师说："幸福婚姻有一个基本原则：爱孩子永远不能超过爱配偶。你把孩子放在了最重要的位置，却把丈夫放在了可有可无的地位。由于你对丈夫的疏忽，所以婚姻就陷入了恶性循环。"

张老师说："丈夫作为一家之主，长年不在家，平时不对家庭尽责任，回到家就横挑鼻子竖挑眼，专挑我和孩子的毛病，这让谁也受不了。"

我说："'贤人争罪，愚人争理。'一个人真正希望追求幸福，而不是叶公好龙的话，就要把视线转向自己。习惯从自身找原因的人，一定能获取最大的收益。你的丈夫马不停蹄地在外奔波，确实够辛苦了，回到家希望得到妻子的体贴，希望看到孩子的进步，也在情理之中，尽管他自身还有不少需要提升的地方。"

张老师说："按照贾老师的要求，作为妻子、作为妈妈，我做得确实非常不够，我有很多需要改进的地方。但是，经营家庭、教育孩子是夫妻双方的事情，我一个人改变，丈夫不改变也达不成预期的效果。"

我说："如果你要求丈夫改变、提高，他是不会接受的。丈夫的问题让他自己去反思、去解决。你做好了自己，就有了足够的说服力，就能影响到丈夫。改变自己、提升自我是对丈夫最大的支持，也是对孩子最好的关爱。”

张老师说：“看来我以前是手电筒式思维，只把关注点对准丈夫，只知道向丈夫提要求，而忽略了自身修炼、自我成长，结果离夫妻和谐、家庭幸福越来越远。”

我说：“婚姻既是美事、妙事，也是难事、烦事。婚姻是人生的试金石，没有什么比婚姻更利于品格成熟。”

“建立美满婚姻最重要的以及最具挑战性的事，并不是去找一个所谓的‘合适’的人，而是用心培养一个亲密伙伴。”

张老师说：“经过和贾老师交流，我知道了夫妻关系是最重要的人际关系，家庭是修炼品格的重要场所。以后，我会把提高德行作为人生的必修课，我会把精力向改善夫妻关系倾斜。”

我说：“要搞好夫妻关系，做好一件事就足够了，那就是要感恩你的爱人。大量实践证明，感恩是幸福婚姻的助推器，感恩能大幅度提高婚姻质量。平心而论，爱人是我们最应该感谢的人。爱人把命运和我们的命运捆绑在了一起，这是对我们何等的信任！爱人陪伴我们终生，和我们一起播种希望、耕耘幸福，这是怎样的人生情怀！爱人和我们共同托起家庭的命运、家族的未来，这又是什么样的人生境界！不论从哪方面讲，我们都应该感恩爱人。”

张老师说：“听了贾老师的话，我感到人生境界一下子提高了。以前，我总觉得老公娶了我，是他沾了我的光，他应该无条件对我好，给这个家奉献。我哪里知道老公更需要关心，更需要体贴，更需要感恩。”

接下来，我给张老师讲了一个故事。

一个小姑娘在公园里玩耍，看到树杈上夹了一只蝴蝶，任凭蝴蝶怎么挣扎，就是挣脱不了。小姑娘爬到树上，把树杈轻轻掰开，蝴蝶飞走了。

过了一会儿，一个仙女出现在小姑娘面前，仙女笑吟吟地对小姑娘说："我就是你放走的那只蝴蝶。你小小年纪就有如此爱心，真是难能可贵啊！你救了我，我要报答你。你有什么要求尽管提出来，我都会满足你。"小姑娘想了想，说："我什么东西都不要，我希望得到幸福和快乐。"蝴蝶仙女说："那还不容易！"她对小姑娘耳语了几句，飘飘然走了。

小姑娘回家后，按照蝴蝶仙女的吩咐去做，果然非常幸福、快乐。时光荏苒，小姑娘变成了大姑娘，变成了少妇，变成了中年妇女，变成了老太婆，幸福和快乐始终伴随着她。她有非常好的人缘，周围的人都非常尊敬她。村里一个小伙子天真活泼、快人快语，他问这位老太婆："大娘，你一生这么幸福和快乐，难道有什么秘诀吗？"老太婆思忖片刻，说："是有秘诀。但我承诺过蝴蝶仙女，不到临终的时候，我不能告诉别人。"乡亲们内心很矛盾，他们既希望大娘长寿，又希望早日得到秘诀。

多年后，老太婆患了绝症，乡亲们都来看望她。她微笑着说："我将不久于人世了，我把秘诀告诉大家。蝴蝶仙女告诉我，要想得到幸福和快乐，就要不断地关爱别人，世界上的芸芸众生内心都是非常脆弱的，都是需要关爱和帮助的，关爱别人其实就是关爱自己。"

张老师说："通过和贾老师交流，听了贾老师讲的故事，我有一种醍醐灌顶的感觉，我感到内心彻底敞亮了，知道该怎么做了。我这个人有个特点，一旦明白了的事情，我都会尽心尽力把它做好。"

我热情洋溢地鼓励张老师："你是一个有悟性、有慧根的人，你有一颗水晶般的心，我相信你一定能做好，我期待你的好消息。"

回家后，张老师着力培养自己的感恩意识。从2015年12月28日开始，张老师坚持写感恩日记，数年如一日，从不间断。在日记中，她感恩儿子的陪伴，感恩朋友的支持，感恩同事的热情，感恩邻居的善意，尤其感恩她的爱人。感恩老公帮她建立起这个家，感恩老公对她和孩子的诸多牵挂，感恩老公对家庭的辛勤付出。

看到张老师的进步和变化，老公和儿子也一起写感恩日记。张老师发现，感恩具有一种神奇的魔力，感恩让她获得了前所未有的幸福感。感恩让老公从原来的不愿回家变成了不愿离家，家里仿佛有一块磁石吸引着老公。感恩让孩子有了安全感，孩子沐浴在家庭的幸福中，对未来充满信心。孩子凝聚起成长的力量，学习成绩节节攀升。

当张老师的感恩日记写到第190天的时候，她的儿子顺利通过了中考，如愿以偿地考入了以前不敢想象的三门峡市第一高级中学；当感恩日记写到第252天的时候，张老师辅导的学生参加全市汉字拼写大赛，获得一等奖，之后又获得全省唐诗宋词比赛第一名，给学校赢得了荣誉。张老师感到自己浑身上下充满了幸福，上天把世界上最优秀的男人派到了她家，又让世界上最懂事、最可爱、有理想、有追求的孩子给她当儿子。她感到自己是世界上最幸运的女人，上天把所有幸福都给了她，自己今生今世还有什么不满足呢！

下面，我把张老师写给老公的部分感恩帖，以及写给老公的信附于下面，相信能给读者朋友一些启迪。

致亲爱的国王——感恩帖（节选）

老陈：

喜欢你今天帮我洗头，也喜欢我们一起泡脚，更喜欢你给我泡的红枣姜茶，珍惜着我们共同的每一寸幸福时光。感恩你的付出，你的陪伴，你的引领，你的包容。你是我心中至高无上的国王，爱你，谢谢你！

你的王后

2016年2月2日

老陈：

首先感谢你对我的支持，让我昨天安心写材料。早上徒步归来，一进门我就感觉到了家里的温馨，这都源于你对我和儿子的爱护和体贴。你打扫卫生，还准备午饭。出门在外，你是尽职守责的业务骨干；回家度假，你又变成了勤快能干的“家庭妇男”。这样的好男人、好丈夫，值得我好好守护和疼爱。谢谢你，辛苦了！

你的王后

2016年2月3日

老陈：

感谢你今天炖了美味的萝卜羊排给全家吃；感谢你打扫卫生，把家里的地板拖得干干净净，还感谢你全力陪伴和支持儿子的功课，和我一起赏识儿子、鼓励儿子。你我之间没有了争执，没有了隔阂，没有了怀疑，没有了嫌弃。我们的日常生活中平添了理解包容、相互支持、心心相印、高度默契。我们共同度过了假期里普通而美好的一天，让我的心里充溢着温暖和幸福，入睡前的最后一刻闭上双眼，了无遗憾，感谢你！

你的王后

2016年2月4日

老陈：

感谢你早晨和我一起吃饭，为大家洗碗，为我和儿子关上身后的灯，默默无言，还无比可爱又幽默地对我“嘲笑”，和我调侃，让我的早晨洋溢着温暖，充满了欢乐，也流淌着无限的生机和活力。这样的早晨，真好！这样的国王，真好！仿佛走了很久，寻找了很久，让我们终于在今天真正相遇，彼此倾心，相携相伴。这个时刻，我爱你，刚巧，你也爱着我。

你的王后

2016年2月5日

刚刚好

——致老陈 48 岁生日

想提笔给你写点什么时，手边恰好就有这么一张信纸，纸上恰好还有一句很应景的话——和你一起，我不怕老去。用来形容我此刻的心境刚刚好。

相识相携21年，不觉间，浓密的黑发渐已染霜，如花的笑颜写尽沧桑，时光的脚步啊，总是匆匆又匆匆。

我们的日子，没有大富大贵，没有权重位高，没有甜言蜜语，也没有海誓山盟，有的只是布衣蔬食，是相濡以沫，是打不断也拆不开的骨肉相连。

常常唠叨你，也曾埋怨你，但静下来细想，这21年的时光，早已把我们的婚姻酿成了一坛老酒，既不寡淡，也不上头，闻着醇香，品着浓厚。就这样平平淡淡的日子，平平淡淡地过，简简单单的日子，简简单单地过，这样的平淡和简单，正是我们当初想要的，也是我们当下喜欢的，刚刚好。

相依相偎21年，365天三顿饭，21个365天，就是22995顿饭，这个巨大的数字，由我们两人共同捧起。即使你最近几年不常在家，我也心里记着你，仿佛身旁坐着你。没有玉盘珍馐，从来都是粗茶淡饭，但布衣暖，菜羹香，平淡的日子滋味深长。这样的味道，刚刚好。

刚刚好的，还有很多，有高过我们一头的阳光儿子，有叫你“渔夫爸爸”的可爱天使，有我们共同奉养身体康健的老人，有情投意合彼此欣赏的朋友，有各自喜欢的满架的书，还有愈发繁茂漂亮的绿植。你若问我还想要什么，我若问你还缺什么，我想，我们一定会有一个共同的答案，那就是——刚刚好，刚刚好，这样的日子刚刚好。

谨以此短文，致感动我、温暖我、陪伴我、引领我的老陈，48岁生日快乐！

2017年3月12日

由于工作的原因，我接触了成千上万个家庭。我时常被周围的家长、孩子们感动着，被他们的优秀品质鼓舞着，被人性的光辉照耀着。那么多的家长和孩子在进步、成长，不少家长悟性之高、进步速度之快让我钦佩，让我折服，让我仰视。他们中的一部分人做得比我们预期的还要好，张老师就是其中的一位。

一个人培养任何美德，都能让自己受益无穷。感恩让张老师化解了人生的巨大危机，感恩让张老师走向了婚姻的艳阳天，感恩让张老师收获了人生的硕果累累。

离婚可能只是暂时的解脱

湖北武汉的唐女士向我倾诉：她的丈夫赵先生家庭观念淡薄，每天下班后都和朋友泡在一起，总是很晚才回家。他们夫妻之间的沟通很少，她和丈夫说话，说不了几句丈夫就不耐烦。俩人经常为生活琐事争吵，每次吵架后丈夫好几天都不回家。丈夫除了酒后训斥孩子之外，从没和孩子有过任何交流。由于心情不好，唐女士也很少给孩子好脸色。在如此的家庭环境中，孩子内向、孤僻，缺乏安全感，没有自信心。孩子喜欢上网打游戏，学习成绩一路下滑。

唐女士说："要不是为了孩子，要不念婆婆对我好，我早就和他离婚了。我天天盼星星、盼月亮，盼望丈夫回心转意，盼来盼去，还是竹篮打水一场空。这次我是下定决心要离婚，同床异梦、有名无实的婚姻没有什么意思。人生非常短暂，我不能继续委屈自己了。

"和丈夫离婚，分割财产我不会计较，但我一定要得到孩子的监护权。这次来找你，就是想向你请教，单亲家庭怎样教育孩子。我含辛茹苦这么多年，不都是为了孩子，我一定要让孩子有一个美好的未来。”

听了唐女士的诉说，我语重心长地对唐女士说：“我非常理解你，处在这样的家庭，日子确实不好过。你是一个好人，是一个富有责任心的女人，你希望家庭幸福，孩子健康成长，结果却事与愿违。不知你思考过没有？你们夫妻关系进入恶性循环的深层次原因是什么？”

唐女士摇摇头，一脸茫然。

我接着说：“依我看，你老公是个有责任心的男人，他还是相当在意你的。在这个充满诱惑的时代，你们闹腾成这个样子，老公并没有非分之想，他身边也没有别的女人。这一点足以证明，他是个感情专一的人。这样的人值得信赖，也值得托付终身。依我看，你们之间没有原则性问题，也没有根本的利害冲突。你们面临的问题是完全可以解决的，就看你们愿不愿意解决？”

唐女士说：“我对丈夫彻底心凉了，离了就一了百了了。”

我说：“你以为离了婚问题就彻底解决了吗？这种想法未免太幼稚了！离婚也许能让你得到暂时的解脱，但一定会催生出许多新的问题。比如，父母离异，对孩子造成的心灵创伤；单亲家庭，孩子可能出现各种心理问题；如果重组家庭，孩子能不能接受家庭新成员？孩子能否在短期内适应新的家庭等等。这些都是必须面对的问题。”

唐女士说：“老师说的这些问题，我也考虑过，但是世界上没有完美的事，既然选择了离婚，就顾不了那么多了。”

我说：“人的本能是趋利避害，也可以说是追求幸福、逃避灾难，如果我们的选择弊大于利，那就要考虑重新选择了！”

唐女士说：“离婚也是无奈之举，要不我也不会拖到现在。”

我说："最美不过是原配，婚姻专一最可贵。如果不离婚，能让你追求到长远的幸福，祖祖辈辈的幸福，你愿不愿意选择？"

唐女士说："我会毫不犹豫地选择！"

我说："这个方法其实很简单，那就是眼睛向内看，不断检视自己的内心，习惯从自身找原因，因为我是导致所有问题的根源。我建议你一个人独处时，和自己的内心对对话，'我对造成婚姻现状应该负什么责任？我还有哪些需要改进和提升的地方？'婚姻是一场修行，家是最好的道场。美国哲学家弗洛姆说：'爱情其实是与人格相伴随的，如果一个人不积极地去发展优良的人格品性，他对爱情的追求将是徒劳的。'要想婚姻幸福，就要不断提高自己的修为。"

唐女士睁大了眼睛。

我接着说："你丈夫身上一定有令你欣赏的地方，不然，你当年也不会和他一起走进婚姻的殿堂。"

唐女士说："我们虽说是别人介绍认识的，但也是两情相悦。刚结婚那阵子，我们都对未来充满信心，没想到日子会过成这样。"

我说："所有人都知道恋爱、结婚是件幸福的事情，很多人并不知道，选择婚姻，就是在选择幸福的同时也选择了责任，在选择温馨的同时也选择了奉献。很多人进入婚姻后，只知道从配偶那里索取幸福，却不肯为对方付出。婚姻好比一个情感账户，如果取款比存款多，夫妻感情就会透支，婚姻就会破产。正确的做法应该是，及时查看自己的情感账户，不断往账户里存款，让账户保留一定余额，基本原则是多存些，少取些。只有这样，才能避免感情危机！"

唐女士说："您讲的道理我完全认同，但是，即便我有向好的愿望，丈夫也不一定配合，一个巴掌拍不响啊！”

看到唐女士的态度有了很大改变，我内心的愉悦简直难以形容。我充满信心地对唐女士说：“我向你保证，只要你能守住自己的心，丈夫的心就不会走远。你做好了自己，不但是给自己的人生加分，也一定能影响到丈夫，影响到孩子。人是环境的产物。只要你按我的要求去做，你的丈夫一定会有比较大的改变，你的孩子也一定会有意想不到的进步。追求幸福，从提升自我开始。”

唐女士说：“贾老师给我指明了方向，我也看到了希望，但我不知道从哪儿做起，也不知道怎么面对丈夫。”

为了给唐女士增加信心，我给她讲了下面的故事。

在一个村庄里，一位年轻的村妇和她的婆婆关系不好。她觉得婆婆一直和她作对，处处为难她。她总想着如何对付她的婆婆。

一天，村妇来到一家医院，向年长的女医生求助：“我希望我的婆婆尽快死去，我受不了她的虐待了，你一定要帮帮我！”

女医生听了，笑着说：“我给你开一剂叫‘酸泥丸’的药，你每天拿出一颗给婆婆吃。我要强调的是，每次给她吃药的时候，你要装作很孝顺的样子侍候她，让她不怀疑。三个月后，你的婆婆就会慢性中毒，那时你再来找我，我给你加重药量，第一百日，必有效果。”

村妇听了，高高兴兴地拿着医生开给她的药回去了。刚开始，婆婆并不配合。村妇对婆婆说：“我给您买了补药，孝敬您老人家的。”由于村妇态度诚恳，每天笑吟吟地端水喂药，婆婆渐渐接受了。后来，婆婆每次都会很高兴地吃药。

一段时间后，村妇又来找女医生，说："医生，请你赶快救救我的婆婆，我不想让她死了。"

女医生问她："你为什么改变主意了呢？""自从我听了你的话，每天尽心侍候婆婆吃下'酸泥丸'，婆婆逐渐改变了对我的态度，现在婆婆变得非常和善，抢着做家务，让我多休息，像母亲一样关怀我，所以我要救婆婆。"村妇说着，脸上流下着急的汗水。她带着哭腔说："医生，你快给我开一剂解毒的药。救救我婆婆吧！"

医生听完村妇的话，开怀大笑，说："我知道你会来的，你放心好了，你的婆婆不会死的。'酸泥丸'不是什么毒药，而是一道可口的点心。因为你经常面带笑容给婆婆吃药，婆婆感觉到你对她的孝顺，从而改变了对你的态度，并开始善待你了。要知道，你要人家怎样对你，首先应该怎样对人家……"

唐女士说："通过和贾老师交流，我心里亮堂多了，我也知道该怎么做了。经过内心的挣扎，我已经说服了自己。我想，我已经领悟了搞好夫妻关系的秘诀，我已经掌握了开启幸福之门的密码。我有决心、有信心成为好妻子、好妈妈，因为我爱这个家，我爱我的孩子！"

我进一步给唐女士鼓劲："在我见过的女性当中，你是为数不多的有悟性、有智慧的人，我相信你一定会有非常大的进步，你们全家一定会被上天祝福的！"

点亮了心灯，内心有了定力，智慧也跟着来了。回家后，唐女士瞅准机会和丈夫进行了沟通。她对丈夫说："向贾老师咨询后，有一种顿悟、觉醒的感觉。以前，谁要说我头发长、见识短，我会一蹦三尺高。其实，这是强势的表现，也是缺乏安全感的表现。贾老师说，坚硬的东西往往是脆弱的、不堪一击的，柔软的东西是充满生命力的。以前，我在家里占尽风头，让你什么都听我的。你不和我一般见识，又不忍心伤害我，才到外面去。老公啊！仔细想想，我和儿子凭谁过？你是家里的擎天柱啊！我的智慧怎么和你比？我没有尽到妻子的责任，放着好日子不好好过，把一个好端端的家搞得一片混乱，想想后悔啊！”

真诚引发真诚。唐女士发自肺腑的话语感动了丈夫，丈夫也开始反省了。他对唐女士说：“家庭失和，我是最大的责任者。作为一家之主，我没有保护好自己的妻子，也没有支持到孩子。最需要反思的是我，最需要提高的也是我啊！”

夫妻二人拥抱在了一起，两颗心也紧紧地贴在了一起，久违的温暖又回到了他们家中。

为了达成共同提升的美好愿望，夫妻二人约定每天共读一小时书，以提升境界、积累思想、沉淀智慧。通过学习，丈夫变得儒雅了，妻子变得温柔了；丈夫宠爱妻子，妻子体贴丈夫。丈夫每天下班接儿子一起回家，妻子做好可口的饭菜等着他们。夫妻二人共享婚姻的甜蜜，一家三口沐浴着爱的阳光，沉浸在充满浓浓爱意的家庭幸福之中。

找到了相爱的感觉，夫妻二人总有说不完的体己话，诉不尽的恩爱情。经过一年多的学习、成长，他们的婚姻质量得以大幅度地提高。生活在温暖、和睦的家庭里，孩子有了安全感、归属感。孩子从父母身上不断吸取到成长的力量，学习成绩持续提高。一年后，孩子考入重点中学，他们的家庭也被当地妇联评为“五好家庭”。

唐女士在发给我的邮件中说：“尊敬的贾老师，非常感谢你的鼎力相助。特别是你讲的‘人生是一场修行’的理念，让我受益匪浅。经过痛彻心扉的修炼，经过脱胎换骨般的蜕变，我告别了浮躁的、功利的、情绪化的自己。我真真切切体会到了，提升自我可以给自己的人生加分，提升自我可以给自己的生命添彩；提升自我是善待生命的另一半；提升自我是给婚姻唱赞歌；提升自我是真爱孩子的表现；提升自我是给家族大厦建设添砖加瓦。”

唐女士的成长历程带给我们宝贵的人生启示：选择离婚，不如提高自身素质。如果所有父母都能像唐女士那样，注重提升自身素质，对自己的家庭负起责任，对自己的孩子负起责任，对我们的社会负起责任，那么，很多家庭破裂都是可以避免的。如果是这样，就会少出现多少单亲家庭？就会让多少孩子避免出现心理问题？就会少出现多少“问题孩子”和“少年犯”？如果我的愿望成真的话，我们的国民素质不是越来越高了吗？社会不是更安定了吗？中华民族的伟大复兴不是指日可待了吗？天下兴亡，匹夫有责。所有为人父母者，都应该从自身做起。

发自内心地关爱、敬重丈夫

由于工作原因，笔者接触了众多家庭。纵观我国的婚姻状况，女性的社会地位、家庭地位有了很大提高。在当今时代，家庭中女性强势的情况占据一定的比例，许多家庭也随之出现了一系列问题。事实上在婚姻关系中，只有满足了对方的心理需求，自己的心理需求才能得到满足。

在我们的学员当中，涌现出了很多模范家长、明星家长，河南郑州的何淑仪女士就是其中的一位。何女士的感悟蕴含着诸多人生智慧，相信能给读者朋友带来有益的启迪。

2015年6月，我参加了“和润万青”在郑州举办的家庭根基训练营。贾容韬老师关于婚姻家庭的理念，让我耳目一新。贾老师说：“作为一个妻子，只有掏心掏肺地敬重丈夫，家庭才能和谐，孩子才能健康成长。不少家庭不幸福，往往与女人强势有关。”

怀着追求家庭幸福、孩子健康成长的强烈愿望，我决心改掉“强势”的作风，为家庭和谐作出应有的贡献。怎样才能让丈夫感到被尊重呢？

首先，我从敬重丈夫开始。每天丈夫回家，听到汽车的声音，我很虔诚地到家门口迎接他。我微笑着说“欢迎老公回家”，然后给丈夫一个深情的拥抱。如果孩子在家，我会带着孩子到家门口欢迎爸爸。

我是个普通人，度量也很有限，我对丈夫的情绪化也很难接受。但是，为了创造夫妻和谐，为了给孩子创造良好的成长环境，我下定决心要敬重丈夫、感化丈夫、影响丈夫，把丈夫的美好潜质激发出来。为此，我在敬重丈夫方面着实下了一番功夫。

丈夫为什么容易情绪化？是他缺乏安全感、归属感。怎样才能不断提高丈夫的安全感？怎样才能让丈夫心境平和、情绪稳定？我得出的结论是：敬重是消融丈夫不良情绪的灵丹妙药，关爱是化解家庭矛盾的万能钥匙。为此，我练就了一项基本功。当丈夫发泄情绪时，我能做到态度平和、认真倾听。我坚定地相信：一个巴掌拍不响，只要我不和丈夫针锋相对，他的情绪就不会失控。为了家庭的和谐，为了孩子的心理健康，我受这点儿委屈算不了什么。由于我心中有一个美好的愿景，我的内心越来越有力量。

随着修养的不断提高，我的认识也得到了升华。我这样看待夫妻关系：人有美好的一面，也有丑恶的一面，爱一个人包括爱他的缺点。我坚定地相信，如果我发自内心敬重丈夫，丈夫脸上的“疤痕”就一定能变成“酒窝”，丈夫身上的优点就一定能尽情彰显。

丈夫偶尔情绪失控，我会用女性的温柔化解他的不良情绪。丈夫发泄情绪时，我会微笑着对丈夫说："老公啊！该发脾气就尽管发吧，我非常理解你，你每天在外有那么多不顺心的事，不发泄出来还不憋出病来啊！"慢慢地，丈夫的情绪趋于平和，脸上的表情也没有那么僵硬了。一点一点地，丈夫发脾气越来越少了。

掌握了丈夫性格的弱点，我获得了一把金钥匙！这把金钥匙不但能给我增加信心，也能给全家带来祝福。我把金钥匙浓缩成六个字："亲爱的，我爱你！"当丈夫欲发脾气时，我会抓住时机，对丈夫说："亲爱的，我爱你！"说完这句话，我自己不生气了，丈夫的火气也消了。

有时孩子做作业磨磨蹭蹭，丈夫心里憋着气时，我就对孩子说"亲爱的，我爱你！"孩子得到了妈妈的爱，吸取到了精神力量，提高了学习效率，丈夫的情绪随之缓和了，我也提高了自信心。

心诚则灵。倾心付出终于换来超值回报。有一次，丈夫动情地对我说："夫人啊，我真服了你了！你是家里的福星，你是全家的功臣，你是咱家的定海神针啊！为了这个家，你处处谦让我。最让我感动的是，你的秉性完全变了，和以前的'阴晴无常'相比，简直判若两人。你的爱心融化了我这块'顽石'，让我心甘情愿地为这个家付出。你的温柔、善解人意带来了夫妻和谐，带来了孩子巨大进步，带来了生意节节上升。谢谢夫人！"

从内心深处关心丈夫、敬重丈夫，我得到了丰厚的收获。屈指算来，我主要收获了以下几点：

第一个收获：丈夫原来千方百计阻挠我学习，现在和我一起学习了。数次听了贾老师的讲课录音，丈夫充满感情地对我说：“‘和润万青’的课程太有价值了！贾老师太有智慧了，照这样坚持学习，孩子进步，全家幸福就是一种必然。”以前我在听课时，丈夫极力反对，他掐断过我的网线，关闭过我的电脑，强行让我从微信群里退出……而现在，他接受了“爱中管教”的家庭教育理念，而且学得那么认真，真是太难得了！

第二个收获：我深深地体会到，夫妻和谐是对孩子最大的支持。夫妻感情好，不吵架，不互相拆台，孩子有了安全感，内心平静了，就会追求进步、就会专注于学习。夫妻关系不好，家庭环境比较恶劣，等于给孩子帮倒忙。以前我在家里像个怨妇，丈夫讨厌我，孩子也不尊重我，我里外都讨不到好。更重要的是，孩子心里疙疙瘩瘩，学习、成长都受到严重影响。

第三个收获：通过学习，我们夫妻刻骨铭心地认识到了，孩子身上的毛病，都是父母不正确的教育方式造成的。贾老师说：“没有不良的孩子，只有不幸的孩子。”丈夫说：“父母的榜样作用太重要了！哪个孩子没有向上的心？都是父母没有做好啊！”如今，父母在改变、在提高，家庭教育环境在不断改善，孩子能不健康成长吗？现在，我对孩子充满信心，我感觉到，教育孩子是件比较轻松的事情了。

第四个收获：丈夫有了信心，和孩子交流，给孩子补课，也有了耐心。由于爸爸的支持，孩子学习成绩大幅度提高。有一次，孩子的数学考了全班唯一的一个满分，孩子受到鼓舞，自信心有了很大提高。孩子非常诚恳，说自己应该得98分，因为有一道填空题完整的答案是x=3，但他只填写了3。没有书写完整，改卷老师看他掌握了知识点，所以给了他满分。孩子对自己要求高，实在是可圈可点。

我看了孩子的试卷，里面有一道难题，孩子也做对了。我不失时机地鼓励儿子："这么难的题你都能做对，可见你的知识学得非常扎实，老师也这么认为，只要你坚持下去，要不了多久，你的学习成绩就能名列前茅！"我了解到，这道难题是丈夫给孩子辅导过的题。我对丈夫说："谢谢你那么用心帮助孩子，有你这样的爸爸，真的是孩子的幸运，孩子这次考满分，有您一份很大的功劳！"我这样鼓励他们父子，孩子信心满满，丈夫也有成就感。

第五个收获：丈夫对孩子的要求不那么功利了。以前考试成绩公布之后，看到孩子只考六七十分，丈夫就会大发雷霆："老子每天那么辛苦，你就拿这点成绩来报答我！"丈夫有时还动手打孩子。这次期中考试，孩子数学考了满分，丈夫没有表现出过分激动。丈夫对孩子说："看到儿子那么努力学习，老爸非常高兴，我怎么看你都是未来的人才！"丈夫跟我说："即使孩子考得不好，我也不会生气。看到孩子精神状态越来越好，一切都会向好的方向发展。"丈夫能有这个觉悟，真了不起！

第六个收获：丈夫现在越来越优秀。不吸烟、不酗酒、不赌博，不乱花钱，感情专一，对家庭负责任。我现在看丈夫身上到处都是优点：人缘好，口才好，业务水平高，沟通能力强……我感觉人生特别美好！我认为我和爱人是人生的最佳结合，我和爱人约定，如果有来世，我们还要做夫妻。

第七个收获：夫妻同心，其利断金。学习家庭教育，我们不但收获了夫妻和谐，收获了孩子的健康成长，还收获了事业的健康发展，我们经营的生意，业绩也翻了两番。我每天从“和润万青”的学习群里，获取到满满的能量和智慧，我时常被学员们充盈的爱包围着，我生活在巨大的希望中，我感觉我是世界上最幸福的人！

何淑仪女士为了追求真正的幸福，经历了生命的凤凰涅槃。通过学习，她读懂了夫妻关系的密码，真心敬重丈夫。为了创造夫妻和谐，她用“亲爱的，我爱你！”这把爱的“利器”屡屡化解危机。是她胸中的大爱，让她的内心变得无比强大；是她胸中的大爱，感动了情绪化的丈夫；是她胸中的大爱，润泽、滋养了孩子；是她胸中的大爱，让她收获了人生的累累硕果。试问，为人父母者，有了这种大爱，还有什么困难不能克服，还有什么奇迹不能创造呢？

讲感情比讲道理更重要

在婚姻家庭中，不少人习惯和配偶讲道理，凡事非要争出个子丑寅卯来。我认为，夫妻相处，没有那么多清规戒律。实践证明，给配偶讲道理是一个思维误区，讲感情比讲道理更重要。山西忻州的何先生，在这方面有比较深刻的感悟，他的分享非常值得读者朋友借鉴。

何先生和女友恋爱3年，双方印象还不错。谈婚论嫁时，女友郑重其事地对何先生说："要我嫁给你，你必须答应我一个条件。你要真心娶我，就一定要善待我。我在家里是老小，脾气不好。结婚后，咱俩如果发生争执，你必须要让着我，凡事我一定要占理。也就是说，我应该是'常有理'。只有这样，咱俩才能和谐相处。你要能接受我这个条件，咱俩就去领证，你要反悔，现在还来得及。"

何先生笑笑："我以为是什么离谱的条件，这事好说。你把终身都托付给我了，凡事让你占理、让你有理、让你常有理又有何妨？"

结婚后，有人说我娶的不是老婆，而是一位“姑奶奶”，有人说我得了“妻管严”。我心里非常清楚，在老婆面前示弱是绅士风度，是尊重老婆、关爱老婆的表现。我们结婚20余年，夫妻之间其乐融融，一双儿女心理健康，双双考上了心仪的大学，日子过得令周围人羡慕。

何先生说：“其实，我的爱人并不是不讲理，尽管她在话语上喜欢占上风，但她在内心里还是很尊重我。在我的理解、关心下，刀子嘴豆腐心的妻子越来越通情达理。其实，家里的很多事情，最终还是我说了算。”

河北保定的安先生，经历了婚姻的风风雨雨，甚至付出了沉痛的代价，才悟出一些人生的真谛，夫妻关系才上升到一定的高度。下面是安先生的分享。

我和爱人结婚十几年，夫妻关系极度不和谐。可以说，争吵是我们的家常便饭。夫妻之间，为了芝麻大的一点儿事，非要争个你高我低，为了极平常的一句话，也要争出你是我非，常常争得面红耳赤，争得离心离德。结果是夫妻关系蒙上了阴影，孩子也深受其害。

通过在“和润万青”学习，我学到了不少建设性的理念。比如，“家不是讲理的地方”“讲感情比讲道理更重要”等很多富有含金量的人生哲理。参透了幸福婚姻的奥秘，我的认识也上了台阶。我挣脱了世俗的牵绊，从婚姻的恶性循环中跳了出来，我对夫妻争吵进行了深度的反思。

夫妻之间争吵、讲理的本质是什么？无非是为了证明你是对的，你的另一半是错的。说到底，证明你对他错没有任何意义。夫妻之间，你对了又能怎么样？他错了又能如何呢？你对了有人给你戴大红花吗？他错了能克扣他的奖金吗？仔细想一想，证明你对他错，比追求人生幸福还重要吗？比夫妻和谐还重要吗？比孩子健康成长还重要吗？

托尔斯泰说："你错误、我正确的说法，是一个人对另一个人最残酷的语言。"也就是说，否定一个人是对他最大的精神摧残。

贾老师说："给妻子讲理是笨丈夫的做法。"这是再正确不过的道理。为了夫妻和谐，为了孩子健康成长，我一定要和"笨"丈夫彻底决裂，做一个聪明的、智慧的丈夫。首先，我要摘掉有色眼镜，捕捉爱人身上的闪光之处。比如，爱人真诚、善良、疾恶如仇、思维清晰、原则性强等。说服了自己，内心打开了，灵感也跟着来了。

有一次，我对爱人说："人们常说，女人头发长见识短，这话不适合你。要我说，你是头发长，见识也长。过去，我是身在福中不知福，守着一个有内涵的老婆，却过着质量不高的生活。算命先生说，你有旺夫命，自从你嫁过来，咱家的日子犹如芝麻开花——节节高，全家的福分都是你带来的！"

受到了赞赏，爱人来了精神："你说的一点儿没错，心里能这么想，算你还有点儿良心。居家过日子，女人的作用不可低估。正如美国前总统克林顿夫人希拉里所说：'选择了我，受益的是克林顿，任何人娶了我，他都能当上总统。'"

我笑得前仰后合："拿我和美国总统相比，你也太抬举我了！"

爱人说："大事小事，道理都是相通的。"

我笑着对爱人说："你就是上帝派来的天使，专门监督我的！"爱人说："真这么认为，你就有福分了，不管什么人，失去了监督，都会犯错误，尤其是当今充满诱惑的时代。"

当我设身处地站在爱人的立场上思考问题时，我发现搞好夫妻关系并不难。因为，我随便就能找到理解爱人的理由，轻而易举就能找到赞美妻子的机会。多了理解，多了赞美，自然地就多了信任，多了默契。

有一次，亲戚家里有一件事，请爱人去帮忙。爱人在外忙了一天，回家做家务时，难免抱怨几句："谁见过一个女人忙完外面，还要忙屋里？"我笑着说："谁见过像你这样优秀的女人？"说完，我拿起拖把擦地板。妻子转嗔为喜："这还差不多，两个人共同做家务，我心里就轻松些了！"

亲朋好友聚会时，常常会有人羡慕我们家的日子，每当此时，我都会把成绩归结到爱人身上。我对亲朋好友说："我们家的日子能走上坡路，都是爱人的功劳，是爱人的德行滋养了我们一家人，爱人是全家的功臣！"听到这样的话，爱人心里乐滋滋的。

前段时间，爱人在学习群里分享了一段话，令我非常感动。爱人说："以前，我总觉得自己非常不幸，嫁了个认死理的老公，那时我说一句话，老公有十句等着我，在我面前，老公总有讲不完的道理。我和老公说话，除了辩驳，就是争吵。后来我干脆不和他说话了，冷战的结果是夫妻关系日渐恶化，孩子也因此受到了影响。

“在‘和润万青’学习后，爱人有了180度的转变。爱人越来越善解人意，再也不和我讲理了。现在我们家庭和谐了，孩子也越来越优秀了，前段时间还参加了市里的物理竞赛呢！现在，我觉得日子越来越有奔头，全家人生活在满满的希望中。”

在我们的学习平台上，不少丈夫通过学习领悟了家庭幸福的真谛，掌握了夫妻相处的奥秘，因而出现了许多动人的场景。

场景一

吉林的唐先生在做家务，妻子在看电视。一会儿，妻子非常激动地喊唐先生：“快来看，快来看！刘德华出来了！”丈夫过来一看，出现在屏幕上的却是周润发。要在以前，丈夫会说：“白痴！天王巨星都不认得，你天天看电视看的啥？刘德华、周润发都分不清！”通过学习，他认识到，给妻子讲理是缺乏智慧的表现，求和谐比认死理更高明。不管是刘德华还是周润发，和我没有任何关系，而爱人的心情和我有很大关系！丈夫灵机一动，对妻子说：“是啊！刘德华比以前胖了。”夫妻皆大欢喜。

场景二

四川的刘先生晚上在熟睡时，被妻子打了一拳。睡意正浓的丈夫问妻子：“咋了？咋了？”妻子对着丈夫喊道：“刚才我梦见你声嘶力竭地和我吵架呢！”要在以前，刘先生会暴跳如雷：“莫名其妙，你不睡也不让别人睡，我看你是成心捣乱！”现在他想到的是，妻子在梦中受到了惊吓，给妻子精神抚慰最重要。

他和蔼地对妻子说："亲爱的，对不起！我真不该在梦中和你吵架。以后，我不会再和你吵架，也不会有谁敢和你吵架，你安心睡觉，有我在呢！我是你的守护神。"很快，夫妻二人进入了甜蜜的梦乡。

读者朋友，看了上面的故事，你有什么感想呢？

第 6 章

培养优秀孩子的智慧

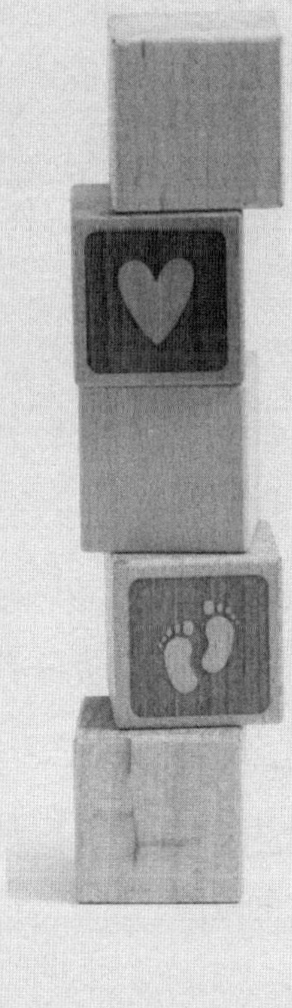

改革开放四十余年，人们的钱袋子都鼓起来了，我们不再为吃饭穿衣而担忧了。温饱问题解决以后，追求幸福的内涵发生了变化。一位名人说过："从物质中获得幸福的时代已经结束。"尼采说："我们走得太快了，是该停下来等等我们的灵魂了。"当今时代，能用金钱搞定的事情都不算事情，很多事情是用金钱搞不定的。比如，金钱换不来孩子正确的价值观；金钱换不来孩子的进取精神；金钱换不来孩子的忧患意识；金钱换不来孩子的美好未来。

父母必须具备的七种家教素养

德国教育家福禄贝尔说："家庭（而不是学校）是世界上最重要的教育机构，父母（而不是老师）是最主要的启蒙教育者。"父母是世界上最神圣的职业。家庭教育关系到孩子的前途命运，关系到自己的生活质量乃至生命质量，关系到家族的可持续发展，关系到民族素质，关系到全人类的未来。家庭教育是个系统工程，父母要学习的内容很多，要掌握的理念也很多。我认为，当代父母必须要具备以下家教理念。

一、家业万贯，不如教子成才

"家业万贯，不如教子成才""任何事业的成功，都弥补不了教育孩子的失败"等观点已被广大有识之士普遍认同。然而，在现实中，很多父母对这个问题的认识并不到位，往往是知其然不知其所以然。不少父母只注重物质财富的积累，而轻视家庭文化的建设；只注重孩子智力的培养，而忽略孩子道德品质的塑造。无数事实表明，这是舍本求末的做法，也可以说是捡了芝麻丢了西瓜。

实践证明，“让孩子把学习搞好，其他什么事都不用管”的观念是错误的，甚至是荒谬的。一个孩子缺乏道德品质教育的话，他对人生意义的认识就会懵懵懂懂，对学习的目的也会不甚理解。这样的孩子没有人生方向，更不会有学习动力，学习成绩自然不会理想。进一步讲，一个除了学习什么都不会做的孩子哪来的做事能力？哪来的自信心？哪来的感恩意识？这样的孩子一定是生活的弱者、家庭的包袱、社会的负担。

民族英雄林则徐说过：“子孙若如我，留财做什么？贤而多财，则损其志；子孙不如我，留钱做什么？愚而多财，易增其过。”有远见的父母看重的是给孩子留下精神财富、精神遗产。我认为，教子成才的内涵应该是：塑造孩子正确的价值观；帮助孩子打好人生底色；教给孩子写好大写的“人”字；让孩子成为有理想、有信念、有担当、有社会责任心的有用人才。古人早就说过“君子爱财，取之有道”，这里的“道”，讲的就是正确的世界观、人生观、价值观。物质文明需要精神文明的引领，否则，人生就会陷入迷惘。

二、破除“无师自通”的教子观念

长期以来，在中国人的心目中，教育孩子是不需要专门学习的。所有父母都凭上代人传承的老经验、老方法教育孩子。信息时代使整个社会发生了翻天覆地的变化。面对全新的家庭教育课题，不少父母却没有与时俱进，他们还用陈旧的观念教育新时代的孩子，以致亲子关系遭到破坏，孩子出现偏差，自己也吃尽苦头。有的父母说：“我小时候非常听话，父母也特别省心，哪像现在的孩子不服管教、没规没矩。”有的父母说：“我都40多岁了，还让我学习，那不是赶鸭子上架吗？”有的父母说：“我的父母也没有学习，不是照样把我培养成人了？”朋友们，那是什么年代啊！进入21世纪20年了，很多父母还抱着老观念不放：“我生了你，养了你，你就应该无条件服从我，你不听话，我就惩罚你！”“好孩子是打出来的，三天不打，上房揭瓦。”这类父母还用老掉牙的陈旧观念对待新时代的孩子，孩子要不反抗，才不符合情理呢！这就像处在互联网时代，大家都在用电子邮件和各种网络途径传播信息了，而有的人非得坚持“飞鸽传书”，那岂不是“凿隧以入井，抱瓮而出溉”吗？

时代呼唤父母与时俱进。社会转型期的家庭教育，给当代父母提出了非常高的要求。一位名人说过：“一个人与其说是为了理想而奋斗，还不如说是为摆脱某种束缚而努力。没有人希望自己的生命受到束缚，就像没有任何动物愿意被关在笼子里一样。人一旦有了自觉意识，第一件事就是和束缚抗争。”改革开放以后出生的孩子，接受了民主意识，他们与来自成人的束缚抗争，他们要成为真正的自己，而不是父母设计的那种人。其实，这是社会进步的表现，所有父母都应该顺应历史潮流，跟上孩子成长的脚步。简单粗暴能达成的效果，和风细雨、循循善诱一定能够更好地达成，而结果却大不相同。前者往往是暂时压制了问题，而后者才能从根本上解决问题。前者以破坏孩子的安全感、自信心为代价，后者能大幅度提升孩子的心理能量。

“沉舟侧畔千帆过，病树前头万木春。”与时俱进、求新求变是金光大道，抱残守缺、故步自封是死路一条。跟上时代的步伐、接受新观念、学习新知识、研究新问题、和孩子共同成长，是当代父母应该抱持的人生态度。

三、做孩子的榜样是培养优秀孩子的“真经”

马克思说：“你可以用各种方法教育你的孩子，但最好的方式是你的行为。”家庭教育的功能，更多地体现在影响和熏染上。父母是孩子接触最早、接触时间最长的人，因而也是对孩子影响最大的人。“孟母三迁”“近朱者赤”强调的都是环境的作用。可以说，父母是什么样的人，孩子也就最有可能成为什么样的人。

大量家教实践表明，做孩子的榜样，既能给父母的人生加分，又能给孩子的成长助力，还能给家族大厦建设添砖加瓦。其实，父母最应该感谢孩子。孩子把父母推举到了榜样、楷模的地位；孩子给了父母二次成长的机会；孩子给了父母追求进步的动力；孩子给了父母对未来的巨大希望。在家教实践中，父母通过内外兼修，逐渐成为有素质、有教养、有诸多智慧、有较高说话艺术、有一定人格魅力的人。孩子在这样的家庭环境中，“蓬生麻中，不扶自直”，健康成长，成人、成才就是水到渠成的事情。

做孩子的榜样，更要向孩子学习。意大利教育家蒙台梭利说：“儿童是成人之父，儿童是人类之父，儿童是文明之父。”在这个浮躁的时代，孩子身上没有被污染的东西更多，孩子往往比成人离真理更近。因此，向孩子学习，能了解事实的真相，更能看到人性的本真。

其实，做孩子的榜样，受益最大的是父母。父母通过提高自己，将自身的整体素质提升到一定高度，不但能影响、支持孩子，带给孩子美好的未来，自己的生活质量、婚姻质量、幸福指数都会大幅度提升，事业也会不断上台阶，将来家族兴旺也是自然而然的事情。进入此种境界，我们的生命就会天天在“歌唱”了！

四、再富不能富孩子

当代作家巴金说："人应当靠自己的劳动生活。把金钱留给子孙，让他过寄生生活，这是最愚蠢的事情……我藐视那些靠遗产生活的人，我藐视那些不劳而获的人。"现实告诉我们，一个在物质上极度满足的孩子，他的精神追求往往是匮乏的。一个人在基本生活需求满足之后，其生活质量、幸福指数以及可持续性发展都取决于精神领域的建设。

大量事实表明，很多孩子出现这样那样的问题，大多和物质有关。我们常常观察到这样一些现象，凡是穿名牌服饰、手拿高档手机的孩子，学习成绩大多不敢恭维；而那些学习优秀的孩子，对物质的需求往往比较淡然。据有关报道，某沿海城市一些富裕起来的父母常常为教育孩子而感到非常闹心。物质财富没能给他们带来幸福、快乐，带给他们的却是揪心扯肠。他们的孩子在挥霍物质财富的同时，也在制造着罪恶，有的甚至给父母带来灾难。一个没有正确价值观的人，过多的物质财富能给他带来什么呢？无非干些吸毒、赌博、嫖娼等下三烂的事情。

广西某市有一个"富二代"孩子，初中辍学在家。手里大把的钱不知道怎么花，变着法子寻求精神刺激。经网友介绍，这个孩子参加了具有黑社会性质的组织，天天和流氓、无赖混在一起。他在身上文了九条龙，把头发染成了紫红色，在耳朵上打满了孔，挂着五花八门的耳坠。这个孩子总觉得自己长得不够酷，天天闹着要到韩国去整形。可以说，物质财富是一些"富二代"颓废和堕落的催化剂。

有一个孩子，初中毕业后不想上学了。爸爸为了鼓励他上学，给他买了宝马车。孩子开着车上了三天学，再也不愿去了。

因为他有很多事要干，比如，考驾照，参加车友俱乐部，带女友兜风等等。用物质刺激让孩子追求进步，无异于南辕北辙。

满足孩子的基本生活需求，是父母义不容辞的责任。而让孩子拥有过多的物质财富，只能给孩子增添负能量。一个物质上极度充盈的孩子往往没有危机感，也不思进取，更不知道感恩，最终没有什么作为。

古人讲："千金难买幼时艰。"这句话是有深刻含义的。在经济高速发展的今天，我并不是要大家追求贫穷。但是，让一个孩子的童年时代、少年时代生活适当艰苦一些，真的是一笔不可多得的精神财富。尤其是在物质极度丰富的今天，做父母的能拥有这种观念，更是难能可贵。这样做至少有三方面的好处：第一，生活条件相对艰苦的孩子，有意无意接受了生活的历练，生活和学习能力往往比较强；第二，体会到生活的艰辛、父母的不易，孩子往往习惯节俭、知道珍惜、懂得感恩；第三，生活条件差的孩子，改变自己命运的愿望往往比较强烈。所有这些，都是幸福人生不可或缺的品质。理想的家庭教育应该是：父母从小让孩子在物质上相对匮乏，而在精神上极度富足。

五、家庭教育要有危机感

改革开放取得了巨大的成就，这是众所周知的事实。但是，经济高速发展的同时，人们的精神世界也在发生着变化，人生观、价值观也呈现多元化趋势。当今时代，很多成年人内心非常浮躁，孩子的心灵更容易受到负面思潮的影响。孟子说："生于忧患，死于安乐。"对于孩子的成长而言，父母要有强烈的危机感，要常怀忧患意识。没有危机感是最大的危机。

你的孩子现在比较正常，但保证不了以后他不会出现偏差；你的孩子在小学成绩优秀，但保证不了他到初中不会厌学；你的孩子现在有理想、有追求，但保证不了以后他的灵魂不被污染。假如你在教育孩子方面出现了问题，后果可能就不是写写检查、扣发工资这么简单的了。孩子可能出现叛逆、厌学、辍学、沉溺网络、违法犯罪等问题，由此给你带来的麻烦和惩罚很有可能是终生的，甚至延及下一代。

意大利教育家蒙台梭利说：“妈妈必须同时喂养孩子的身体和精神，且精神上的需求更重于身体上的需求。”大量实践表明，最好的教育是陪伴，最大的支持是情感支持，孩子对父母的最大需求是情感需求。父母给孩子无限的情感支持，是孩子健康成长不可或缺的营养素。哈佛大学心理学教授吉尔博特说：“10年之后，你不会因为少做了一个项目而遗憾，但你会因为没有多陪孩子一个小时而遗憾。”

上医治未病，下医治已病。家庭教育和治病一样，预防为主，治疗为辅。要想让这块地里不长杂草，最好的方法是种上庄稼；要想让孩子的灵魂减少纷扰，最好的方法是培养他的美德。在孩子成长的道路上，人生导师的角色非常重要，父母尤其要不断地充实自己，无愧于孩子的“人生导师”。父母要给孩子指明前进的方向，帮助孩子描绘人生的蓝图，激励孩子凝聚精气神，引导孩子步入健康成长的轨道。

六、善于把坏事转化成好事

人生不如意事十有八九。父母在教育孩子的过程中，也会常常遇到不如意的事，甚至比较糟糕的事。内心充满阳光的父母通常会这样想：再糟糕的事情往往蕴含着美好的东西，坏事的另一面必然是好事。事情无好坏，思维在作怪。塞翁失马，焉知非福。同一件事情，看开了是天堂，看不开是地狱。优秀父母的一项基本修炼，就是要学会积极思考，善于发现“坏事”背后蕴含的闪光点，挖掘消极事物背后的积极因素。

比如，孩子考了倒数第一，父母可以这样对孩子说：“现在我们没有思想负担了，不用再担心退步了，光剩下进步了。”

孩子有一道题没有得分，父母可以这样对孩子说：“这道题虽然没有拿到分，但重要的一步你做对了，你在学习上很有潜力！”

孩子迟到了，挨了老师的批评，父母可以这样对孩子说：“妈妈特别理解你的心情，任何人碰到这事都会闹心。老师的批评不是针对你这个人，而是针对迟到这件事。如果你能把老师的批评化作成长的力量，从此克服掉磨蹭、拖延的习惯，这不是天大的好事吗？如果是这样，老师的这次批评还能成为你值得珍藏的记忆呢！”

孩子考试不理想，父母可以这样对孩子说：“你的总分虽然下降了，但数学考得非常好，妈妈为你感到自豪！再者，你通过考试，发现了自己薄弱的知识点，找到了差距，有了努力的方向，这不是令人高兴的事情吗？”

前进路上的灯，靠自己去点亮。养成了阳光心态，善于把不利因素转化成有利因素，我们就会不断凝聚起正能量，我们的内心就会越来越强大。进入此种境界，我们还有什么坎过不去？还有什么事情能伤害我们呢？孩子和我们这样的父母在一起，不是天大的福分吗？

七、急功近利是教育之大忌

在教育孩子时，不少父母心浮气躁，急功近利。有的父母说：“孩子再有几个月就要中考了，学习却一点儿都不在状态，我着急啊！”“孩子有两周不去上学了，天天泡在网上，根本没有要复学的意思，我该怎么办呢？”针对这类家长，我会这样引导：“言为心之声，面为心之色。你这种急躁的心理状态，一定会在孩子面前表现出来，孩子不和你对抗才奇怪呢！孩子要能因为你着急而追求进步，那才是怪事呢！”

为什么说父母急功近利是在给孩子帮倒忙？这是因为功利心强的父母，内心往往是急躁的、焦虑的，即便他强装笑颜，孩子也能感受到父母内心的纠结。在孩子的心目中，父母并没有多么高尚，父母对自己是有企图心的，父母对自己的关爱是等价交换，是要求回报的。因此，孩子就会在潜意识里和父母对立起来，和父母最希望达成的事情（比如学习）对立起来。这样，教育就进入了恶性循环。

放下意味着升华。如果父母真正远离了功利，只管付出，不问回报，孩子就能感受到父母的豁达和开明，感受到父母对自己的信任和支持，感受到父母的人生高度和人格魅力。进入此种境界，孩子的自我教育意识就会一点一点觉醒，孩子就会朝着父母希望的方向发展。

不帮倒忙就是支持。在我们平台上学习的诸多父母，凡是远离功利的，他们的家庭教育都上了一个台阶。这是因为，他们说服了自己，内心放下了，对孩子信任了，并给了孩子一定的成长空间。孩子感受到了父母不计回报的爱，都会以进步和成长来回报父母。

反之，那些缺乏远见、功利心强的父母，由于他们不信任孩子，处处要求孩子、控制孩子、打压孩子，孩子因为不满父母的强制和摆布，往往会以消极对抗来回应父母。这类父母看似也非常辛苦，结果却是竹篮打水一场空。他们收获的一定是自己不情愿接受的——亲子关系破坏了，孩子的前途也毁掉了。

家庭教育最忌讳急功近利。急功近利是父母的短视行为，是父母缺乏安全感的表现。可以说，急功近利是孩子成人、成才的无情杀手。克服功利思想应该是优秀父母的基本素养。

“父母能守住自己的心，孩子的心就不会走远。”“‘回报’是一个很有个性的人，你疯狂地追逐他，他会躲得离你老远；你不在意他了，他就会主动亲近你。”

十年树木，百年树人。教育是品格塑造品格、灵魂陶冶灵魂的工程。古埃及人建造金字塔时非常用心，每一块石头他们都要精心堆砌。

有人说何必那么用心，这样做何时才能完工。金字塔建造者说：“既然我们是在为永恒建造丰碑，有必要匆匆忙忙吗？”

乐于分享，避免说教

对孩子说教，是众多父母的惯用手法。随着时代的发展，孩子的自主意识越来越强，“说教”这种教育方式越来越不合时宜。

相信不少父母对下面的话耳熟能详：

老爸又开始忆苦思甜了，你就不能讲点新鲜东西！

妈，你那几句话我都能背下来了，我知道你下一句要说什么，不就是要我好好学习，将来有一个美好的前途嘛！

你天天说王冰好，你怎么不让他当你儿子呢？

既然说教达不到教育的目的，那么应该怎么办呢？我认为最好的方法是分享。孩子们为什么乐于接受分享呢？分享是父母以第一人称和孩子说话，父母谈自己的感悟，不涉及孩子自身，故而孩子内心不会设防。没有了提防，教育往往就进入了良性循环。实践证明，分享是教育孩子行之有效的方法；分享是塑造孩子价值观、帮助孩子打好人生底色、增进亲子感情的重要手段；分享是培养优秀孩子的灵丹妙药。家长如果能把分享的技巧运用得当，孩子的教育就步入了良性循环。

分享如此重要，和孩子分享要注意些什么呢？如何分享才能达到理想的教育效果呢？

种瓜得瓜，种豆得豆。如果你希望孩子成为美好的人，你就要不断给孩子传递美好的东西，呈现在孩子面前的也都是美好的事物。你希望孩子成为优秀的人、品格高尚的人，你就要不断和孩子分享能给你人生带来启迪的事情、能给你心灵造成震撼的事情、能让你精神得到升华的事情。感动引发感动，高尚铸就高尚。孩子天天被父母传播的真、善、美包围着，被父母散发的精、气、神滋养着，逐渐就成了“高尚的人，纯粹的人，有道德的人，脱离了低级趣味的人，有益于人民的人”。

父母在和孩子分享的过程中，自己的心灵不断受到洗礼，精神不断得到陶冶，自然而然地，父母就远离了浮躁，也变得高尚了。

有一位做教师的妈妈给女儿分享了令自己感动的一件事。

> 女儿啊，今天学校发生了一件事，让妈妈好感动！这件事发生在你王阿姨身上。以前，我对王阿姨抱有偏见，我认为她说话、办事不靠谱，我不愿和她交往，甚至对她有防范心理。
>
> 今天，上级领导来学校检查工作。有一项工作领导不太满意，年级主任认为是我的责任。正在我百口难辩之际，王阿姨勇敢地站了出来。她向年级主任坦言，这件事是由于她的疏忽造成的，和我没有任何关系。王阿姨挨了年级主任的批评，在同事面前也丢了“面子”。但是，顷刻之间，王阿姨的形象在我面前高大了起来。关键时刻，她敢于挺身而出，澄清事实，承担责任，这是多么可贵的品质！王阿姨勇于担当的精神让我肃然起敬。

透过这件事，我深深感到，和王阿姨比，我自愧不如。我的心胸没有王阿姨宽广，品格没有王阿姨高尚。这么一个具有金子般品质、水晶般心灵的人，我平时却没有客观地看待她，想想真是太令人汗颜了。这件事带给我的思考是，今后我会用善意的目光看待周围的人；要找原因去原谅别人。别人这样做一定有他的理由，尽管我不知道他的理由，但我相信他的动机是善意的，愿望是美好的。

女儿说："王阿姨太了不起了，看起来腼腼腆腆的，内心却如此强大！"

看得出来，女儿的内心也产生了共鸣。

有一位爸爸，给犯错的儿子讲了一个故事。

在一辆公交车上，一个年轻人独自坐在那儿，眼睛盯着窗外一动不动。他约莫二十出头，长得挺英俊的。他头发剪得短短的，显得干净利落。

一会儿，他将目光移开；一会儿，他又皱紧眉头。他似乎在期待着什么，又担心着什么。他那焦虑的眼神引起邻座一位老奶奶的注意。客车正在驶进一个小镇，这位老奶奶移步过去，坐在年轻人身边。

寒暄一番后，年轻人告诉老奶奶说："我在监狱里待了两年，今天早晨刚出来，我现在要回家了。"

他告诉老奶奶，他家虽然贫穷，但父母都很有志气。两年前，由于他无知犯了法，伤透了父母的心。在监狱里整整两年，他都没有接到父母的只言片语，他渐渐地也没有再写信给家里了。

3个星期以前，他写信告诉家人，自己即将出狱，并且告诉父母很对不起他们，他恳求父母原谅自己。

他接着又解释说，他搭的这一班车，会从他家门口经过。他在信上告诉他的父母，如果他们不接受他，他也不会抱怨的。

为了让父母不至于太难堪，他请求他们到时候给他一个信号，让他在车上可以清楚地看到。如果他们原谅他了，就在家门前的苹果树上系一条白丝带；如果他看不到白丝带，他就会坐这班车离开家乡，永远地从他们的生活中消失。

老奶奶听了年轻人的心事，问他："我和你换个座位，我帮你看，你说这样好不好？"年轻人同意了。

车子往前开了一阵子，老奶奶看到那棵树了。她轻轻地拍了拍年轻人的肩膀，手指着窗外，含着眼泪说："看哪！看哪！整棵树都挂满了白丝带！"

年轻人的目光不再迷茫，他的眼里满含着幸福的泪水。

父母博大的爱，给了年轻人站起来的信心和勇气。回家后，年轻人用自己的汗水和智慧，经过数年打拼，创造了一份不菲的产业，他做了不少慈善事业，也赢得了大家的尊重。

爸爸讲的故事让儿子颇受感动。儿子呜咽着说："以前，我不听父母的话，才铸成大错。通过这件事，我算明白了，出了事人人只顾自保，没有人替我负责任，唯有父母会为我买单！"

爸爸说："我的儿子是善良的，他有是非观念。相信儿子一定能从此事中汲取教训，相信儿子今后的人生道路一定能走得更加顺畅！相信儿子一定会有一个光辉灿烂的未来！"

儿子抬起了头，眼睛直视远方，眼神十分坚定。

有一位爸爸，为了开阔女儿的视野，拓宽女儿的人生格局，给女儿讲了下面的故事。

阿根廷高尔夫名将若柏·文森，他的事迹也许很少被媒体关注，但在他的职业生涯中，有一件事特别值得我们回味。这件事倒不是说他的球打得有多好，而是让我们看到他的人格有多么崇高。

有一次，文森赢了一场球。在颁奖仪式上，文森接过一张支票。发表获奖感言后，文森往停车场走去。半路上，一个女人拦住了他。这个女人满脸忧愁，对文森说："先生，今天是你的好日子，我祝贺你，可我没你那么幸运，我的孩子病了，是一种血液疾病，医生说没药可救了，活不久了……"

文森停下脚步，问这个女人："我能为你的孩子做些什么吗？"接着，他拿出一支笔，在支票上签了名，交给这个女人说："让你的孩子再接受一段治疗吧！"

一个星期以后，文森在一家乡村俱乐部用餐。一个职业高尔夫联盟的职员走过来，对他说："文森先生，听说那天你赢球之后，给了一个女人一张支票？"文森点点头。那个职员接着说："老兄啊！那个女人是个骗子，根本没有什么孩子生病这回事！"

这位大名鼎鼎的高尔夫球星抬起头来问："你是说没有一个孩子生病，也没有孩子即将死亡这回事？"那位职员点点头。

文森咧开嘴笑了，他说："没有一个孩子生病，也没有一个孩子病危，这是这个星期我听到的最好的消息了！"

女儿沉思片刻，对爸爸说："这个文森简直超凡脱俗了，我知道什么是高境界了！我由此想起老爸以前跟我说的一句话：‘一个人不计较得失的时候，他已经得到了很多！’”

爸爸说：“阅尽芸芸众生，那些有影响力的人，都是有一定高度的人，有博大胸襟的人，有人格魅力的人。看到宝贝女儿眼界越来越开阔，内涵越来越丰富，老爸由衷地高兴！”

有心的父母，每天要留心搜集让自己感动的事，认真提炼蕴含真、善、美的事，要把富含人生智慧的哲思妙语、闪耀人性光辉的经典故事、亲身经历的催人奋进的人和事，分享给孩子。通过分享，把正确的价值观渗透给孩子，把先进文化传承给孩子。通过分享，孩子不断地品尝到父母精心制作的精神大餐，通过潜移默化的影响、润物无声的熏陶，孩子渐渐地就会成为心灵富翁、精神超人。

和孩子分享，要注意以下问题：

1.父母首先要成为学习型家长。只要不断学习，思想和智慧就不会枯竭。和孩子分享才会有新思想、新内容，孩子才不会感到枯燥乏味。

2.父母要认真备课。和孩子分享，要达成教育效果，父母就要用心备课、认真演练。要给分享的内容融入丰富的情感，赋予旺盛的生命力、感染力，让分享寓庄于谐，妙趣横生。干巴巴地分享，往往引不起孩子的兴趣。父母的分享如果连自己也感染不了，就更难感染孩子了。

3.不要把分享变成说教。和孩子分享，谈某件事让自己产生的人生思考；谈某个人对自己的影响；谈某个哲理故事对自己的人生启迪。在分享的过程中，孩子受到了真善美的陶冶，已经达到了良好的教育效果。这时，父母千万不要画蛇添足，把焦点引申到孩子身上，以致分享变成了说教。关于这个问题，我做过调查，几乎所有的父母分享到最后，都会犯急功近利的错误，都会不约而同地把矛头指向孩子，这样就大错特错了。

很多父母会对孩子说："孩子，你就是缺少故事中主人公这种精神，如果你把这种品质培养起来，那就是锦上添花了！"

"孩子，故事中张杰锲而不舍的精神非常令人感动！你做事却总是半途而废，你要尽快补上这一人生短板，不然，将来进入社会你会处处碰壁！"

融进了说教的成分，孩子的潜意识就会和父母对立起来，也会和父母分享的理念对立起来。这样，不但造成父母的分享前功尽弃，而且孩子再也不愿听父母分享了。

4.让分享成为一种教育方式。和孩子分享，要坚持不懈，切忌一曝十寒。要让分享成为一种习惯、一种自觉行动、一种教育方式。笔者建议，父母每周可以和家里的小学生分享5次左右，和家里的中学生分享2～3次左右。

一位哲人说过："这个世界，不是有权人的世界，也不是有钱人的世界，而是有心人的世界。"

真正有心的父母，可以把自己和孩子分享的内容积累、整理，集结成书。这样，不但是对自己读书、学习的总结；也是父母和孩子共同成长的见证；同时也给子孙后代留下一份精神财富。更为重要的是，出书可以帮到更多的家长和孩子。不经意间，我们就积了一份功德。一时劝人以口，百世劝人以书。很多人觉得出书不容易，其实它没有你想象的那么难。世上无难事，只怕有心人。只要用心搜集、整理，积累到一定程度，做成一本书就是水到渠成的事。还有一点非常重要，有心的父母产生了出书的想法，在和孩子分享的过程中，积累素材会更用心，备课也会更认真，和孩子分享的效果就会更好。如果是这样，你就成了孩子称职的人生导师，你的孩子不知不觉就进入了成长的快车道，孩子一定会有一个美好的未来！

孩子逆反、厌学都是强迫的结果

在应试教育占主导地位的今天，孩子的学习成绩是父母最关心的事情。父母虽然没有经过开会商量和统一口径，却不约而同地陷入同一个思维误区：学习最重要，一切要为孩子的学习让路。在这种错误思想的支配下，父母紧紧盯住孩子的学习活动和学习成绩。比如，孩子玩一会儿手机，父母会皱眉叹息；孩子星期天没有学习，父母会轮番批评、说教；孩子考试进步了，父母还嫌进步小；孩子学习退步了，父母表现出情绪失控，甚至气急败坏。过度关注孩子学习成绩的结果是：亲子关系陷入恶性循环，孩子的学习成绩往往不会理想。这是因为：

1.由于父母过度关注孩子的学习，孩子往往认为是给父母学的，要不父母怎么那么在意这件事。没有人会喜欢别人强加给自己的事情，何况一个涉世未深的孩子。

2.由于父母不断强化学习这件事，孩子的内心对这件事非常反感，在潜意识里和学习对立起来。学习成为亲子冲突的导火索，成为孩子烦恼、痛苦的最直接诱因。久而久之，孩子就会厌恶学习，甚至憎恨学习。

有一位妈妈，希望女儿将来成为钢琴家。女儿七岁时，妈妈给她报了钢琴班。一年后，家里买了钢琴。刚开始，女儿感到新鲜，不停地练琴。几个月后，一首《我爱北京天安门》弹得像模像样。妈妈觉得女儿在这方面有天赋，教女儿学琴更来劲了。参加钢琴班，妈妈和女儿一块去；在家练琴，妈妈坐在女儿旁边。按照老师的要求，妈妈从坐姿到指法，从读谱到节拍，事无巨细地指点女儿。女儿像一台机器人，任凭妈妈“声控”摆布。

女儿没有品味到学琴的乐趣，感受到的全是妈妈的操控和呵斥。渐渐地，女儿对钢琴厌烦了。在钢琴班，女儿的手指虽然在琴键上，心思却跑到爪哇国去了。在家里练琴，女儿时常对着钢琴发呆。妈妈接受不了女儿这种状态，没少和女儿生气。她对女儿打骂过，自己放声大哭过，还打过自己的耳光，她用各种方法给女儿施加压力。无论妈妈怎样，女儿再也不愿碰钢琴了，她甚至不愿进钢琴房。更有甚者，女儿看见钢琴就条件反射地恶心、呕吐。妈妈百思不得其解：“让你练琴，是对你好啊！你怎么就不理解妈妈的良苦用心呢？要是邻居家孩子，我才懒得理他呢！”这位妈妈哪里知道，是她错误的家教方法剥夺了女儿童年的快乐；是她违背人性的苛刻要求破坏了女儿练琴的兴趣。

城门失火，殃及池鱼。数年后，这位妈妈的二宝儿子8岁了，她和丈夫商量，希望儿子学钢琴，反正家里有钢琴，也不用买。这位妈妈不甘心，女儿没有实现的钢琴家梦要让儿子实现。丈夫坚决反对：“还不长记性啊！钢琴还没有把女儿折腾够啊，你还要再折腾儿子。你再提钢琴，我就和你急！”

女儿之所以对钢琴那么反感，完全是妈妈急功近利、拔苗助长所致。

女儿在练琴过程中感受到的都是负面的心理体验，她要能喜欢这件事才不符合人性呢！女儿在心里不免这样想："钢琴是一个该遭诅咒的家伙，为了它，我没有一天开心过。"女儿在潜意识中强烈排斥练琴，以致后来出现身体不适的症状。

如果这位妈妈懂人性、懂教育，采用的是启发、诱导、赏识、鼓励的教育方法，女儿在练琴过程中体验到的是心情愉悦，她能从中不断获得成就感，从而提高自信心，她的演奏水平一定会不断提高。如果是这样，女儿的人生就很有可能进入良性循环。她会把对钢琴的喜欢演绎成对生活的热爱；她会把在练琴过程中养成的良好习惯、培养的正向素质、凝聚的正能量带到今后的学习和生活中，她的人生一定会不同凡响。

强迫孩子学习，生硬地把知识灌输给孩子，是违背人性的做法，是极具杀伤力的做法，是催生孩子厌学情绪的做法。教育家陶行知先生早在20世纪30年代，就发表过关于教育的著名论断"教育如同喂鸡"。

有一次，陶行知先生在武汉大学演讲。他走向讲台，不慌不忙地从箱子里掏出一只大公鸡。台下的观众全愣住了，不知陶先生要干什么。陶先生从容不迫地抓出一把米放在桌上，然后按住公鸡的头，强迫它吃米，大公鸡不吃。

怎样才能让公鸡吃米呢？陶先生轻轻地松开手，把鸡放在桌子上，自己后退了几步，大公鸡开始吃起米来。

这时，陶先生开始演讲："我认为，教育就像喂鸡一样。先生强迫学生去学习，把知识硬灌给他，他是不情愿学的。即使学也是食而不化，过不了多久，他还是会把知识还给先生的。但是，如果让他自由地学习，充分发挥他的主观能动性，那效果一定好得多！"台下一时间掌声雷动，为陶先生生动的演讲叫好。

有一位妈妈，她天天关注孩子的学习，时常过问孩子的学习。孩子的学业不但没有长进，反而不断下降。接受我的引导后，这位妈妈把注意力转移到自我提升上。她不再关注孩子的学习成绩，而是关注孩子的精神状态；她在意的不是孩子飞得高不高，而是飞得累不累。她给自己提出一个要求，要求自己跟孩子说的话一定是充满正能量的。比如，她经常这样和孩子说话："看到你自信心在不断增强，你越来越乐于接受挑战，妈妈打心眼里为你高兴！""这次考试虽然退步了12名，但妈妈认为这也是一件好事，哀兵必胜。妈妈相信你一定能迎头赶上！""看到你精神状态越来越好，妈妈为你点赞，没有什么比儿子心情舒畅更重要的事情了。""儿子，从今往后，妈妈不再注重你的学习。学习是你自己的事，妈妈把学习的主动权还给你。妈妈相信你能培养起自主学习能力，妈妈相信你能对自己负起责任。"在妈妈源源不断的正能量影响下，孩子的学习成绩稳步持续上升，一个学期后，他进入了班上前十名。

这位妈妈动情地说："孩子能有比较大的进步，得益于贾老师的点拨，我在加强学习的同时，习惯从内心寻求力量。其实我并没有做太多的事情，只是遵循了人性的规律。我远离了功利，从内心深处相信了孩子。我把关注点移开了，孩子就不对抗了。我学会了积极思维，善于运用积极心理暗示。孩子接收到的都是充满正能量、极具建设性的信息，孩子感受到的是妈妈的关爱和信任，孩子追求进步、健康成长就是一种必然。"

家长朋友，如果你想让孩子站在你的对立面，如果你想让你的孩子学业下降，讨厌学习甚至憎恨学习，你就紧紧盯住孩子的学习，你就强迫孩子学习吧！我非常肯定地告诉你，这样做，一做一个准，可以说是屡试不爽。

请看孩子们是怎么说的：

一个高一的男孩子说："妈妈，我对学习本来都有安排，你一教导我，我就不想学了。你每次和我谈话，我就会有两天进入不了状态！"

一个初三的男孩说："爸爸，你说出来的话总是否定我，你总是担心我会越来越退步，你为什么不想着我会越来越好呢？"

一个高二的女孩说："妈妈，你知道不知道，高中知识比较难，需要静心学习，你却总是打扰我。你每次对我说教一番，我心里就烦，然后就去玩手机，一玩就失控。学习落下来了，就更不想学了。我的学习下降都是你不断唠叨造成的。"

好孩子都是父母相信出来的。如果你希望你的孩子学业优秀，有一个美好的未来，你就要放下孩子的学习，给孩子足够的成长空间，让孩子自主学习。父母当好孩子的啦啦队长就足够了。父母要从内心深处相信孩子，相信孩子有求知欲望；相信孩子有学习主动性；相信孩子能对自己负责任；相信孩子能给父母争光。浓缩成一句话，坚定地相信孩子一定能成为优秀、杰出的人才！

好孩子是“信任”出来的

你见过铁树开花吗？你相信铁树会开花吗？铁树开花、枯树发芽常常被认为是不可能的事情。但是，铁树开花、枯树发芽确实是不争的事实。一年秋天，我回老家，看到叔叔家的一棵铁树开花了。面对如此难得的景观，我拍了照片，发到微信朋友圈，朋友们啧啧称奇。铁树开花，为什么这么难的事情都能够发生？这是因为，种植、养护铁树的人对铁树开花这件事有着坚定的信念。在坚定的信念支撑下，经年累月地坚持了对铁树的合理照料。如果没有坚定的信念支撑，放弃了对铁树的照看，那铁树很有可能变成“死树”，死树是不可能开花的。

人生在世，信念非常重要。信念是什么？信念是对美好未来的强烈向往，信念是对美好明天的内心确认，信念是对看不见的东西无比相信。我们常说自信心，自信心是什么？自信心是一个人的自我认同度。自我认同度高的人，自信心就强；自我认同度低的人，自信心就弱。父母是孩子最在乎的人，父母对孩子的评价，将会左右孩子的自我评价，自我评价往往决定孩子的人生走向和前途命运。

我认为，优秀父母最基本的一项修炼，就是要善于发现孩子的优点，把赏识孩子、肯定孩子、鼓励孩子变成无意识的行为，变成一种习惯。这就好比一个熟练的司机在驾车行驶的过程中，前边遇到障碍物，踩一脚刹车是一种下意识的动作，是一种自然而然的反应，是不需要任何思考的。达到此种境界的父母，往往拥有阳光心态，浑身上下充满正能量，全身心地对孩子充满信心。生长在这样的家庭中，是孩子莫大的福分。孩子从父母对他充分肯定的眼神中，充分信任的话语中，充满信心的肢体语言中，能感受到父母对他的关心、爱护和信任，孩子就能从父母身上不断吸收到正能量。受父母的影响，孩子对自己的评价往往是积极的、正向的，这样的孩子从内心深处觉得自己能行，他们往往能勇敢地面对生活和学习的挑战，他们也一定能够奏响生命的乐章。

在咨询中，我接触了大量的中小学生。鉴于我是一位长者，孩子们对我都比较尊重，呈现给我的都是优秀的一面。有的孩子向我表示，高一上学期要读5本课外书；有的孩子表态，初三下学期要进入班上前十五名；还有的孩子说自己的中考目标是考进重点高中的“航空实验班”，他的理想是成为一名飞行员。对于孩子追求进步的愿望，我都会因势利导，进一步强化孩子的自信心。令人不解的是，一些父母背着孩子对我说：“贾老师，我实话告诉你，刚才我的孩子是在骗你，他说的都是谎言，他向你表示要怎样怎样，他根本做不到。我太了解他了，什么事他都拖延，遇到一点儿困难他就逃避，他屡屡下决心，没有一次能坚持到底，他自控力差着呢！”这类父母自认为了解孩子，他们给予孩子的都是负面评价。孩子之所以自暴自弃，之所以丢掉前途，都是父母不断否定、贬损的结果。父母极具杀伤力的语言，让孩子的自信心消失殆尽。

有一个上初二的孩子，成绩不太好，也比较贪玩。但是，升到初二，他和一个成绩不错的同学成为同桌，受同桌的影响，这个孩子萌生了追求进步的愿望。他想："再有一年多就要中考了，我不能这样混日子了，我一定要努力学习，中考时考进当地的一高。"这位同学多么想证明自己啊！有了想法，他开始努力了。上课专心听讲了，写作业也认真了。努力了两周左右，这位同学发觉自己底子薄，知识欠账多，他感到学习力不从心，因而产生了畏难情绪。

这时，他的内心非常纠结。不努力学习，没有出路，将来上个职高、技校他不甘心；努力学习吧，上坡路实在难走。正在他进退两难的时候，他脑海里涌现出来的，都是妈妈对他的负面评价，他一下子蔫了。"不行，不行！我想得太天真了。我妈说了，我做事常常半途而废，我的记忆力超差，我就不是一块学习的料。我是我妈生的，我妈最了解我了。"妈妈消极的心理暗示起了主导作用。想到这些，这个孩子认为自己做不到，自然而然就放弃了。

假如父母从骨子里相信孩子，他们认为孩子一定能行，那结果就完全不一样了。比如，父母这样和孩子说话：

"老师说了，你在学习方面很有实力，你一定能给班级争光，给学校争光。"

"笑到最后才是笑得最好的。上天给了你一个比较低的起点，是为了让你演绎一个绝地反击的故事。"

“孩子，妈妈发现你从小记忆力就强，你六岁就能背乘法口诀。妈妈断言，初中的单词对你来说都不在话下。”

“看到你的自学能力在不断提高，爸爸非常欣慰。爸爸坚定地相信，今年小升初，你一定能考进心仪的中学，是金子总会发光的。”

父母从小给予孩子的都是积极评价，孩子潜意识里沉淀的也都是正向信息。当孩子遇到困难和挫折的时候，他一定能凝聚精神力量，扬起自信的风帆，勇敢地接受生活和学习的挑战，从而达成美好的人生愿景。

平心而论，父母对孩子信心不足，其实是对自己信心不足；父母对孩子失望，本质上是对自己失望。看孩子一无是处的父母，是缺乏信念的父母。父母觉得孩子什么都不行，结果导致孩子越来越不行。深层次的原因是，一个处处被否定，经常不被看好的孩子，往往觉得自己就是父母眼中的“垃圾”，自己不配拥有美好的东西。久而久之，孩子就真的成为父母预言的“不争气”的人了。

不少父母说：“我的孩子身上没有任何优点，你让我怎么相信他？孩子要在各方面都好，比如他是优等生或者三好学生，我肯定会信任他！”这类父母犯了一个常识性错误：没有播种，却要求收获！他们没有给予孩子信任和支持，却要求孩子各方面都优秀。他们忽略了一个因果关系——孩子是因为缺乏爱才表现出不可爱。不是因为孩子优秀了，父母才对他有信心，而是因为父母对孩子充满信心，孩子才会优秀。父母是孩子自信心的源头，是孩子精神力量的根据地。作为孩子的监护人，作为孩子心目中的“偶像”，父母对孩子都没有信心，谁能帮他树立信心？一朵花缺少了阳光雨露的滋养，一定会日渐枯萎。

一个人的成长需要别人的关怀和鼓励，真诚的关怀和鼓励如同和煦的春风，能给人带来温暖，给人希望和力量。请看俞敏洪讲的故事。

一个来自农村、家庭贫困的男大学生，在周围来自大城市的同学的对照下，深感自卑。由于精神状态极其不好，他期末考试三门不及格，面临退学的危机，绝望中这位大学生想了断自己。同班的一位女生得知此事后，出于同情买了一束鲜花去看他，说了一大堆他的优点，并告诉他很多女生对他都有好感，只是因为他深沉严肃不敢与他接近。女生走后，男生精神大振，立刻拿出教科书复习。由于状态超好，他开学时全部补考及格，从此一发不可收拾，毕业时成了全班最优秀的学生，拿到了美国普林斯顿大学的奖学金。出国前，他请那个女生吃饭，向她表示感谢。女生告诉他，当时她说那些话只是为了安慰他，但是现在他真的具备了她所说的全部优点。

孩子的自尊来自父母的信任

回顾我的成长历程，我所取得的成就都与我妈妈的信任和支持是分不开的。改革开放初期，我所在的企业受到了很大冲击，我决定下海经商。我征求妈妈的意见，她态度十分明确："只要是你经过深思熟虑的决定，我支持你。"经商期间，免不了经历一些挫折，每次遭遇低谷，妈妈总是相信我能渡过难关。为了孩子的前途，我倾尽全力投资教育，我给孩子转户口、择校，花掉了不少钱，我妈妈说这个钱花得值。上高一时，儿子出现了问题，我选择了专职陪读，妈妈说我看得远。孩子考上大学后，我没有继续经商，而选择了弃商从教，成为专业的家庭教育工作者，妈妈说"你做的是好事、是善事"。在我的印象中，妈妈从来没有打击、否定过我。每次遇到比较大的事情，妈妈总是旗帜鲜明地支持我。我这一生之所以能做点事情，很大程度上得益于妈妈对我的信任和支持。由于妈妈的理解、信任和支持，我总是信心满满。面对困难，我总能迎难而上，从不退却。可以说，妈妈的肯定、鼓励是我进步的不竭动力。我想，这就是最伟大的母爱吧！如果妈妈凡事挑毛病，横竖否定我，我一定会质疑自己的决定，怀疑自己的能力，我就不可能取得后来的一些成就。

下面这位妈妈的做法，一定能给大家带来有益的启迪。

有一位妈妈，和儿子关系极不融洽。妈妈对孩子极不信任，担心孩子什么事都做不好，结果导致孩子越来越沉溺网络游戏，初三辍学在家。眼看再有七八个月就要中考了，妈妈心急如焚。

这位妈妈找我咨询，我一针见血地指出：孩子出现问题，是亲子信任危机所致，信任是孩子健康成长不可或缺的营养素。缺少了父母的信任，孩子就缺少了成长的动力。你希望孩子成为好孩子，却把他当成不良孩子，你消极的心理暗示会导致孩子不断否定自己，距离好孩子越来越远。

经过我的引导，这位妈妈有了拨云见日的感觉，她下决心要不折不扣地相信孩子。回家后，她推心置腹地和孩子谈了一番话，她说："儿子啊，以前由于妈妈自以为是，给你的成长帮了倒忙。从现在起，妈妈要无条件地信任你，让你展现出好孩子的本色。"儿子将信将疑地看着妈妈，妈妈继续说："你是好孩子，只有优秀父母才能匹配你，妈妈一定努力学习，不断上进，跟上你成长的脚步。"

后来，这个妈妈做的几件事彻底改变了儿子对她的看法，让儿子对妈妈愈发信任。

第一件事

妈妈对儿子说："我算明白了，这段时间看起来你没有上学，但妈妈坚定地相信，你没有一天不在思考你的人生，没有一天不在凝聚成长的力量，你这是另一种成长啊！老妈一点儿都不担心你的前途，你是一个好孩子，你对未来有自己的打算。”

没几天，儿子上学了，且状态良好，妈妈对儿子的莫大信任给了儿子无穷的精神力量。

第二件事

有一天，妈妈郑重其事地交给儿子一把钥匙，对儿子说：“儿子啊，你是家里的主人，妈妈把家里的钥匙交给你，你回家后，可以直接开门进家，不用到处找妈妈。”

妈妈的这一举措，大大提升了儿子的安全感和归属感，强化了儿子的主人翁意识。儿子平时比较粗心，但把钥匙保管得非常好，一把钥匙包含了妈妈对儿子的无限信任。

第三件事

妈妈对儿子说：“刘凯歌同学，我郑重地拜托给你一件事，我把儿子拜托给你了，你不但要照顾好我儿子的身体，更要给他精神支持！”儿子从妈妈的嘱托中感受到巨大的信任，感受到拳拳母爱，一股暖流迅速流遍全身。

第四件事

接到老师的电话，知道儿子逃课了。妈妈的第一反应不是孩子不懂事，而是孩子学习压力太大了。妈妈给儿子发了微信：

“当一个初三学生特别不容易，妈妈非常理解你。最近几天晚上，妈妈常常梦见你，妈妈非常怀念母子共度的美好时光。我常想，上天对我太偏爱了，把这么优秀的孩子派给我当儿子，我还有什么不满足的呢？儿子啊！妈妈爱你，和你的表现没有半毛钱关系。”

妈妈没有提起儿子逃课的事，儿子第二天就上学了，此处无声胜有声。妈妈的巨大信任激发了孩子内心深处的美好潜质，给了孩子继续前行的动力。

第五件事

临近中考招生，考生要填报志愿，老师征求儿子的意见，并建议儿子和妈妈商量后再填报。儿子说：“我妈妈最信任我了，我做任何决定，填报任何学校，妈妈都能接受。虽然妈妈能接受，但是我不会报职高、技校。妈妈那么开明，那么懂我，我要让自己接受挑战，我要给妈妈争气，我要对自己的前途负责任，我要报考普通高中，我要上理想的大学！”

这位妈妈说：“我从贾老师那里学到了润物细无声、四两拨千斤、不着痕迹等教育智慧。自从我掌握了信任孩子这件法宝，我的家教水平上升到了一定高度，我牢牢地掌握了家庭教育的主动权。现在，我一点儿不愁孩子的教育，可以说，孩子的成长完全在我的预料之中，我坚定地相信儿子会有一个美好的未来。”

2019年中考，儿子考上了重点高中。儿子有如此大的进步，都是妈妈信任的结果。

美国前总统杰斐逊说：“让一个人值得信任最好的方法就是信任他。”一个孩子自尊水平低，自律性就差。信任是孩子成长不可或缺的营养素，信任来自伟大的父爱、母爱，信任就像阳光和雨露，信任能给以孩子支持和力量，信任是父母给孩子真正的祝福。得到父母信任的孩子，健康成长是自然而然的事情。下面讲有关信任的三个案例。

案例一

河北保定的张亚仙女士，为孩子的教育揪心扯肠。孩子在学校不断惹是生非，学习就是不肯卖力，临近中考，孩子的总分不足300分。接受贾老师的理念后，张女士下定决心要信任孩子。张女士对孩子说：“儿子，妈妈告诉你一个秘密，妈妈跟着贾老师学习，不是为了管你，而是为了不管你。妈妈相信你是好孩子，你一定能管理好自己！你一定能成为父母的骄傲、家族的荣耀！”张女士掏心掏肺地相信孩子，相信孩子一定能成为父母期待的那种人。孩子感受到妈妈的开明，懂他并理解他，和他在一个频道上。妈妈的信任让他扬起了人生的风帆，他一心扑在学习上，努力了一个月，学习成绩提高了200多分，中招考试以500多分考入了保定二中。

案例二

山东寿光的张丽倩女士，以前不信任孩子，总是担心孩子。缺少了妈妈爱的滋养，孩子学习成绩中等偏下。怎样才能激发孩子身上美好的潜质？怎么样能给孩子学习助力？通过向我咨询，张女士知道了信任是孩子成人、成才的黄金宝藏。为此，她不折不扣地信任孩子。男孩子要去烫发，妈妈不但没有反对，还心平气和地说："你的头发你做主，要理什么发型你自己决定。"由于妈妈无条件地信任孩子，孩子在暑假里烫了发，臭美了一番，临近开学又理成了普通的发型。经过这件事，儿子对妈妈越发信任，他认为妈妈是他的知己，他发誓要做一个好孩子，为妈妈争光。他经过持续不断的努力，学习成绩稳居班里第二名，近期跃升到第一名。期末考试后，班主任打来电话："感谢张妈妈为学校培养了一个品学兼优的学生。"并邀请她在家长会上介绍经验呢！

案例三

江苏南通的张玉娇妈妈，孩子上高三，学习成绩中等，孩子常因玩手机和妈妈闹别扭。张妈妈找我咨询，我一针见血地指出："要想让孩子爆发出比较大的成长动力，父母必须从内心深处把孩子当成好孩子，把信任孩子变成无意识的行为，若能把信任孩子演绎到极致，孩子成人、成才是顺理成章的事情。"张妈妈想："以前，我不信任孩子或者在信任孩子方面打了折扣，我收获到了什么？没有得到父母的祝福，孩子的内心不够强大，表现出来的都是消极和不自信，以致学习成绩不敢恭维。"张妈妈提醒自己："十二分地信任孩子，我也不会损失什么。既然信任孩子如此重要，我何乐而不为呢？"从此，这位妈妈把信任孩子作为生活中的头等大事，她不断检视自己的内心，"我真正信任孩子了吗？""信任孩子我总是打折扣，难道我不爱孩子吗？”“我信任孩子是发自内心的吗？我做到表里如一了吗？”

母亲用心了，对孩子的支持和影响逐渐凸显了出来。进入高三，儿子以昂扬向上的姿态投入到学习中，2018年以骄人的成绩考入了南开大学。

父母对孩子的评价会非常灵验。因此，父母千万不要说否定、贬损孩子的话，要习惯给孩子正向评价和带有积极的心理暗示的话。

信任的力量不可估量，

说你行，你就行，不行也行！

不是孩子身上缺乏优点，而是父母不会欣赏。

只要心中有风景，处处都是好风光！

欣赏孩子的长处，肯定孩子每一个细微进步，

让孩子不断体验成功的喜悦，找到生活的快乐，学习的自信。

相信孩子会越来越好，就像相信明天的太阳会东升西落一样。

只要你对孩子有坚定的信念，奇迹一定会在孩子身上发生。

捷径往往是最大的弯路

家庭教育是父母的人生功课，家庭教育融在日常生活中。教育孩子最忌讳急功近利，我们身边不乏这样的案例。凡是急于求成、希望马上解决问题、要求孩子短期内提高学习成绩的父母，收获的往往都是亲子关系恶化，孩子学业退步等恶果；凡是沉下心来，扎扎实实提升自我，切实做孩子榜样的父母，孩子心理往往比较健康，学习成绩也往往比较理想。我非常负责任地告诉读者朋友，教育孩子没有任何捷径，捷径往往是最大的弯路。

在鲁东农村，有这样一个家庭。受爷爷影响，这个家庭成了赌博世家，祖孙四代全都是赌徒。

单根独苗的爷爷，在长辈人百般呵护下长大。爷爷从小养成了好逸恶劳的恶习，整日无所事事、游手好闲。不想出力，还想过上好日子，希望一夜暴富的爷爷染上了赌博。爷爷大半生出入赌场，不但没有发家致富，反而穷困潦倒，债务缠身。“青出于蓝而胜于蓝”，爸爸比爷爷赌得更厉害，家里值钱的东西变卖光了，仅有的三间破瓦房抵给了债主，一家5口人住在邻居家的窑洞里。传到他这一辈，比上两辈人有过之而无不及。他以专职赌博为生，还吸上了毒品。在他的影响下，他的儿子由赌博、吸毒发展到贩毒，最终锒铛入狱；他的老婆带着小女儿远嫁他乡；他自己因过度吸食毒品，40多岁就命丧黄泉。赌博害了一家4代人，这个家族成了别人教育孩子的反面教材。我在想，这位爷爷如果九泉之下有知的话，一定会痛恨自己，是他不劳而获的投机心理，在后代人心中种下了邪恶的种子，以致家族败落，家破人亡。

下面讲一件我亲身经历的事情。

我20多岁的时候，跟着一位“师傅”学习一门手艺。为了得到“师傅”的真传，我对“师傅”非常敬重，学得也格外用心。“师傅”看我对他言听计从，在我身上动起了歪脑筋。

原来，“师傅”是个心术不正的人。虽然怀揣技艺，但并不满足有限的收入，他挖空心思要发“外财”。经过多次踩点，他看到了“商机”。改革开放初期，尤其是农村包产到户以后，农民获得了前所未有的大丰收，不少农民把粮食卖给国家。那时工职人员的工资平均每月三四十元，有的农民卖粮上千斤甚至更多，卖粮收入从数百元到上千元不等，让很多人羡慕不已。这对“师傅”有很大诱惑力，他想通过“卖粮”发大财。

具体做法是：卖给国家一笔小数目粮食，获得一张领款票据，“师傅”通过手段把票据涂改成大数目，让我去代他领钱。为了拉我下水，“师傅”向我描述了“卖粮”的美好“钱”景，并信誓旦旦表示此事万无一失。我非常清楚，“师傅”是拿我当枪使，他引我走的是一条不归路，我决定离开他。我向“师傅”请了假，说家里有要紧事，回家后再没和他联系过。不久，这位利欲熏心的“师傅”由于私刻公章、伪造公文被判刑八年。服刑期间，老婆离他而去，他的儿子也因参与盗窃被收容管教。

我在想，假如这位“师傅”能够踏实做人、认真做事，对技术精益求精，他一定能有一番作为。如果是这样，他不但能受人尊重，全家人也会过上比较富裕的日子。投机、侥幸心理不但毁了他的一生，也给家人带来了厄运。如果这位“师傅”良心发现的话，他一定会后悔终生的。莫伸手，伸手必被抓。依靠违法犯罪获得利益，通过投机手段追求幸福生活的人，是世界上最愚蠢的人。可以说，他们做的是赔血本的买卖。这样的人，不但得不到利益，还会付出昂贵的代价、终生的代价、祖祖辈辈的代价。

讲了以上两个故事，我是想告诉各位读者朋友，人生真的没有捷径，教育孩子更没有便道可走。十年树木，百年树人。急于求成是培养优秀孩子的克星，投机心理更是孩子成人、成才的大敌。培养心智健全、品学兼优的孩子，是父母不断努力、长期积淀的结果；是水到渠成的事情，绝不是心急就能达到良好效果的。

生长速度越快的树木，其密度就越低，生命往往也越短暂。而松树、柏树、胡杨、楸树等树种，要上百年才能成材，用起来却千百年不朽。

孩子是和父母接触最早、接触时间最长的人，故而是对孩子影响最大的人。凡是父母踏踏实实做人，认认真真做事的，孩子往往也能一步一个脚印走路，沉下心来做事；凡是父母心浮气躁、善于投机取巧、做事粗枝大叶、习惯浅尝辄止的，孩子也往往喜欢找借口、钻空子，做事往往也比较肤浅。孩子并不是有意要学父母，是父母的思维模式、行为习惯潜移默化影响了孩子。

关于这一点，我有比较深刻的体会。受家庭影响，我从小做事就比较执着、认真。由于做事用心，事情往往做得比较好。通过做事，取得的成就感就多，因而自信心也不断增加。由于信心足，安全感也足。因此，我不护短，敢于剖析自己，善于从自身找原因。我认为上天特别公平，上天不会埋没一个人。抱怨命运不公，认为自己怀才不遇都是无稽之谈，你怀的才还没有达到被别人认同的程度。行有不得，反求诸己。凡事没有达到预期效果，都是自身原因所致。我会反思自己是一切问题的根源，而不会怪罪别人。

我最不喜欢朝三暮四、见异思迁的人，也最鄙夷蜻蜓点水、浅尝辄止的人，这样的人折腾一生，往往一事无成。我喜欢长期做一件事，十年磨一剑，甚至二十年磨一剑，一辈子磨一剑，它要不锋利才怪呢！一个人多年关注、高度聚集一件事，他要在这个领域没有建树，上天对他就不公平了。

不管什么人，只要你能潜心10年去做一件事，你一定能在某个领域做出成就。如果你用10年时间潜心践行家庭教育，写下大量的家教感悟、成长日记等随笔，你对家庭教育的认识就会跃上一个又一个台阶，你一定能收获家庭、教子和事业的全面丰收。

我深深体会到，一个人具有任何美德、任何优秀品质，受益最大的都是自己。比如，敬业、执着、感恩、积极思维、乐于助人、习惯从自身找原因等素质，不但让我受益多多，而且深深地影响了我的儿子。儿子真诚、善良、喜欢思考、看问题有一定深度、有较强的社会责任心等，都受我的影响和熏陶。

有人看到一些人进步速度快，做事效率高，认为某人走的是捷径。世界上如果真有“捷径”的话，那么“捷径”应该是经过长期努力产生的由量变到质变；“捷径”是品质升华以后带来的举一反三，融会贯通。

仔细想一想，教子成才是人生最大的一件事，也是家族振兴最重要的一件事。这么重要的事，我们花10年，甚至更长的时间去追求，难道不值得吗?

第7章

优秀父母要有大格局

父母的人生高度决定孩子的成长高度，父母的人生格局能最大程度地影响孩子的人生格局。父母要不断拓宽自己的心胸，提升自己的境界。

精神追求决定孩子的未来发展

当今，一些孩子在物质上应有尽有，而在精神上却极度空虚，不少孩子沦为物质财富的奴隶。究其原因，社会喧嚣浮躁的风气，对孩子造成了负面影响；成年人的精神匮乏、目光短浅、急功近利，也是造成孩子出现诸多问题的最重要原因。一句话，很多人没有建设好精神家园，以致自己的心在漂泊。

著名作家陈忠实说：“好饭耐不得三顿吃，好衣架不住半月穿，好书却经得起一辈子读。”物质带给人的满足感是短暂的，而精神充实和心灵富足却是长久的。

关于精神层面的追求，著名作家梁晓声论“文化”的四句话十分经典，它应该成为每个人追求的方向。这四句话是：根植于内心的修养；无须提醒的自觉；以约束为前提的自由；为别人着想的善良。

青年时代，我读过一个故事，对我的价值观产生很大影响。这个故事出自北宋司马光所著《温公家范》。

西汉时，太子少保李景让的母亲郑氏，年纪轻轻就成了寡妇，她的家境虽然清贫，但她亲力亲为教育子女。有一次，大雨过后，她家房屋后面的古墙倒塌了，露出了满满的一缸钱币。奴婢发现后很高兴，赶紧跑去告诉郑氏。郑氏连忙烧香祷告说："也许是因为孩子父亲生前积德，老天爷可怜我们孤儿寡母生活贫困，才赏赐这些钱给我们。然而，我希望孩子们能学有所成，以后靠做官获得俸禄，我并不想要这些钱。"说罢，她让奴婢将这些钱掩埋起来。

郑氏之所以这么做，就是担心儿子被意外获得的金钱所累。因为她知道，没有经过努力获得的财富，往往不属于自己。一个人如果不能正确驾驭金钱，金钱带给他的往往是负面影响。郑氏的做法也许令许多人不理解，但这是真正有远见的表现啊！

一个孩子的未来发展，归根到底是由精神追求、精神建设决定的。精神追求犹如浩瀚天空中的北极星，犹如茫茫大海中的灯塔，指引着孩子的人生走向，决定着孩子的前途命运。很多家长只知道关注孩子的学习，却忽略了孩子精神层面的建设，父母没有安顿好自己的心，孩子的心往往飘忽不定。我认为，与其千方百计地给孩子择校，挖空心思让孩子"高考移民"，不如让自己成为教育的内行，让自己成为孩子的精神导师。只有这样，才能给孩子最有效的支持和帮助。

讲一个真实的案例。

在某经济发达地区，有一种值得深思的现象，凡是富裕起来的家庭，孩子往往不思进取，他们在物质上富得流油，学习成绩却不敢恭维。这类孩子内心充斥着浅薄的优越感，他们难免成为物质财富的奴隶。

为了让孩子接受优质教育，不少父母把孩子转到教育发达地区去上学。由于他们学习成绩不好，虽然交了高额借读费，但就读的都是二三流学校。

这类孩子家里有钱，上学是他们镀金的必要手段，学业对他们来说并不重要。这群少男少女在学校不学习，他们总要找一些事情来消耗青春期旺盛的精力。拉帮结派、打架斗殴、争风吃醋、寻衅滋事等违反学校纪律的事，自然少不了他们。因此，这类孩子经常被学校处分，劝退、开除是常有的事。

被物质所奴役的人就像被戴上了鼻环的牛一样，永远失去了在人生的原野上奔跑的机会。这类家长并不明白，能用金钱搞定的事情都不算事情，很多事情是用金钱搞不定的。金钱换不来孩子正确的价值观；金钱换不来孩子的进取精神；金钱换不来孩子的忧患意识；金钱换不来孩子的美好未来。

好父母胜过好学校，一对优秀父母胜过数位老师。在这个人心浮躁、充满诱惑的时代，孩子最容易迷失人生的方向，因此，孩子的品格教育显得尤为重要。家庭应该是培养孩子价值观，帮助孩子打好人生底色，塑造孩子精神世界的场所。父母成为有思想、有智慧的人，才有资格做孩子的精神导师，才能给孩子带来光辉灿烂的未来。

从小受家风家训影响，我从少年时代就养成了阅读习惯。通过读书，我的精神不断得到陶冶，心灵不断受到洗礼，故而我的精神世界比较充实。所以，在人生的重大选择面前，我都会往精神建设方面倾斜。

下面从三个方面谈一谈我的人生选择。

1.为了让孩子接受良好的教育，在20世纪80年代末，我不计成本把孩子的户口转到城里，后又数次择校，又花掉不少钱。我为什么会不计成本地投资教育呢？因为我清醒地认识到，投资教育、投资脑袋、投资精神，是最有远见的投资，是只涨不跌的投资。可以说，在精神领域怎么投资都不为过。

2.孩子上高中时，行为上出现了比较严重的偏差。经过深入反思，我认识到孩子的问题是我自身原因所致。为了尽快提高自己的家教水平，我关掉了自己的厂子，成为一名专职陪读父亲。陪读期间，我不遗余力读书学习，不断地沉淀思想、凝炼智慧。我知道真正能给孩子支持的，是父母的人生高度和人格力量，是父母的家庭教育软实力，而这些都是精神层面的内容。

通过学习和积淀，我的整体素质有了较大的提高。儿子感受到我越来越懂他，越来越开明，和他在一个频道上了。儿子把殷殷父爱化作了“精神钙质”，以昂扬向上的姿态投入到学习中，后来一举考入全国名校。

3.孩子考上大学了，经过权衡，我放弃了从事多年的商业，专业从事家庭教育工作。我心里非常清楚，如果继续经商，一定能获得更多的经济效益，但从事家庭教育，更能体现自己的人生价值。通过我的呼吁和影响，众多父母有了精神追求和精神寄托，无数孩子有了理想、有了追求，扬起了人生的风帆。我所做的工作，不正是国家振兴、民族复兴所迫切需要的吗？不正是亿万父母和孩子强烈期盼的吗？我所从事的事业，能和众多家庭和孩子的命运联系起来，我能为构建和谐社会尽一些绵薄之力，还有什么不满足的呢？

从2010年起，我和儿子一道致力于家庭教育事业，并于2012年在北京成立了“和润万青”家庭教育平台。我和儿子达成了共识，要摒弃功利，视学员成长为己任，把追求社会效益作为我们的使命和担当。在这个平台上，我和儿子成了“黄金搭档”。

在平台上学习的家长这样评价我：贾老师无愧于孩子的榜样，无愧于大家的榜样。贾老师总是那么热情、自信，举手投足之间充满正能量。贾老师是在用生命做教育，故而影响力、感染力都比较强。

学员眼中的贾语凡个性沉稳，知识架构坚实，看问题能直指本质。他的讲课、咨询、培训都非常受欢迎。有一位在日本定居的妈妈刘玉洁，慕名专程从日本飞回来，参加儿子的培训课程。很多家长成为他的粉丝，不少青少年把“语凡哥哥”当作偶像，媒体把他誉为“青少年成长导师”。

通过在平台上学习，经过和我们父子深度交流，很多父母接受了家教新观念，无数家庭走向和谐，众多孩子找到了人生方向，树立了理想和信念，发生了脱胎换骨的变化。

我们父子心中有一个宏伟的愿景，那就是要把家庭教育作为毕生的事业来追求，作为崇高的使命来担当。我们要通过自己的努力，呼吁千千万万的家长与时俱进、跟上时代的步伐；让千千万万的孩子健康快乐地成长，将来成为社会的有用人才。

谨防“养儿防老”变成“养老防儿”

“给孩子创造可观的物质财富，孩子就能终身衣食无忧，子孙后代就能过上好日子、踏入上流社会……”在这个思维误区的支配下，有的父母拼命赚钱给孩子买房、买车，甚至连孙子的房子、出国留学的钱都准备好了。他们自以为非常爱孩子，却不知父母替孩子操心所有事情，等于诅咒孩子无能，是给孩子的成长帮了大大的倒忙。

做父母要有一项基本功，就是善于解读自己行为背后的潜台词。比如，什么都替孩子安排好，潜台词是“我的孩子无能，他的后代也不会有出息，他们没有能力养活自己，我必须替他们安排好，不然他们无法生存”。父母处处替孩子操心，替孩子做决定，凡事包办代替，为孩子承担责任……孩子得到的心理暗示是：我没有能力做决定，我干不好任何事情，我掌控不了自己的命运，我必须依靠爸妈。

人的所有能力都需要培养、锻炼，父母习惯替孩子操心，孩子就不愿操心了。而且父母把孩子照顾得越周到，孩子越觉得这是父母应该做的，越会心安理得地接受父母的照顾。如果有一天父母照顾不了，孩子就会觉得不正常，甚至认为自己受欺负了。

不想让孩子吃苦，不愿让孩子受挫，是目光短浅的表现，甚至是虐待孩子的做法。剥夺了孩子的生活体验，剥夺了孩子的吃苦经历，就等于剥夺了孩子的人生意义。因为吃苦、受挫是生活的重要组成部分，不经历风雨，哪来的抗挫能力？没有经历过艰难困苦的人生，是苍白无力的，这样的孩子难以承受生命之重。

有个妈妈什么事都替孩子做，以致儿子的各种能力都非常弱，没考上高中，中专毕业十七八年了都不上班。需要出力的活儿他不愿意干，体面的工作人家看不上他，每天的营生就是钓鱼、打牌、和朋友侃大山。一家三口住在妈妈单位狭小的旧房子里，年过六旬的妈妈每周往他家送食物，他就心安理得地啃老。

为了补贴儿子，这个妈妈退了休还要打工。但收入微薄实在捉襟见肘，她几次催促儿子外出找一份工作，儿子却振振有词："这样有什么不好，啃老又不是我一个人！"后来他妻子以离婚相逼，他才出去找了一家快递公司当投递员，数千元押金还是妈妈交的。

儿子干了不到一周就辞职了，理由是"每天上班十多个小时，这不是人干的活！"妈妈气得生病住了院。儿子竟然偷出房本到银行抵押贷款了20万元，走进赌场，血本无归，还欠下了赌债。妈妈急火攻心，脑梗发作，生活不能自理。儿媳彻底绝望，带着儿子出走他乡。

这是一个真实的故事。这个儿子的作为着实可恨，这位妈妈的遭遇令人同情。但追根溯源，这是一个错误的家教观念毁了孩子的悲剧。妈妈的越位和包办代替，养出一个精神颓废、没有责任担当的孩子。“养儿防老”变成了“养老防儿”。

下面讲一个溺爱孩子令人发指的案例。

有一位爸爸，膝下无子，抱养了一个孩子，视若掌上明珠。孩子大约12岁的时候，从树上摔了下来，造成大腿髋关节脱臼。爸爸找来骨科大夫给孩子治疗，两位邻居将孩子摁住，大夫给孩子复位时，产生剧烈的疼痛。孩子极不配合，从激烈挣扎到破口大骂。医生没法工作，叫来他的父亲帮忙。孩子见到父亲，更加肆无忌惮。孩子叫着父亲的名字，声嘶力竭地喊道：“快把医生赶走，不然老子宰了你！”父亲无奈地叹口气，对医生说：“算了算了，你先回去吧！”就这样，孩子没有得到医治，腿部没有复位，成了重度残疾。

这位爸爸的做法令人痛心，溺爱孩子竟然愚昧到如此程度，因为心疼孩子，不忍让孩子遭受暂时的痛苦，从而造成孩子终生痛苦。我想，这个残疾孩子成年之后，一定会憎恨爸爸，是爸爸愚昧的爱　毁了他的一生。

阳光总在风雨后，梅花香自苦寒来。这是人人皆知的哲理。当今的家庭，孩子少了，最容易以孩子为中心；物质丰富了，最容易首先满足孩子。互联网时代的父母尤其要清醒地认识到，现在的孩子什么都不缺，最缺少的是磨炼意志的机会；痛苦和受挫是孩子不可缺少的心理体验，是孩子宝贵的人生财富。屏蔽了孩子的痛苦，也就屏蔽了孩子的幸福；安排好了孩子的一切，就等于剥夺了孩子的一切。

父母再有能力，也帮不了孩子一辈子，孩子的路要靠他自己走。父母不替孩子做事，孩子的做事能力就会越来越强；父母不替孩子承担责任，孩子就会越来越有担当。没有依靠就是最好的依靠，就如俗话说的那样，有山靠山，无山自担。

智慧的父母懂得给孩子足够的成长空间，孩子的事让他自己干；鼓励孩子走好自己的路，相信孩子一定能走好自己的人生道路。最深厚的爱，是看着孩子吃苦、受困，父母沉住气不插手，不随意替孩子解脱。父母要善于鼓励孩子接受各种挑战，相信孩子一定能凝聚勇气和耐力，相信孩子一定能在战胜困难的过程中不断取得成就感，不断提高自信心，相信孩子一定能有一个美好的人生。

阅读，打好人生底色的教育

当代教育家朱永新说：“一个人的精神发育史，就是他的阅读史。”

意大利教育家蒙台梭利说：“人是一种有智慧的动物，因而对心理食粮的需求几乎大于对物质食粮的需求。”

人和动物的区别在于，我们有思维、会思考、有思想、有智慧。这些能力的培养和提高都和读书有关。所以，读书、学习不是强加给哪个人的额外负担，而是上天赋予高级生命的基本义务。其实，读书、学习本就是一件天经地义的事，一日三餐滋养我们的身体，每日读书滋养我们的精神。一个没有书籍的家庭，就像一座没有窗户的房子，没有读书氛围的家庭是缺氧的家庭。可以说，一个不读书的人是蒙昧的，他的心灵是苍白的，思想是空洞的。这样的人哪来的感悟人生、体味幸福的能力？这样的人哪来的风度和气质？他们怎么能绽放出生命的华彩？

即使父母生了孩子、养了孩子，孩子并不会因此而信服父母。要让孩子尊重父母、信服父母、崇拜父母，父母就要在孩子心目中树立起知识威望，塑造起人格丰碑。要做到这些，父母就要读书学习提升自我。通过读书、修德，父母成为一个有思想、有智慧、有道德的人，同时也就成了有人格魅力、有影响力的人。沐浴在父母营造的优质家庭教育环境中，孩子成人成才就是水到渠成的事情。

苏联教育家苏霍姆林斯基说：“我坚定地相信，少年的自我教育，都是从读一本好书开始的。”有一些家长也知道读书的重要性，他们为了孩子读书的事没少操心。比如，买回大量书籍，孩子在家时，他们也装模作样地拿起书本在看。由于他们的动机是功利性的，所以，不但没有对孩子造成影响，还会让孩子反感。父母读书学习不应该是做给孩子看，而是自我成长、自我发展的需要，是履行教育职责的需要，不是吗？父母读书深入进去了，自然而然就会远离浮躁，就会增强定力，言谈举止就会日渐优雅，内涵就会日趋丰富，和孩子的分享就会言之有物，对孩子的影响就会逐渐呈现出来。

《中国教育报》资深记者张贵勇说：“当父母教育孩子感到无能为力时，把他交给阅读就行了。”孩子好比是一块优质煤炭，虽然蕴藏着光和热，但不会自己燃烧，需要借助火种和助燃剂，才能燃烧起来，而书籍是最好的火种、最好的助燃剂。家长朋友一定要利用好这些火种和助燃剂。

孩子读书多了，说不定哪一本书影响了他，哪句格言、警句激励了他，哪位名人的成长历程鼓舞了他，书籍在他心中播下的美好的种子，在气候适宜的时候就会生根发芽。一个孩子被崇高的人生理想激励着的时候，其产生的力量将是巨大的，谁也阻挡不了他前进的步伐。

平心而论，读书人有福啊！我认为，在这个世界上，没有比书籍更好的东西了，没有比读书更有意义的活动了，没有比读书人更幸运的人了。

一个读书人时不时能品尝到一道精神大餐，动辄能享受到一席思想盛宴，世界上还有比这更能令人满足的事情吗？

我自己比较喜欢读书，但在引导孩子读书方面，却一度做得非常不足。自从我儿子出现问题后，我知道了阅读缺失的严重性，我下定决心培养儿子的阅读习惯。我通过多种方法影响孩子的阅读，比如，我曾数次给儿子道歉："老爸这一生最对不起你的地方，是从小没有把你的读书习惯培养起来，这是老爸内心最大的愧疚。老爸交代你一件事，你以后有了孩子，一定要从小培养孩子的阅读兴趣，这件事应该是家里的头等大事。"其次，我率先垂范，创造家庭读书氛围。陪读期间，两年内我读了200本左右的书，写下了80万字的读书笔记，这些都对孩子读书起到了潜移默化的推动作用。

慢慢地，儿子对阅读有了一些感觉；再后来，儿子尝到了读书的甜头。通过阅读，儿子树立了理想，确立了信念，经过一年半的努力，从倒数第一、第二名跃升到班上前十名，后来考入"211"和"985"院校。大学期间，儿子读了不少人文社科类书籍。让我印象最深的是《小逻辑》《纯粹理性批判》《约翰·克里斯托夫》《资本论》《瓦尔登湖》等。儿子后来考入北京师范大学就读心理学研究生，读研期间，儿子阅读了大量心理学、哲学、教育学方面的书籍。有了较为深厚的人文积淀，儿子看问题有一定穿透力，他往往能看到事物的真相和本质。

我走访过很多家庭。每到一个家庭，我最关注的是家里面有没有书卷气息，有没有读书氛围。那些家里有书房、有书柜、有存书且喜欢读书的父母，大多举止优雅，谈吐不凡，他们对孩子的影响也往往是正向的，他们的孩子也往往能健康成长，他们的家族也往往能兴旺发达。那些从来不读书的父母，他们的内心往往是浮躁的，他们的精神世界也往往是荒漠状态、混沌状态。生长在这样的家庭氛围中，孩子怎么能健康成长？他们的家族哪来的发展后劲？

我给不少亲朋好友提过这样的人生警示：孩子找对象时，一定要把对方是否喜欢读书作为重要的参考标准。那些喜欢读书的年轻人可以优先考虑，因为热爱阅读的人有思想、有见识、有发展前途，能给家族兴旺带来希望。反之，那些不喜欢读书的人，最好不要考虑。因为不读书的人思想落后、智慧枯竭，他们的发展往往受到很大的局限。当然，关于阅读的事情也不能一概而论，没有读书习惯也可以培养，家里有喜欢读书的人，往往可以影响其他家庭成员。

纵观那些取得卓越成就的名人、伟人，大多是博览群书的人。比如毛泽东主席，常常手不释卷。长征路上随身携带的最重的行李是书籍；床头摆放的几乎全是书籍；他成为一代伟人，开创了一代伟业，与大量读书不无关系。

习近平总书记从小酷爱读书。尤其是在1969年至1975年间，习近平在陕西省延川县梁家河插队时，读了大量的中外名著。在梁家河人的印象中，习近平常看砖头一样厚的书，他不但吃饭时在看，上山放羊时还常常带着书。特别是在晚上看书，由于煤油灯烟大，习近平的脸被熏黑了，吐出的痰也是黑的，习近平说："毫不夸张地说，当时的文学经典，能找到的我都看了，到现在脱口而出的都是那时读到的东西。"对习近平而言，读书不仅是一种生活方式，更是一个不断成长、丰富自己精神世界的过程。

近朱者赤，环境造就人。在"和润万青"的学习平台上，读书已经成为一种风气，学习也成了千万人的自觉行动。很多原本不读书的家长捧起了书本，千万父母投入到家教实践之中。在这个积极向上的群体中，涌现出了诸多的优秀家长、明星家长、模范家庭。不少家长读书学习之认真、追求进步之努力，让人心悦诚服，这不能不说是孩子的福分、全家人的幸运。

黑龙江有一位学员叫孙丽娟，一年内读了五十多本各类优秀图书。通过读书，她的家教水平提高了，她甚至感到整个人生都升华了。由此带来的是，亲子关系和谐了，孩子的精神面貌焕然一新。孩子由被动应付学习到积极主动学习，孩子后来考入省级重点高中，并进入实验班。一了千明，一通百通。孙女士的夫妻关系也焕发出了青春，她的事业也得到了长足发展。如今，孙女士夫妇信心满满，全家人对未来充满希望。孙丽娟说："孟母三迁，迁的是环境。'和润万青'是优质环境，贾老师是个正能量场。在这个平台上学习的人，接受的是先进文化，凝聚的是精气神，所以，那么多人走向和谐、走向幸福，就是自然而然的事情。"

吉林省吉林市的王榕坤老师无限感慨地说："'和润万青'的教育理念是绿色的、环保的，不伤人、没有后遗症。这个学习氛围浓厚的平台，弘扬的是正能量，传播的是先进文化，不管是什么人在此学习，都会受益无穷。"

耕读传家久，诗书继世长。一个家庭要培养出优秀孩子，首先要有文化气息；一个家族要基业长青、世代辉煌，一定要有读书的传统。

回眸中华民族五千年的历史，我们可以总结出一条规律：所有名门望族，无一不是书香家庭。可以说，父母养成读书习惯，传承阅读文化，是关乎自身幸福、关乎孩子一生发展、关乎家族兴旺发达的必要选择。

急于求成只能激发孩子的对抗情绪

山东济南的王先生为儿子的事伤透了脑筋。他儿子14岁辍学在家，网络游戏一玩就是4年，在一款游戏中玩到全世界排名前18。儿子晚上玩白天睡，和父母很少见面，基本上没有交流。自从辍学以来，儿子一天最多吃两顿饭，加上长期不运动，身体非常消瘦，王先生如坐针毡。他不断给儿子提要求：下星期上学，下个月上学，下学期上学……任凭王先生软硬兼施，儿子没进校门一天，还说希望成为专业的游戏玩家，要通过玩游戏改变自己的命运。有时候王先生态度强硬，儿子就和他对抗，摔东西、绝食，甚至和父母发生肢体冲突。父母度日如年，儿子成了他们的一块心病。

先创造和谐，再解决问题

王先生来找我咨询，我告诉他：“冰冻三尺非一日之寒。孩子的问题是日积月累的结果，希望马上解决是不科学的。这就如同一列高速行驶的列车，急刹车带来的一定是列车倾覆。教育孩子是个慢工细活，急于求成只能激发孩子的对抗情绪，只会和我们的愿望背道而驰。这一点你应该深有体会，你希望孩子回到学校，并多次给孩子设置时间段，结果还是一次次落空。”

“你儿子之所以沉溺网络游戏，是因为他在现实生活中缺少应有的精神支持，缺乏认同感。父母是孩子精神力量的源头。亲子关系不融洽，往往导致孩子在人际交往中受挫。孩子的人际关系不好，融入不到同学中，待在学校是一种煎熬。人是需要交往的，在现实中没有交往对象，就到虚拟中寻求交往。归根结底，心病终须心药治，解铃还须系铃人。孩子的病是从家里落下的，问题必须在家里得到解决。”

王先生说：“贾老师分析得非常透彻，我认识到问题的根源在父母身上，我也知道着急不好，但不知道该怎么做。”

我告诉王先生：“完全放下，不设时间段，静待花开。这样看起来慢，其实是快。以前你总是着急，儿子反而不着急；现在你不着急了，要不了多久，儿子就会着急。你内心淡定了，没有了反作用力，儿子一定会思考他的未来。”

王先生说：“经过贾老师点拨，我知道该怎么做了。是我的情绪化、功利心给孩子帮了倒忙，不然孩子也不会沉溺游戏那么久。”

我鼓励王先生说：“我能感受到你是有悟性的人，重要的是你有一颗深爱孩子的心。我相信你每天都会有一些进步，你一定能做好这件事情。”

王先生说：“我也相信我能做好，不然对不起孩子。”

回家后，王先生牢记“先创造和谐，再解决问题”的原则，对孩子说：“爸妈过去不懂教育，有意无意之中对你造成了伤害，爸妈非常内疚。以前，我们把网络游戏当作洪水猛兽，显然是错误的。网络游戏就是让人玩的，你玩游戏总有你的道理。以后，爸妈只关注你的身体健康，人生道路怎么走，你自己选择。你是个正直、善良的孩子，爸妈相信你能对自己负起责任，相信你一定会有美好的人生！”

看到父母有了这么大的变化，孩子也开始积极改变。渐渐地，孩子作息时间趋于正常了。晚上12点前能休息，白天还能做一些家务活，比如拖地板、焖米饭等。亲子之间的交流多了起来，久违的亲情又回到了家里。

肯定孩子身上的潜质

父母只有不断学习，才能拓宽心胸、增强定力。只有父母不断成长，才能引领孩子健康成长。

王先生虽然大部分时间内心比较淡定，但有时还会有情绪波动。孩子虽然有了一些进步，但距离上学还十分遥远。想到孩子的前途，王先生内心不免还会有些纠结。

我告诉王先生：“事情无好坏，思维在作怪。再糟糕的事情都蕴含着美好的东西，坏事的另一面一定是好事。你儿子身上有很大的潜质，只是你没有发现。他那么执着地追求一件事，并且取得了不俗的排名，这是常人不具备的品质。客观地讲，你儿子玩网络游戏，也是为了追求成功。你不要把儿子玩游戏当成纯粹的坏事，某种意义上他从中培养了专注、坚持的精神，他是在积淀人生财富。如果得到正确引导，他一定能把这种执着、坚持的品质带到今后的生活、工作和学习中。不管他将来从事何种职业，有了这些可贵的精神，他一定能在所从事的领域有所作为。”

王先生说：“贾老师，经你这么一说，我仿佛看到了孩子身上蕴含的美好潜质，看到了孩子广阔的人生前景，我顿时感到有心劲、有希望了。”

刚开始，王先生的儿子不接受我，拒绝跟我通电话。慢慢地，他看到父母跟着我学习，变得越来越理解、尊重他，举手投足之间越来越儒雅，说话越来越得体，对抗情绪才逐渐消失。他知道我不是教父母怎样对付他，而是教父母怎样善待他。有一天，孩子主动要求和我通电话。

两个星期内，我们在网络上进行了两次交流，每次都在一个半小时以上。我热情洋溢地肯定了他的过人之处，非常看好他的未来发展，坚定地相信他的人生一定会不同凡响，并向他渗透了热爱生活、对未来充满信心的人生哲理和美好情怀。

通过两次对话，我走进了孩子的内心深处，孩子和我无话不谈。他说自己并非对网络游戏有多么依赖，而是玩到那么高的级别，觉得丢了太可惜，就不由自主地一次次投身游戏中。我热情洋溢地肯定他："你确实有一些过人之处。你能顶得住压力，耐得住寂寞，忍得住孤独，数年如一日从事一件事，这是好多人做不到的。如果你能把在玩游戏中培养的坚韧、专注以及坚持不懈的精神用在现实生活中，可以说，就没有克服不了的困难。"谈到目前的处境，孩子说对现状并不满意，荒废了学业，而且18岁了还在家"啃老"，很愧疚。我坚定地告诉他："你是一个有良知的人，你更是一块可造之才。阳光总在风雨后，噩梦醒来是早晨。老帅相信你一定能从虚拟世界中走出来！你也一定能调整好人生方向，追逐光明、追逐美好。可以断言，你走的这段'弯路'一定能转化成宝贵的人生财富，你的生命一定会更加厚重，你的人生一定会更加丰富多彩！"

细心的王先生注意到，儿子经常看日本动漫，有一定的日语基础，就建议儿子参加初级日语考试，不料考了83分。孩子精神大振，开始自学日语，后来到日本读高中去了。

定睛永恒，不必匆匆忙忙

治愈孩子的“顽疾”，就要打开孩子的内心。父母内心豁达、淡定了，孩子才能感受到父母宽阔的胸怀、高远的人生境界，才能感受到父母的信任。所有这些正能量，都能化作孩子的成长动力。

不少家庭的孩子厌学、沉迷游戏，让父母吃尽苦头，其实是父母目光短浅、急于求成所致。父母内心焦虑、急躁、纠结，即便强装笑颜，孩子也能感受到父母内心的不和谐，感受到来自父母的压力。父母内心没有放下，孩子的潜意识就会和父母对立起来，乃至严重叛逆。

家庭教育是一生一世的事，教育孩子没有速成法，急功近利是家庭教育的大忌。要培养孩子正确的价值观和健康的人格，就要求教育者起码应是一个人格健康、性格成熟的人。

埃及有一座方尖碑是由一座山砍成的。有人问埃及人为什么要一代一代砍400多年来建这座碑？埃及人回答说：“如果我们是在为永恒建造某种东西，我们有必要匆匆忙忙吗？”家庭教育涉及家族的荣辱兴衰，关乎民族的前途未来，世界上还有比这更永恒的事情吗？

教育孩子既然是在为永恒建造丰碑，那么，急于求成、急功近利、草率行事都是应该坚决摒弃的。踏踏实实做人，认认真真做事，注重自己的德行，切实做好孩子的榜样，才是当代父母应该采取的人生态度。

父母如何为孩子学习助力

所有父母都希望孩子有一个理想的学习成绩。但是，怎样做才能让孩子以良好的精神状态投入学习？怎样才能让孩子考试时正常发挥、超常发挥？这是很多父母特别关心的事。20年来，笔者接触了大量的学生及其父母，对孩子的学习进行了深入剖析，对帮助孩子学习做了一些有益的探索。下面我把自己的心得与家长朋友分享，希望广大父母能从中获得裨益。

一、两种心态两重天

赵旭学习成绩排在中游，按理说考取二本院校没有问题。但是，赵旭两年高考均以失利告终，只能读大专院校。据老师讲，赵旭的高考成绩比实际水平要低七八十分。带着疑问我走近了赵旭，赵旭向我坦言："我也告诫自己要放松心态，但一进考场我脑袋就发蒙，紧张情绪始终伴随着我，有些题本来答对了，由于我信心不足，后来又改错了！"

谈到他的父亲，赵旭情绪略显激动。他的父亲从小家庭贫穷，没有上过大学，因而把自己的愿望寄托在儿子身上。父亲事无巨细干涉他的学习，导致儿子潜意识里和学习对立起来。父亲时常教训他："都上高三了，还是这种学习状态，我们辛辛苦苦供你上学，你就拿这种成绩回报我们！这么重要的事你都不上心，你的良心被狗吃了？""你是复读生，还不长记性，今年再考不好，你就去死吧！"赵旭每次考试没有达到父亲的预期，父亲就会表现出过激行为，比如绝食、酗酒、离家出走等。父亲给了儿子常人难以想象的精神压力。

一段时间后，赵旭的爸爸经人介绍找我咨询，我单刀直入地说："是你的极端功利思想让孩子考试屡屡失误，给孩子减了分，孩子备受伤害，你自己也痛苦不堪。如果你真的希望给孩子的学习以支持，让孩子考出理想的成绩，你就要重塑家教观念，设身处地地给孩子精神支持。让孩子再复读一年，也不失一个明智的选择，拳头缩回来是为了更有力地出击！"

由于痛到了极点，赵旭父亲有了醍醐灌顶的感受，继之而来的是脱胎换骨般的改变。这位父亲掏心掏肺地和孩子谈了一次话："由于爸爸的短视行为，给你帮了倒忙，你两次高考失利，都是爸爸的原因所致，爸爸非常痛心！爸爸天天盯住你的学习，你要对学习不反感才不正常呢！爸爸天天给你施压，考试时你要不紧张才不符合情理呢！从今往后，我要当好你的啦啦队长，力争和你在一个频道上，我要成为你的知己，为你的成长喝彩。"

从此，儿子逐渐看到了一个内心淡定、豁达开朗、不计功利、有一定人生高度的爸爸，爸爸不再过问孩子的学习，把焦点转移到自我提高、自我成长上。爸爸经常这样和孩子说话：

"老爸以前处处打压你，你并没有被摧垮，足以显示出顽强的生命力，烧不死的鸟是凤凰，我敢断言，你的命运一定会不同凡响！”

“两年的高考经历，一定能变成你宝贵的人生财富，你一定比同龄孩子更加成熟。”

“只有不一样的经历，才有不一样的人生，笑到最后才是笑得最好的！”

“上天给你安排了一个比较低的起点，是为了让你演绎一个绝地反击的故事！”

没有了反作用力，失去了对抗的理由，孩子内心安静了，开始思考自己的人生了。孩子凝聚了成长的力量，学习成绩节节上升。2018年，赵旭以优异成绩考入西安电子科技大学。

赵旭的爸爸在发给我的邮件中说：“以前，由于自己极端功利、目光短浅，把孩子一同带入了地狱。想想那时的我，愧为人父啊！认识贾老师，让我找到了人生的北极星，也把孩子带进了希望之城、幸福之城。要不是学习了‘爱中管教’理念，我不知道还要在错误家教的泥沼中挣扎多久。”

二、父母是孩子的定海神针

静能生慧。孩子在学习这件事上，要在心静如水、气定神闲的状态下，才能冷静思考、正常发挥。很多父母，由于观念陈旧、功利心强，患得患失，对待孩子往往是简单粗暴、恨铁不成钢甚至情绪化。这些都会对孩子的学习和考试产生破坏作用。一个孩子在考试时杂念丛生，处于焦灼状态，他不但不能正常发挥，还很容易犯低级错误，该得的分往往会丢掉。所谓考试考砸了，都是心态出了问题。进一步讲，孩子的心态和父母的心态有很大关系。

人生最美丽的风景是内心的从容和淡定。孩子的心境往往需要父母来营造。负责任地说，父母守住自己的心，才能守住孩子的未来，父母是孩子的定海神针。父母拥有健康的心理和积极的心态，这是孩子健康成长必需的优质土壤，是孩子精神发育不可或缺的营养素。

河南开封的石玉欣同学，由于父母不懂教育，给她造成了很大的伤害。父母为了她的学习，天天唠叨、责备、抱怨。父母的语言暴力和表情暴力让孩子产生了严重的厌学情绪，石玉欣初中毕业后就不再去上学了。

石玉欣的父母经过学习后，明白了孩子的厌学情绪都是自身原因所致，为了让孩子有一个健康的心理，他们彻底改变了自己的教育方法，变责备、抱怨为赏识和鼓励。他们带着孩子找我交流数次，我在这个孩子的心中种植了理想、信念、希望的种子。得到了父母的理解、尊重和善待，石玉欣初三下学期复学后，精神面貌焕然一新，以饱满的状态投入到学习中，努力了4个月，学习成绩提高了200分左右，学习成绩由中下水平提高到全校前三名。当年，石玉欣考取了省级示范性高中，在当地传为美谈。

山东泰安的王安珍女士，通过和我深度接触沟通，从一个十分焦虑的妈妈成长为孩子眼中的优秀妈妈。她的儿子张维强骄傲地说：“以前，我妈妈很烦人，为了学习天天搞得我不快乐。现在，我妈妈懂我了，她是我最好的老师！”有了人生方向，孩子学习状态超好，由于备考扎实，故而胸有成竹。高考前三天，她的儿子兴高采烈地对她说：“妈妈，我终于等到高考这一天了！”得到了妈妈的祝福，张维强于2017年高考时超常发挥，以超过文科一本线89分的骄人成绩考入山东大学。

三、家长怎样给孩子学习助力

放下意味着支持孩子

学习是孩子自己的事，父母强迫孩子学习，其结果只能是南辕北辙。“牛不喝水强按头”是违背人性的，只能激发孩子产生对抗心理。大量实践表明，父母放下是对孩子最大的支持。看看我们的周围，没有一个孩子因为父母焦虑而努力学习，更没有一个孩子因父母说教而进行自我教育。相反，却有很多孩子因为得到了父母的信任而有了成长动力，更有不少孩子由于父母的境界提高了而追求进步。

放下意味着登高望远，放下意味着提升高度，放下意味着扩大格局。放下是博大的父爱、母爱，放下是对孩子充分信任。得到了父母的无限精神支持，也就得到了父母的衷心祝福。被爱滋润着的孩子，正能量的开关打开了，智慧通道也随之打开了。进入此种境界，孩子的灵感就会不断迸发，原来似懂非懂的知识点会逐个被掌握，考试的分数稳步提升。

展示给孩子积极的心理状态

状态影响状态，情绪左右情绪。要想给孩子“加分”，父母首先要热爱生活，对未来充满信心，给孩子展示如下状态：保持积极的心态；泰山压顶不弯腰；任凭风浪起，稳坐钓鱼台；“天上飘来五个字，这都不是事”；虽然历经艰难，仍然心暖花开；成竹在胸，胜券在握。

父母展示给孩子积极的心理状态，等于给孩子传递安全感，有了安全感，孩子自然会凝聚成长力量，增强学习动力。

给孩子积极的心理暗示、正向评价

给孩子减压，给孩子正向评价和积极的心理暗示，不断给孩子传递正能量……这些都应该成为父母的自觉行为。父母可以这样和孩子说话：

“你从小做事都不服输，初中的知识对你来说都不是问题！”

“学习确实有一定难度，正因为难，这才是它的价值所在啊！”

“所有人收获的都是他自己付出的，在备考阶段那么用功，你一定能得到应有的回报。”

“一个人有了高考的经历，一辈子不会感到后悔。我敢断言，高考的经历一定会变成你宝贵的人生财富。”

“上天是公平的，是人才总会被发现的，是金子总会发光的。”

“生命不是用来度过的，而是用来绽放的。孩子，尽情地绽放自己吧，把芬芳留在人间。”

“人生就像一截木头，要么熊熊燃烧，要么慢慢腐朽，燃烧自己，把光和热散发在社会上！”

“一个民族有一群仰望星空的人，这个民族才有希望，你就是这群人中的一员！”

给孩子的学习助力，父母关键要在精神上给予孩子支持，在情感上给予孩子关爱，孩子的内心强大了，就能扬起人生的风帆，孩子的人生之舟一定能驶向理想的彼岸。

做父母也要与时俱进

中华民族有五千年的文化积淀，我们的先人积累了很多教育孩子的经验，不少经验到现在还有积极意义。但是，进入社会转型期，面对全新的家庭教育环境和家庭教育新课题，当代父母无疑面临着巨大的挑战。我认为，挑战主要来自三个方面。

一、我们有教育多子女的经验，却没有教育独生子女的经验

过去的家庭都是多子女家庭，一家有三四个、四五个甚至更多的孩子。孩子多了，父母天天为生计奔波，没有时间关注孩子，也没有精力照顾孩子。可以说，众多父母像“石头蛋子”一般对待孩子，像种“萝卜白菜”一样养育孩子。歪打正着的是，在艰苦的家庭环境中，这些孩子经历了磨炼，生存能力都比较强，大多数孩子都成人、成才了，正应了那句古话：“千金难买少年贫。”

改革开放后，中国实行计划生育政策，大多数家庭只有一个孩子。独

生子女成了中国历史上，甚至人类历史上一个独特的现象。孩子少了，父母必然把孩子看得金贵了。因此，很多家庭出现了几个大人围着一个孩子转的不正常现象。长辈们把孩子推到了中心的位置，久而久之，孩子就习惯自己是中心了。找到了当“皇帝”的感觉，孩子从“皇帝宝座”上就不愿下来了。父母再把孩子当“平民”看待，他就不干了，他甚至认为受欺负了。有一句富含哲理的话“三个孩子好养，一个孩子难养”讲的就是这个道理。

二、我们有教育穷孩子的经验，却没有教育富孩子的经验

改革开放带来了经济的高速发展。我们的国家富裕了，很多家庭也都富裕了。但如何教育富裕家庭的孩子，对于当代父母来讲，是一个崭新的课题。

现在的很多孩子，心安理得地享受着父母辛苦创造的物质财富，却没有丝毫感激之情。他们普遍认为过上好日子是天经地义的。他们并不知道，今天的幸福生活是无数先辈励精图治、艰苦奋斗换来的。不少父母错误地认为，自己乘上了时代发展的列车，经过打拼过上好日子了，家里一个孩子，不让孩子享受让谁享受呢？父母们并不明白，极度满足孩子的物质需求，是在给孩子的成长帮倒忙；企图用物质刺激让孩子追求进步，结果往往是南辕北辙。这是因为，物质上极度满足的孩子往往缺乏忧患意识，不思进取。古人有训：“未曾清贫难成人，不经打击老天真。”

为什么会这样呢？改革开放带来的物质文明高速发展，这是所有人都希望的，但随之而来的人心浮躁、道德滑坡、信仰危机、价值观混乱也是不容忽视的。

生活在人心浮躁、充满诱惑的社会环境中，孩子们必然会受到负面影响。怎么样能让孩子远离浮躁、抗拒诱惑？首先父母要不断地追求进步。父母成为一个有思想、有智慧、有正确价值观的人，对孩子的正向影响就会逐渐凸显出来。

三、我们有传统文化环境下教育孩子的经验，没有多元文化环境下教育孩子的经验

假如时光倒退50年，父母无论怎么对待孩子，甚至打骂孩子，孩子都不会反抗。即使孩子受了再大的委屈，也只能自己慢慢化解，社会不会支持他。在旧中国，父母和孩子的地位是不平等的，“父为子纲”的观念已深植在国人心中。那个年代，父母怎么对待孩子都是合理的，孩子反抗父母却是大逆不道的。

现在的孩子，生长在互联网时代，接受的是多元文化。他们对民主、自由、人权的认识虽然懵懵懂懂，但开始质疑、反抗父母的管教了。有的孩子说：“爸爸，你刚才对我动粗是侵犯人权，我要到法院去告你。”有的孩子说：“妈妈，国家有一部未成年人保护法，你应该好好学习！”

面对全然不同的教育对象，不少父母却没有与时俱进。他们还用老祖宗传下来的老观念教育新时代的孩子，亲子关系难免陷入恶性循环。父母因此吃尽了苦头，孩子也出现了这样那样的问题。

有一位爸爸，恶语批评考试退步的儿子，儿子稍有反抗，这个爸爸一怒之下把儿子赶出了家门。儿子在外一个月，学会了抽烟、喝酒，还在网吧认识了几个哥们儿。受不良孩子的影响，儿子参与了聚众斗殴。为首的孩子被治安拘留，他的儿子也受到公

安机关批评教育。面对辍学滋事的儿子，爸爸天天在家喝闷酒、摔东西，还不时把怨气撒在妻子身上。爸爸态度强硬地表示：孩子不认错就别想回家！

这位爸爸怨天尤人，唯独没有从自身找原因。他并不知道孩子的问题是自己的家长作风所致。

这位爸爸找我咨询。我直言不讳地指出："这都什么年代了，你还在压制孩子，孩子不反抗才不正常呢！你的做法，好比互联网时代的人还留了一条清朝的辫子。"

在我的引导下，这位爸爸改变了观念，他主动向儿子伸出了橄榄枝。收到爸爸的短信，儿子感受到了爸爸从未有过的理解和尊重，第二天就回家了。

中华民族有五千年光辉灿烂的文化，这是让所有炎黄子孙最引以为自豪的。但是，随着时代的发展，经过时光的沉淀，我们的一些文化过时了，有的甚至成了糟粕，成了包袱。比如三纲五常、棍棒底下出孝子等。假如再让女人缠小脚，再让违反族规的人到祠堂接受惩戒，所有人都会觉得是极不正常的事情。同样的道理，进入互联网时代了，一些父母没有与时俱进，他们还用老掉牙的观念来教育新时代的孩子，还把孩子当作自己的私有财产，这也是不正常的。在一个有着高度文明的国家，在全面建设法治社会的今天，《未成年人保护法》《反家庭暴力法》等法律相继出台，一些父母还不知道尊重孩子的人格，甚至打骂孩子，对孩子施暴。这样的父母已经严重落伍、与时代格格不入了。如果一个孩子面对父母粗暴的教育方法逆来顺受，唯唯诺诺，没有任何反抗意识，这才是莫大的悲哀。

平心而论，孩子们具有人权意识，敢于同陈旧的家教观念抗争，可以说是地道的好事，是父母值得庆幸的，这是孩子成长的表现，更是社会进步的表现。打骂、压制能解决的问题，循循善诱一定能够解决；简单粗暴能解决的事情，温和友善一定可以解决。两种方法会产生截然不同的结果。前者是负能量，是破坏性的，是以牺牲孩子心理健康为代价的，是贻害孩子的行为；后者是正能量，是建设性的，是以维护孩子心理健康为前提的，是为孩子造福。

“两岸猿声啼不住，轻舟已过万重山。”面对家庭教育新问题，面对全新的家庭教育环境，我们不能要求时代适应我们，也不能要求孩子主动配合我们，我们唯一能做的是，顺应潮流、与时俱进。学习新知识，研究新问题，适应时代发展的需要，跟上孩子成长的脚步。无师自通、凭老经验教育孩子的时代一去不复返了。当今时代，孩子的学习压力更大了，父母的功利心更强了，孩子的成长环境尤为复杂。没有任何时代的家长比现在的家长更需要学习和成长了。

附　录

学员感悟分享

从历经艰难到心暖花开——儿子是这样考上剑桥大学的

李玲

我怀着无比喜悦和万分感激的心情，给大家分享一下我儿子的好消息。2021年1月25日，我的儿子阳阳被世界顶尖大学——英国剑桥大学录取。儿子之所以能取得如此骄人的成绩，完全得益于“和润万青”，得益于贾容韬老师。

大约五六年前，在我最无助、最艰难的时候，我读了贾老师的一本书。从那天开始，我的人生充满了希望和意义，我的家庭出现了翻天覆地的变化。

2015年12月初，我遭遇了人生中最黑暗的时刻，学习成绩优异、兴趣爱好广泛，正在读初二的儿子突然不上学了。儿子是成都数一数二的私立学校重点班的班长，因为玩游戏被爸爸说了几句，突然说不上学了，然后把自己关进了房间不分昼夜地玩游戏。

儿子不吃饭，不和我们说话，我和先生都六神无主。焦虑、担心、恐惧等负能量常常笼罩着我们，我们不知该如何应对这突如其来的一切。一个月时间，我哭得眼睛看不清楚东西，体重骤减了10斤；老公在睡梦中哭醒了，可以说是悲痛欲绝。老公不愿意去上班了，说上班还有什么意义？！甚至说活着还有什么意义？！

出于无奈，我天天看电视连续剧打发时间，期待儿子回心转意，能正常上学。我想尽办法了解儿子到底怎么了。学校老师同学都不相信这一切，觉得他在学校那么活泼热情，各项活动都积极参与，还是班长和课代表，没有理由不上学啊！

经过深入反思，我觉察到自己的家庭出了问题，我们夫妻关系不和谐，经常当着儿子的面吵架，甚至到了要离婚的地步。儿子给老师写了一封求救信，说爸爸妈妈经常吵架闹离婚，导致他无法专心学习。儿子说他已经尽力了，无力挽救家庭。他烦死了，现在爸妈就在他旁边吵架呢！儿子恳求老师救救他。这封信刺痛了我和孩子爸爸，我们分别给儿子写了一封信，并下定决心改正错误，保证不再伤害儿子。可是，过不了几天，我们又回到老样子，以致儿子休学在家。

我到处寻找拯救孩子的良方，接连考察了几家教育机构，向他们咨询之后，他们都说可以的，你把孩子带来，让他参加我们的课程或者是训练营之类的。我一听觉得头大，这些人根本不了解孩子的情况，孩子连房间门都不开，还能带来参加什么营吗？

在这期间，我在一个群里看到有人分享贾老师的书，我看了之后非常认可书中的理念。我从书里看到了希望，贾老师帮助了那么多的人，肯定也能帮到我。我把贾老师的书推荐给了群里一起学习的程妈妈，希望我们共同进步。同时，我进了贾老师的学习群，有幸和贾老师联系上了。

我开始跟随贾老师学习，改变，进步。特别是上了《爱中管教》课程之后，我浑身充满了无穷的力量，我觉得天地变得宽广，没有什么困难可以难倒我。就像贾老师说的“天空飘来五个字，那都不是事”。贾老师告诉我，要坚定地相信孩子是向善、向好的，连头发丝都要相信他，相信孩子会复学，相信孩子会有一个美好的未来，就像相信明天的太阳会东升西落一样。

我折服于贾老师的人格魅力，他总是精气神十足，总有那么饱满的生命能量。60多岁的老人，十多年前还做过心脏手术。他每天总是那么心劲十足，他像一只上满发条的钟表，永不停歇地奔走。贾老师的精神状态鼓舞和激励着我，让我不惧怕、不担心，并对未来充满了期待。

在贾老师的引领下，我拿起了书本。每当读书有疲惫感的时候，我就想起了贾老师。贾老师每天早上5点多起床，坚持读书、学习是他的必修课。看着年龄比我们大，求知欲还这么强的花甲老人，感动之余，我内心迸发了无穷的力量。榜样就在我身边，我想不被影响都难。通过读书，我感到不那么浮躁了，内心有了较强的定力。在我的影响下，老公开始阅读了，儿子也开始读书了，我们家翻开了崭新的篇章。

在学习的过程中，我难免也有懈怠的时候。每当这时，打通贾老师的电话，马上就能感受到满满的正能量。刚开始的时候，我找贾老师哭诉过几次，到后来，只要电话一接通，听到贾老师那铿锵有力的声音时，我就感到没什么问题了，这是一种能量的加持。

休学几个月之后，儿子要去上学了，但内心不够强大。儿子很不情愿地参加完入学考试，被国际学校录取之后，就没了下文。学校要求做校服，他一直不报尺寸，看得出来，儿子在推诿、拖延。儿子知道我在跟随贾老师学习，看到了我和爸爸的改变，儿子对贾老师更加信任。我瞅准机会，立马告诉贾老师。贾老师和儿子接通电话后，我有意回避了一下，到街上买菜去了。

大约一个半小时后我回到家，儿子当即告诉我："妈妈，你把校服的尺寸报给学校，我明天要上学。"竟然那么神奇，贾老师一个电话，辍学九个月的儿子决定去上学了。我想，是贾老师的人格力量影响了儿子，儿子身上的美好潜质被激发出来了。从那天起，好几个月没翻过书、没动过笔的儿子开始写作业了，并开始阅读了。我情不自禁地潸然泪下。

当一个人被崇高的人生理想、人生信念鼓舞着的时候，身上美好的潜能就会被不断地激发出来。儿子上学后，精神面貌焕然一新，学习成绩不断上升，老师两次打来电话表扬儿子，儿子越来越有成就感，越来越自信。特别是儿子到英国后，自律能力越来越强，学习效率越来越高，儿子铆足了劲冲刺自己心仪的大学——剑桥大学。看到儿子那么用功，每天学习十多个小时，我不免有些心痛，我提醒儿子劳逸结合。儿子却说："所有人收获的都是他付出的。既然我选择了世界名校，我只有超常努力，才能达成我的人生愿景。"儿子在微信中用马克思的名言与我共勉："在科学上是没有平坦的大路可走的，只有那在崎岖小路的攀登上不畏劳苦的人，才有希望到达光辉的顶点。"

贾老师说过："所有的智慧和能量都来源于痛苦。"从历经艰难到心暖花开，我是一个有故事的人。我经历的磨难已经变成弥足珍贵的精神财富，它将让我们全家乃至祖祖辈辈受益。

贾老师有一颗大爱的心，他十几年如一日影响和帮助着迷茫的家长，帮助着迷途的孩子，在他的帮助下，很多家庭解除了后顾之忧，走向了人生幸福的光明大道。感恩于贾老师的倾力相助，我也加入到帮教行列，我要追随敬爱的贾老师，给处在迷惘中的家长和孩子带去希望和信心，我要把这份大爱传递下去，让更多的家长走出错误家教的泥沼，让更多的孩子站起来，成为社会的有用之才。

上面提到的那位程妈妈，一直在医院给儿子用药治疗。由于看不到希望，她患上了强迫症。因为长期的压抑和焦虑，这位妈妈自杀了……惊闻噩耗，我无比痛心。假如我当时能说服她和我一起跟随贾老师学习，一定会是另外一种命运。

“和润万青”对我的无私帮助，我无以回报。我想借此机会给广大父母提出一些忠告：家庭教育要有危机感，没有危机感是最大的危机。不管你的孩子正在健康成长或是出现了一些偏差，你都要不断地学习、提高，父母是孩子的人生老师，是孩子的成长教练，父母学习、提高。等于优化和改善孩子的成长环境。尤其在日新月异的今天，教育孩子面对的是全新的课题，父母要不断地学习新知识，研究新问题，只有这样，才能跟上孩子成长的脚步，才能带给孩子一个美好的人生 ，才无愧于“父母”这个伟大的称号！

一个暴躁妈妈的完美蜕变

梁变云

哲学家周国平先生说，人生有三个基本的觉醒，生命的觉醒、自我的觉醒和灵魂的觉醒。他在《觉醒的力量》中写道："我们活在这个世界上，身体是醒着的，但是，那些最根本、最本质的东西常常处在一种沉睡的状态。"我深以为然，幸运的是，"和润万青"唤醒了我，就像一颗划破黑夜长空的璀璨流星，照亮了我的整个生命，仿佛漆黑隧道里的一点亮光，给我指明了方向。

时光倒回到五年前，那是我人生最灰暗、最低迷的一段时期，清闲的工作和安逸的生活消磨了我的意志，无聊和空虚常常席卷而来。在我的面前就像是有一个黑洞，在一点一点地吞噬着我的意志，让我不断地往下沉，随之而来的便是异常的孤独和莫名的恐惧，我觉得自己就像一叶浮萍，不知道将要漂向哪里，看不到方向，也看不到未来，弥散在我心底的是无尽的迷茫、恐惧和彷徨。

坐着发呆、胡思乱想、躲到网络中追剧、逛淘宝，以此来逃避暂时的痛苦，这似乎是我当时唯一能做的选择。

朋友说，你该给自己找点儿事情做了。

是啊，可是，能做什么呢？除了迷茫还是迷茫……

也正是在这个时候，儿子上小学了，可想而知，一个情绪消极的妈妈势必会影响到孩子的健康成长，一个精神匮乏、内心缺乏安全感的妈妈也无法给到孩子健康成长所需要的心理营养，一个低价值感的妈妈也很难看到和欣赏孩子的价值，一个意志消沉、不思进取的妈妈也无法给到孩子正确的引领。

开学后不久，我陆续收到老师的反馈，“孩子上课总是走神，要么就是做小动作，作业也是拖拖拉拉、磨磨蹭蹭，根本不在状态……”本就情绪不良的我，看到老师的这些反馈后更是火冒三丈，情绪似乎找到了发泄口，批评、抱怨，看孩子哪哪儿都不顺眼，不是说孩子这个做得不好，就是说孩子那个做得不行，家里每日上演“河东狮吼”。每当我训斥、怒吼时，孩子总是吧嗒吧嗒地掉眼泪，抱怨妈妈为什么就不理解他，抱怨妈妈为什么总是动不动就发脾气，抱怨妈妈为什么就不能关心他。

可是当批评、训斥、怒吼成了家常便饭，孩子的问题不但没有得到改善，反而越来越严重。我发现孩子变得越来越胆小、爱哭，人际交往方面似乎也出现了问题，总是被班里一些同学欺负，经常是带着泪痕和伤痕回家，在学习和生活中也处处表现出退缩和不自信。

甚至有一天，儿子的班主任给我发来一条信息：“您家里最近没什么事发生吧？孩子每天都是心事重重的样子，感觉他有很大的心理压力。”

这时我才如梦初醒，老师的话重重地给了我当头一棒，让我意识到我已经偏离教育的初衷越来越远，我的批评、我的训斥、我的唠叨、我的抱怨、我的暴躁已经把孩子逼到“问题儿童”的边缘，如若再不改变，我将成为孩子的“灵魂”杀手。

正当我焦头烂额，焦虑万分时。偶然间看到了贾老师的著作，顺着书上的联系方式，我找到了贾老师，并加入了“和润万青”，开启了我的家庭教育学习之路，到今天已经有五年多的时间，下面我将我五年多的学习收获总结如下。

一、个人成长

有句话说得好，靠近什么样的人，就会成为什么样的人，与智慧的人同行，必得智慧。在“和润万青”，每个人都是铆足了劲地向上生长，每天早晨一睁眼就能看到学习群里的学习状态，或能量朗读，或感悟分享，一条条智慧犹如一道光芒射入心间，给人带来希望和力量，在这样的一个群体当中，你想不进步都难。我从贾老师和语凡老师身上，从众多优秀的学员身上，明白了一个道理——人生需要给自己一个准确的定位。

我们每个人在社会当中都承担着多种角色，比如我，在家庭中我首先是妻子，其次是母亲，在单位我是员工、是别人的同事，在社会上我是他人的朋友，我必须把这些角色都做好，但做好这些角色的前提是先做好自己。

当你给自己树立一个目标时，这个目标就会指引你前行。在贾老师和语凡老师的指引下，我给自己的不同角色分别做了定位，并专注于个人的学习成长，五年来我阅读家庭教育、心理学、心灵成长类书籍300余本，先后取得和润万青家庭教育指导师、国家二级心理咨询师、心理健康辅导员、高级心理讲师等证书。先生说：“我不得不佩服媳妇的坚持，媳妇的改变也带动了我的改变。”儿子说：“妈妈在学习家庭教育之前是一个脾气暴躁的妈妈，成天发脾气，连晚上睡觉都是气呼呼的，学习之后基本上不唠叨了，各个方面都有了很大的提高。”朋友说：“每每和你聊天，都感觉你学有所获，在学识和理念上又上升了一个新的台阶，真是听君一席话，胜读十年书。”

从五年前的焦虑、暴躁到今天的平和、淡定，从最初的求助者变成今天的施助者，我成功地实现了180度的“华丽转身”和“完美蜕变”，为儿子树立了良好榜样。儿子曾经写过两篇关于妈妈的作文，一篇是《对我影响最深的人——我的妈妈》，一篇是《勤奋的妈妈》。我想，我努力的身影已经在孩子心中深深地扎根，而这也成功地点燃了孩子的学习热情和学习动力。

二、孩子的成长

每个孩子都是上帝派给父母的天使，只是，随着孩子年龄的增长，父母们往往被功利蒙蔽了双眼，陪伴孩子成长的爱的翅膀便黯然失色。当我带着功利心去教育孩子时，孩子感受到的是否定，是压抑，是委屈，是无助，是灵魂的干瘪。

学习“爱中管教”的理念后，我才知道母爱应当是无私和纯真的，是不附带任何条件的，只有顺着孩子内在可行的愿望和需求顺势引导的，才叫真正的“管教”；无论孩子有什么样的行为，无论孩子犯了多大的错误，无论孩子有多么的失败，父母的爱始终不会离开的，才叫“无条件的爱”和“接纳”，只有在爱中管教，才能实现真正的教育的平衡。

在这些理念指引下，我慢慢具备了“看见”孩子的能力，在面对孩子考试成绩不好时，不再指责他，而是看到孩子考试失利、受挫后的难过，看到他也有一颗向上向好的心，我会同理孩子的心情和感受，鼓励他下次好好努力。

随着我的改变，儿子也一天天变得活泼开朗起来，眉心舒展了，学习有动力了，如愿地考入了市重点中学的重点班，上次月考时成绩年级排名前进了200多个名次。当他拿着“学习进步奖”回来时并没有骄傲，而是告诉我：“妈妈，我下次考试要拿‘单科状元奖’，再下次要拿‘学习标兵奖’。”从他的眼神当中，我看到了坚定。

多好的孩子，当我不在学习上和他纠结时，当我能够尊重和同理他时，孩子的学习主动性和积极性就完全出来了，孩子不但有目标、有规划，而且能落实在行动上，多么可贵。

充满阳光、自信，对未来有向往、有规划、有目标、有行动，这就是我现在的儿子。老师、朋友、同事都说儿子和以前完全不一样。是啊！妈妈不再和他拧巴，他的内心是舒展和自由的，当然呈现给我们的状态也是不同的，而这一切的改变，都得益于“爱中管教”理念的指引。

三、家庭成长

爱人在外地工作，陪伴我们的时间并不是很多，但只要他回家就能看见我看书、听课、写文章的身影。在这五年当中，我从来没有要求爱人要学习要改变，我只是沿着我的学习计划默默地去努力。

当我只是做好自己时，慢慢地我发现，爱人回家的次数多了，回到家玩手机的时间也越来越少了，看书听书的时间越来越多了，去年还利用工作之余自学考取了消防工程师证书。

我对爱人讲，火车跑得快，全凭车头带，儿子能有这么大的进步，全靠有你这样一个正能量的老爸呀！认可和赞美是每个人都渴求的，能让爱人开心、自己也开心的话为什么不多说呢？

爱人在生活上也越来越追求品质、越来越自律，坚持每天晚上雷打不动地打两个小时的羽毛球，回家后再练一小时书法，这样的习惯已经坚持了三年。爱人周末还会全身心地陪伴孩子，陪儿子一起散步、骑车、下棋、看电影、打羽毛球等。周末的晚上经常是孩子做作业，爸爸练书法，妈妈看书、听课，家里越来越具有书香气息。

贾老师说“谁学习，谁进步，谁受益”，我真正体会到了这句话的含义，也非常感恩能够有幸遇上两位贾老师，让我的孩子越来越优秀，家庭越来越幸福。

点燃生命，一路朝北

李志

生活就像一盒巧克力，你永远不知道下一颗是什么味道。

在过去8个月里，我的生活就像坐过山车，从看似俱足圆满的假象中瞬间跌落，陷入万劫不复的深渊。经过了240天的苦苦挣扎，生活再次呈现一种全新的俱足圆满，而这一切都是源自我亲爱的儿子。8个月前，我的家是一个外人看来特别幸福的家，夫妻俩工作稳定，社会地位不错，生活小康富足，儿子聪明能干。但当时的家，却暗流涌动，夫妻之间无法沟通，亲子关系降到冰点，每一个人心中都充满了困惑，生活一团乱麻，剪不断理还乱。

2020年3月12日，我的日记是这样写的。儿子心情不好：我下班回家，儿了说作业多、烦躁，不愿出去运动，晚上不想吃饭。6点钟，儿子气冲冲跑出家门，摔了一跤，倒在地上不肯起来，说不想活了。我心急如焚，胸闷，态度不太好。晚上爱人回家后，儿子抱怨父母对他太严，什么事都被家长管着，自己没有存在感，觉得我们不爱他，只爱他的成绩，只有在游戏里才能感到自己有价值。当晚打游戏至12点多才睡觉。

从那一天开始，我的家犹如一个冰窖，儿子关闭房门，没日没夜地打游戏，一句不经意的话就会“大闹天宫”，夫妻俩战战兢兢，如履薄冰。

夫妻俩绝望无助，觉得天都塌下来了，感觉前途一片渺茫，生活暗无天日，吃不下饭，睡不好觉，每天都要鼓起勇气才能起床，才能上班，生活犹如拖着沉重的枷锁，每走一步都艰难万分。

但庆幸的是，我们没有被生活的磨难打垮，困难让我们夫妻俩重新地站在了一起，我们一起想办法，找原因，尽管不知道怎么做才能够帮到儿子，但在儿子汹涌而出的情绪中，我们意识到是我们过去的一年多，对儿子各方面的严格要求，让一个本来阳光上进的少年陷入了情绪的纠结中，我们俩非常真诚地给儿子道歉，并写了保证书，领回了一条狗狗，这是儿子一直以来的一个心愿。我们没有干涉儿子没日没夜地打游戏，唯一做的就是全方位照顾好儿子的生活起居。

但我们心中充满了焦虑和恐惧，那种无边的恐惧至今都能够感到，痛彻心扉，绝望无助。那段时间，那种重度抑郁的感觉重新附体，我觉得我快不行了。我们找心理专家、找精神科医生、找老师、找同学，试图借助他们的力量来帮助儿子迅速走出来，但所有努力只换来儿子更加强烈的抵触。说实话，曾经想到过和儿子硬碰硬，强行拿走电脑和手机，逼迫孩子走出游戏，但我始终觉得这一定不是最佳方案。

冥冥之中，上天自有安排。爱人的努力让我们看到了前进的光，在5月的一天，爱人说北京有一家机构专业从事家庭教育，帮助许多家庭走出困境，说要报名参加学习，我毫不犹豫地同意爱人报名参加。因为那时我一直认为是爱人不懂孩子才造成今天的局面，爱人主动要求学习，让我看到了希望。

爱人通过三门课的线上学习，我渐渐感到她的变化，不再像以往那么偏执和冷漠，开始站在我和孩子的角度考虑问题，我感到了这个机构的神奇。后来，爱人报了一对一的家庭关怀师陪伴项目，那段时间，爱人每天和关怀师通话两个小时，写了很多自我反思的文字，我看了热泪盈眶，在这些文字里，我看到了一个灵魂的苏醒，看到了家庭和谐的希望。

那时已经是7月了，儿子仍然没有任何变化，爱人告诉我，老师说这是一个漫长的过程，但只要我们坚持学习，不打扰、不折腾儿子，他一定会好起来的。但我心中仍然充满了各种纠结，不知道接下来怎样才能帮到我亲爱的儿子。那时爱人说你也找一个关怀师吧，你也需要帮助，正因为看到了爱人的变化，在7月下旬，爱人帮我请了一名关怀师，一名和我们家有着同样经历的妈妈，正因为爱人这一英明决策，改变了我的人生。

在关怀师蔡老师的带领下，她用21天70小时的音频通话，近6000条的微信聊天，让我看完了七本家教书籍，写出了近70篇（6万字）的教育感悟。彻底帮我厘清了各种纠结和疑虑，我从无助的焦虑和恐惧彻底走了出来，勇敢地抬起头，坚定地往前走，我的状态不断好转，从那时起，我坚持每天看书、写文章，把我的每一点感悟和纠结都写成文字，从原生家庭到生活中点滴变化，我把所有焦虑和恐惧的时间全部用来学习，在这个过程中，那些曾困扰自己的错误想法和思维模式，就犹如一道道阻碍我前行的思维的墙，被我一道道拆除，我的内在空间变得越来越清朗，充满了无穷的力量和希望。蔡老师犹如一道光，照亮我前行的每一步！

在蔡老师的指引下，我毫不犹豫地报名参加了绽放生命课的学习，通过三个星期8次线上课的学习，我将语凡老师的每一课都反复听三遍以上，把每一个知识点都想懂弄通，并写下了近30篇心得体会，语凡老师让我读懂了自己，懂得了生命的意义，找到了自己的天赋使命，我犹如找到了第二次生命，我不再是行尸走肉那般活着，而成为充满使命感的全新生命，我要用我的下半生去帮助更多像曾经的我一样陷入泥潭的家庭。

贾语凡老师说：“生命的状态决定了一个人的命运。一个有使命的人可能生活得很累，但他充满了来自内心的力量。

“如果我们能够更多地了解自己，我们就可以了解孩子，了解爱人，了解全人类。因为每一个人所追求的东西都是一致的，追求的都是成就感。”

正因为理解了语凡老师绽放生命课的核心，我彻底放下了心中的焦虑和恐惧，我曾经的焦虑和恐惧其实是对人性的不了解，对自我的不自信。把自己的不自信投射到孩子身上，让无边的恐惧弥漫在家庭的上空，暗无天日。但当我理解了人性的真理，当我走出阴霾，我开始相信生命自有发展规律，每一个生命都是向上向好的，每一次挫折都是生命不断走向光明的必经之路，每一个压不垮你的困难和挫折，都会成为你的黄金铠甲！于是我彻底不再担忧儿子的前途，而是去看见他行为背后的强烈的情感需求，给他关心、理解、赞美、认可，去滋养那个充满渴望的灵魂。孩子也在这样的滋养下慢慢走出阴霾，重新回到阳光里，勇敢地回到了学校，并且状态越来越好。

11月15日，我们夫妻俩一起来到成都，第一次走进了语凡老师的线下课，我见到了我神交已久的贾语凡老师真人，还有那德高望重的贾容韬老师。近距离的聆听和感悟，学到的不仅仅是满满的干货知识，我更感到了“和润万青”那种满满的爱和慈悲，这是用生命在做教育的父子俩，贾容韬老师的每一句话都是家庭教育的经典，充满了对每一个家庭的慈悲与爱，传递着坚定的信心和满满的正能量。这种信心和能量不是简单的心灵鸡汤，是贾容韬老师用六十多年的生命积累，用二十年的辛苦耕耘，用上万个成功案例，萃取的人生精华，是一眼不竭的人生之泉。贾语凡老师用深邃的思维洞察，严密的逻辑框架，融合了中国传统文化、中西方哲学思想、心理学经典，他用最平实的话语讲述着一个个简单而深刻的自然法则、人生哲理和生命真相，让人醍醐灌顶，热泪盈眶。我一直在想，这样的一套家庭教育的理论体系，如果有一天走进千家万户，我们的社会和谐将会大大提升一个层次，有太多的家庭还处于各种纠结和矛盾中，有太多的家长还苦苦挣扎在亲子的冲突中，而这种冲突完全可以避免，然而有很多家长只有一个信念，孩子考上大学就好了，是这样吗？不是，我们见过一些考上名校却不能活下去的案例，家长是需要反思和改变的。在“和润万青”，我看到了希望。

我把这几个月的心路历程和未来的打算向贾老师汇报，贾老师对我说了我两句话。

第一句话：坚持十年，每天都写一篇教育类的感悟文章，你一定会成为一名优秀的教育专家。如果十年后你没有成为教育专家，你可以拿着你的3650篇文章来向我索赔！

第二句话：通过这8个月的探索，你找到了人生的北极星，点燃了心中的那盏灯，完全彻底地说服了自己。

贾老师的两句话，彻底地点亮了我心中的那盏灯，“和润万青”就是我人生的北极星，我要用余生来从事一项利国利民利己的伟大事业，我要用十年的时间让自己成为家庭教育的优秀从业者，我也坚定地认为，我的孩子一定会成为一名内心充盈、热爱生活的卓越人才，“和润万青”也终将成为中国家庭教育界的翘楚，中国的万千家庭会因为有她的存在变得和谐幸福。

一路朝北，绝不回头。

让生命燃烧起来

刘文

我心中理想的种子是贾容韬老师给我种下的。以前的我，可以说是消极颓废、浑浑噩噩，过一天算一天。那时，我认为人生一世，草木一秋，何必要跟自己过不去呢！及时行乐，让自己舒服一点儿，才是最现实的。

由于没有好好学习，好多知识点不会，一上课就犯困，在课堂上打瞌睡是常态。学习搞不好，总要找些事情做，那个阶段，我的心思在网络上，我游戏玩得比较牛，不少网友羡慕我。

一个偶然的机会，我参加了“和润万青”的成长营，认识了贾容韬老师，尤其听了贾老师对人生的见解，让我重新思考自己的人生。贾老师说：“人生的意义不是别人给予的，而是自己寻找的，是自己添加的。一个人赋予自己生命的意义越大，他的生命质量往往越高。”“你若在意自己的价值，你就要为世界创造价值。”“生命不是用来度过的，而是用来绽放的。”“人生就像一截木头，要么熊熊燃烧，要么慢慢腐朽。”我连续几天睡不着觉，内心在翻江倒海。是啊，我也是个血性男儿，上天让我来到世界上难道没有它的理由吗？我为什么要成为网络游戏的奴隶呢？我为什么要任凭命运摆布呢？我为什么不牢牢扼住命运的咽喉，充分体现自己的价值，将来为社会创造价值呢？

回家后，我重新思考自己的人生。我要通过自己的努力来改变自己的人生，我要考进理想的大学，虽然我现在学习成绩并不理想。思路厘清后，我开始了人生艰难的跋涉。知识欠账多，上课听不懂，我下课就问老师，还时常向同学请教。

由于经常玩游戏，懈怠久了，对自己严格要求了几天，还真的不太习惯。每当信心不足时，贾老师的话促使我警醒、给了我力量，“所有的成长都是从不习惯开始的”。我认识到不习惯才是正常的，不习惯证明我在进步。我努力学习了一段时间，也进步了一些，但离自己的期望值还有距离，这使我信心不足，产生了放弃的念头。有一天，我干脆一不做，二不休，又玩起了游戏。正在这时，我收到了贾老师寄来的两本书，看到书如同看到了贾老师，贾老师的话回响在我的耳旁：“成功确实比较难，但你认为失败容易吗？失败比成功更难，失败要付出更加昂贵的代价，既然成功和失败都要付出代价，我们为什么不为成功付出代价，而偏要为失败付出代价呢？”想到贾老师的话，我浑身上下充满了力量。我大声质问自己：“刘文啊刘文，你怎么这么没有志气呢？遇到点困难你就想逃避呢？知识有难度是事实，但这正是它的价值所在啊！你为什么总是夸大困难，而低估自己的能力呢？”贾老师说：“没有痛苦就没有成长。”如果连一点儿苦都不能吃，将来会有什么出息呢？

找到了人生的航向，搬开了前进路上的障碍，说服了自己，我信心百倍地投入到学习上，学习成绩一点一点提高。有了成就感，自信心更足了。星期天我主动找老师补课，我欠下的知识点大多被补了回来。进入高三，我的学习成绩提高到中等偏上，第二次模拟考试，我考进了班上前十五名。

2018年，我考上了天津大学，辛勤的付出终于换来了丰硕的回报。我深深体会到：努力学习虽然很苦、很累，就是这份苦和累让我拥有了沉甸甸的人生。如果我当时选择逃避，我会永远看不起自己。“人最值得尊重之处就是自我奋斗！”缺少了奋斗，我将缺失人生最宝贵的东西。

庆幸的是，我在人生最迷茫的时候，遇到了贾老师这位人生导师。贾老师给我心里种下了理想、信念的种子，让我的生命开出美丽之花！大学期间，我将积极进取，并全面提升自己的素质，将来真正成为社会的有用人才，我将让自己燃烧起来，用自己的光和热照亮和温暖更多的人。

后 记

继2013年初《改变孩子先改变自己》出版以来，我一直在家庭教育领域摸爬滚打。用心沉淀8年之后，又一本新书《改变孩子先改变自己2：成就孩子的42个智慧》，就要和读者朋友见面了。新书面世之际，我有一些心里话，想对读者朋友们一吐为快。

梳理我的人生道路，我对痛苦有比较深刻的感悟。我认为，痛苦是世界上极具价值的东西，一个人的幸福里面一定要有痛苦的成分。一位名人说过："所有的智慧和能量都来源于痛苦。"一个人如果没有痛苦过、劳累过、郁闷过、纠结过、孤独过、挣扎过，甚至绝望过、崩溃过，他就品尝不到幸福的滋味。一个人只有经历了苦难与伤痛，才能收获真正的幸福。

苏霍姆林斯基说过："没有战胜过困难，没有负过重负的人，不能算作真正的人。"如果我没有痛彻心扉的婚姻经历，没有教子痛苦不堪的感悟，没有身体健康的近乎崩溃，没有走投无路的极度绝望，我就不可能下定决心改变自己，我不可能获得真正的成长，我的人生境界也就不可能得到升华。

学员们高度评价贾语凡：“一个30多岁的年轻人，没有浮躁的作风，没有功利的心态，怀揣一颗纯净之心从事家庭教育工作，把社会效益放在工作的重心上，把帮教效果放在第一位，太难能可贵了。跟着贾语凡老师学习，学到的是真正的教育。”

贾语凡有一次对我说：“大家都说我的课讲得好，你知道是什么原因吗？”我说：“不知道。”他说：“我讲的每一个触动人心的点，都是我自己付出过代价的，正因为我有痛苦不堪的经历，所以我才有刻骨铭心的感悟。”是啊！孩子过往的经历也能化作他宝贵的人生财富。可以说，我们父子取得的一些成绩都是痛苦造就的。

儿子之所以对当代家庭教育的认识有一定深度，一是他有亲身的体会，二是他读了不少社科类、哲学类经典著作。他的思考能力比较强，善于挖掘事物的本质，有一定的真知灼见，这些都与他喜欢读书分不开。

从事家庭教育工作，我感到特别有意义。我时常被周围的家长和孩子感动着，被他们的优秀品质鼓舞着，被人性的光辉照耀着。在我的周围，很多家庭成长得比较快，有的家长和孩子比我们期待的做得还要好。比如，天津的刘坤同学，数年前，他上六年级的时候，他妈妈带他到洛阳找过我，我在他心中种下了美好的种子，刘坤回家后积极向上，相继考上重点初中、重点高中，后来又考上英国伦敦大学国王学院，他妈妈前段时间打电话向我报喜。河南的张健同学，初二辍学在家，我通过帮助他的父母，改善了孩子的成长环境。孩子一个月后回到学校去，第二年考上重点高中，三年后考入天津大学。

我们的付出可能会改变一个孩子的命运，甚至改变一个家庭的命运，自己苦点儿、累点儿还不值得吗？一个家庭可能因我们帮助而走向和谐，一个孩子可能因我们引导而走向人生的光明大道。每每收到一些家庭的反馈，我心中的愉悦是难以形容的，我的辛劳早已消失得无影无踪。

倾情付出，得到了丰厚的回报，上海的张天红女士说："贾老师，你是一位了不起的父亲，你不但改变了孩子的命运，培养了这么优秀的贾语凡老师，还影响了成千上万的父母，你为社会作出了积极的贡献。"苏州的刘雅季女士说："跟着两位贾老师学习，我们全家一同走进了幸福之城，学习后进的孩子考上了省级示范高中，我们夫妻关系更上了一层楼，我们经营的小店利润也翻了一番。我真不知道怎么感谢两位贾老师，怎么感谢'和润万青'这个让千万人受益的平台。"

首先我要感谢众多的学员，是你们的故事让我们对当代家庭教育有了比较深刻的感悟，是你们的信任让我们感受到自己所从事工作的价值。

还要感谢《中国教育报·家庭教育周刊》的主编杨咏梅老师，感谢杨老师在百忙之中为本书写序。

衷心感谢郭振有老师、王东华老师、张贵勇老师倾情推荐此书。

最后还要感谢洪艳老师、王凤丽老师对本书给予大力支持。

由于本人水平所限，书中缺点、错误在所难免，我真诚地希望大家提出宝贵意见。读者朋友如果希望和我进一步交流，可通过本书封二"作者简介"里的邮箱或微信联系我。

贾容韬

2021年3月18日

参考书目

贾容韬，贾语凡.改变孩子先改变自己[M].北京：作家出版社，2017.

刘余莉.中华文化五讲[M].北京：中国书店出版社，2017.

《梁家河》编写组.梁家河[M].西安：陕西人民出版社，2018.

葛爱丽.青少年心灵故事[M]. 陈柳慧容等译.南昌：江西人民出版社，2011.

《习仲勋传》编委会.习仲勋传 [M].北京：中央文献出版社，2013.